2017年扶贫日论坛背景报告

华中师范大学 全国扶贫宣传教育中心

"十三五"国家重点图书出版规划项目

中国减贫研究书系／智库报告
CHINA'S POVERTY ALLEVIATION SERIES

中国精准扶贫发展报告
（2017）

精准扶贫的顶层设计与具体实践

ANNUAL REPORT ON TARGETED POVERTY
ALLEVIATION IN CHINA
（2017）

The Top-level Design and Specific Pratices of
Targeted Poverty Alleviation

陆汉文　黄承伟／主编
刘晓山　蔡志海　何家伟　吕方／副主编

社会科学文献出版社
SOCIAL SCIENCES ACADEMIC PRESS (CHINA)

区、跨部门、跨单位、全社会共同参与的多元主体社会扶贫体系的优势；探索区域合作、国际合作在减贫问题上的实践路径，为全球减贫视野贡献中国智慧。

《中国减贫数据库》旨在全面整合社会科学文献出版社30年来出版的减贫研究学术成果，数据库设有减贫理论、政府减贫、市场减贫、国际减贫、区域减贫、金融减贫、社会救助、城市减贫、减贫政策（战略）、社会减贫、减贫案例等栏目。我们希望以此为基点，全面整合国内外相关学术资源，为中国减贫事业的开展、学术研究、国际合作提供数据平台支持。

基于中文版书系及数据库资源而成的"走出去"项目，将以多语种展现中国学术界在贫困研究领域的最新成果，展现减贫领域的中国模式并为其他国家的减贫事业提供中国镜鉴，增强中国发展模式的国际话语权。

作为人文社会科学专业学术出版机构，社会科学文献出版社长期关注国内外贫困研究，致力于推动中外减贫研究领域的学术交流与对话，出版了大批以减贫与发展为主题的学术著作。在新时期中央有关减贫战略思想的指导下，我们希望通过《中国减贫研究书系》这个平台，多维度、多层次展现中国减贫研究的优秀学术成果和成功的中国经验，为中国减贫事业、为全面实现小康贡献出版界的力量。

《中国减贫研究书系》 出版说明

消除贫困是人类自古以来的理想，是人类的共同使命，也是当今世界面临的最大全球性挑战。中国的消除贫困行动取得了举世瞩目的成就，为全球减贫事业作出了重大贡献。党的十八大以来，新一届中央领导集体高度重视扶贫开发工作，明确了"到2020年现行标准下农村贫困人口全部脱贫，贫困县全部摘帽，解决区域性整体贫困"的目标，召开中央扶贫开发工作会议，对打赢脱贫攻坚战进行了全面部署。目前，全国上下全面实施精准扶贫、精准脱贫方略，中国迎来了与贫困作战的新一轮浪潮。

在这种大背景下，社会科学文献出版社希望通过减贫与发展主题作品的出版，搭建减贫研究的资源共享和传播平台，向社会和政策界传递学界的思考和分析，探索和完善中国减贫和发展的模式，并通过学术成果"走出去"，丰富国际减贫经验，为人类消除贫困贡献中国模式。

《中国减贫研究书系》和《中国减贫数据库》是社会科学文献出版社自主策划的出版项目，项目策划之初就获得了中国社会科学院李培林副院长、蔡昉副院长的肯定和支持。图书项目目前已被列入"十三五"国家重点图书出版规划。依托于该书系以及社会科学文献出版社历史上已出版图书的《中国减贫数据库》业已入选"十三五"重点电子出版物出版规划。

中文版书系将全面梳理新中国成立以来，特别是改革开放30多年来我国减贫政策的演变进程及历史经验；系统分析现阶段我国减贫工作所面临的突出问题并探索相应的解决方式与途径，为减贫工作提供理论资源和智识支持；总结政府、社会、市场协同推进的大扶贫格局，跨地

《中国精准扶贫发展报告》出版说明

《中国精准扶贫发展报告》拟于 2016—2021 年每年出版一卷,用以记录中国共产党带领全国各族人民贯彻落实精准扶贫精准脱贫方略、如期打赢脱贫攻坚战的伟大历程和光辉成就,是华中师范大学和全国扶贫宣传教育中心面向全面建成小康社会、实现第一个百年奋斗目标重大历史节点联合推出的研究工程。

《中国精准扶贫发展报告》每年选择一个最能够反映上一年度精准扶贫实践突出特征的主题展开研究,形成当年的发展报告,作为当年扶贫日论坛背景报告对外发布。

《中国精准扶贫发展报告》设立由扶贫政策研究与制定领域相关专家组成的编委会,各年度的研究主题由主编研究提出并经编委会最终审定。主编根据年度主题组建研究团队,按时完成研究任务,并对研究成果负责。

《中国精准扶贫发展报告》编委会
2017 年 9 月 17 日

《中国减贫研究书系》编辑委员会

(以姓氏笔画为序)

马　援　　王小林　　王爱丽　　王福生
王　镭　　左常升　　成艾华　　朱　玲
向德平　　孙兆霞　　苏国霞　　李　实
李俊杰　　李培林　　吴大华　　吴国宝
冷志明　　汪三贵　　张　廉　　陆汉文
陈光金　　陈　玮　　周　丽　　秦尊文
耿明斋　　黄　平　　黄承伟　　童根兴
谢寿光　　蔡　昉　　檀学文　　魏后凯

《中国精准扶贫发展报告》编辑委员会

（以姓氏笔画为序）

王　斌　　王海涛　　邓大才　　叶　桦
尹建华　　刘少锋　　刘晓山　　江立华
余　斌　　陆汉文　　张显峰　　骆艾荣
徐　勇　　徐增阳　　黄承伟　　彭南生

前　言

党的十八大以来，以习近平同志为核心的党中央把扶贫开发工作纳入"五位一体"总体布局和"四个全面"战略布局，作为实现第一个百年奋斗目标的重要工作，摆到治国理政的重要位置，确定并贯彻落实精准扶贫、精准脱贫基本方略，开创了我国扶贫开发事业的新局面。

党的十八大以来，《中共中央国务院关于打赢脱贫攻坚战的决定》、《"十三五"脱贫攻坚规划》、《关于创新机制扎实推进农村扶贫开发工作的意见》等文件就大力推进精准扶贫做出决策部署，围绕"六个精准"、"五个一批"的系列政策措施相继出台。至2016年，脱贫攻坚"四梁八柱"性质的顶层设计基本完成，相应的责任体系、政策体系、投入体系、社会动员体系、监督体系、考核评估体系大体成型，"撸起袖子加油干"、确保顶层设计落地生根成为新的焦点，精准扶贫进入狠抓落实的新阶段。

《中国精准扶贫发展报告》每年选择一个最能够反映上一年度精准扶贫实践突出特征的主题展开研究。《中国精准扶贫发展报告（2016）》的主题为"精准扶贫战略与政策体系"，主要就精准扶贫的顶层设计进行了梳理和分析。报告认为，在我国扶贫开发历史上，2015年最突出的特征是中央正式做出关于打赢脱贫攻坚战的决定，初步构建了精准扶贫的完整战略和政策体系，因而可视为打赢脱贫攻坚战的运筹帷幄之年、谋划布局之年。[①] 循此思路，《中国精准扶贫发展报告（2017）》的

---

① 陆汉文、黄承伟主编《中国精准扶贫发展报告（2016）——精准扶贫战略与政策体系》，社会科学文献出版社，2016，第2页。

主题确定为"精准扶贫的顶层设计与具体实践"。这是因为，2016年是"十三五"规划的开局之年和脱贫攻坚的首战之年，大力推进精准扶贫顶层设计转化为有力行动和具体实践，成为中央相关部门和地方各级党委政府的工作重心，是该年度扶贫开发工作最突出的特征。

《中国精准扶贫发展报告（2017）》的研究目标为：阐明精准扶贫顶层设计转化为具体实践的丰富过程，揭示取得的成效、经验和存在的矛盾与问题，提出促进精准扶贫实践的对策建议。中央与地方的关系是本研究的逻辑线索，地方政府在顶层设计的指引与规制下所呈现的能动性和实践创新是本研究的重点，这种能动性和实践创新所反映的地方政府的行为规律及其对政策制定的启示是本研究的最终指向。

本报告正文分为三篇十五章（见图1）。第一篇由第一章组成，是主旨报告，从总体上阐述精准扶贫的顶层设计与具体实践，包括习近平精准扶贫思想及其指导意义、精准扶贫顶层设计的总体框架（"六个精准"和"五个一批"）、精准扶贫方略对扶贫开发实践提出的新要求新挑战、精准扶贫实践成效与存在的问题、深化精准扶贫精准脱贫的对策建议等内容。第二篇由第二章至第七章组成，分别阐述"六个精准"的顶层设计与具体实践。第三篇由第八章至第十五章组成，分别阐述"五个一批"的顶层设计与具体实践。"六个精准"和"五个一批"所包含的每一章，都按照大体相同的逻辑顺序展开，依次包括针对的问题、顶层设计、地方政策、成效与问题、启示与政策建议等，即首先阐明相关顶层设计的缘由（针对的问题），然后概述中央层面的政策设计及其在省、县等层次的具体化，接下来分析其实践效果和存在的问题，最后提炼出规律性认识并提出对策建议。"六个精准"取纵向观察视角，指精准扶贫的不同环节及其要求，即扶持对象精准、项目安排精准、资金使用精准、措施到户精准、因村派人精准、脱贫成效精准。"五个一批"取横向观察视角，指精准扶贫的实现途径（"五"并非数字意义上的确指），包括特色产业扶贫、转移就业脱贫、资产收益扶贫、易地搬迁脱贫、生态扶贫、教育扶贫、健康扶贫、兜底保障等，既有开发式路径，又有救济式措施，核心是因地制宜、因人施策、对症干预。正文之外，本报告另置前言、"六个精准"篇首语、"五个一批"篇首语和结语。前言简要介绍了报告背景、报告目标、内容框架、研究方法和研究取向，两则篇首语分别就第二篇、第三篇的研究主题、逻辑线索等作了说明，结语则概略论述了精准扶贫战略、政策和实践的重大价值、未来挑战和可能走向。

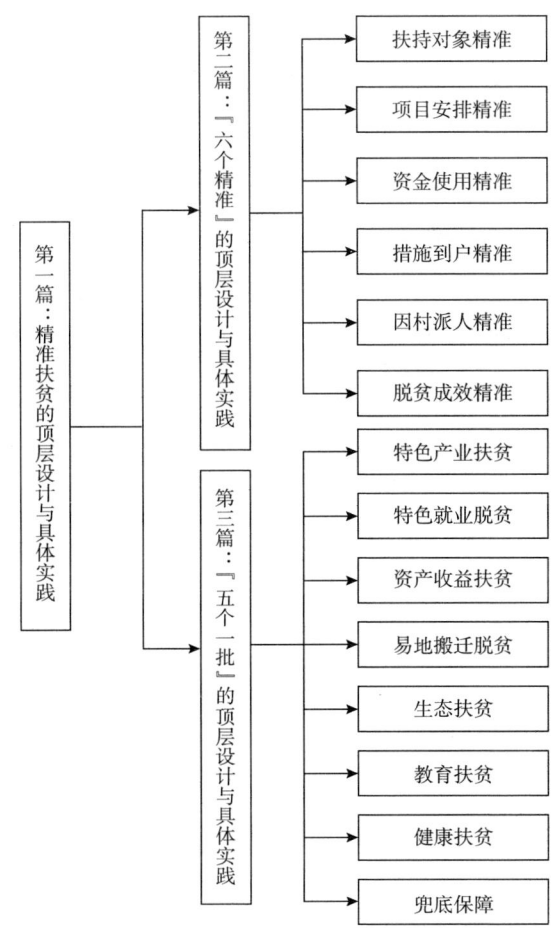

图1 本报告的框架结构

与《中国精准扶贫发展报告（2016）》主要依据政策文本展开研究不同，本报告主要依据实证调查资料进行研究。对于"六个精准"和"五个一批"的每一章，研究者均选择有代表性的省、市、县，通过焦点小组访谈、入户访谈、非参与式观察等方法收集第一手资料，在此基础上分析顶层设计地方化的过程及其实践效果。本报告实证调查所及省份包括湖北、四川、重庆、贵州、广西、安徽、甘肃、宁夏等8个省（自治区、直辖市），其中中部2个省，西南4个省（自治区、直辖市），西北2个省（自治区），在全国具有一定的代表性。主报告则是"六个精准"和"五个一批"相关章节实证分析和顶层设计制度文本分析的结合，突出对顶层设计与实践之间张力的把握。

作为智库成果，本报告坚持应用取向，把为精准扶贫实践服务作为基本追求。一是淡化理论概念和问题的讨论。一般只在各章节的结尾部分因应揭示规律的需要，适当涉及一些抽象概念或命题。二是注重对实际情况的把握。尽管因各种条件限制，本报告只能选择以部分省、县为例，对相关政策实践及其效果进行分析，得出的结论不一定有代表性，但研究者始终坚持把事实搞清楚，用事实说话，力图做到事实本身是可靠的。三是注重对实际问题的诊断和解决。研究过程中，始终将顶层设计是否落地、是否变形、是否切合实际和精准扶贫是否实现初衷作为思考和分析的重点。

目 录

第一篇　主报告

第一章　精准扶贫的顶层设计与具体实践 …………………………… 3
　一　习近平精准扶贫思想：精准扶贫顶层设计与具体实践的指引 …… 3
　二　精准扶贫顶层设计的总体框架 ……………………………………… 14
　三　精准扶贫方略对扶贫开发提出的新要求新挑战 …………………… 29
　四　精准扶贫实践成效和存在的问题 …………………………………… 37
　五　深化精准扶贫精准脱贫的对策建议 ………………………………… 41

第二篇　"六个精准"的顶层设计与具体实践

篇首语　贯彻六个精准，提高脱贫成效 …………………………………… 47

第二章　扶持对象精准 …………………………………………………… 50
　一　扶持对象精准：解决"扶持谁"的问题 …………………………… 50

二　扶持对象精准的顶层设计 …………………………………… 51
　　三　扶持对象精准的在地化政策与实践 ………………………… 53
　　四　小结与讨论 …………………………………………………… 61

第三章　项目安排精准 ……………………………………………… 66
　　一　项目安排精准的政策背景 …………………………………… 66
　　二　项目制与农村扶贫开发 ……………………………………… 67
　　三　项目供给与政策资源匹配 …………………………………… 69
　　四　项目落地精准 ………………………………………………… 75
　　五　小结与讨论 …………………………………………………… 79

第四章　资金使用精准 ……………………………………………… 82
　　一　资金使用精准的政策背景 …………………………………… 82
　　二　资金使用精准的顶层设计 …………………………………… 83
　　三　资金使用精准的政策举措 …………………………………… 87
　　四　资金使用精准的实施成效 …………………………………… 91
　　五　小结与讨论 …………………………………………………… 101

第五章　措施到户精准 ……………………………………………… 102
　　一　扶贫政策落地问题 …………………………………………… 102
　　二　措施到户精准的顶层设计 …………………………………… 104
　　三　措施到户精准的转化与落实 ………………………………… 109
　　四　措施到户精准的实施效果与挑战 …………………………… 113
　　五　小结与讨论 …………………………………………………… 115

第六章　因村派人精准 ……………………………………………… 119
　　一　因村派人精准的政策背景 …………………………………… 119

二　因村派人精准的顶层设计……………………………………… 121
　　三　因村派人精准的地方实践……………………………………… 125
　　四　因村派人精准的成效与问题…………………………………… 133
　　五　小结与讨论……………………………………………………… 136

第七章　脱贫成效精准……………………………………………… 139
　　一　脱贫成效精准：解决"如何退"的问题……………………… 139
　　二　脱贫成效精准的顶层设计……………………………………… 139
　　三　脱贫成效精准的在地化政策与实践…………………………… 144
　　四　小结与讨论……………………………………………………… 153

第三篇　"五个一批"的顶层设计与具体实践

篇首语　落实五个一批，坚持分类施策……………………………… 157

第八章　特色产业扶贫……………………………………………… 161
　　一　特色产业扶贫的提出背景……………………………………… 161
　　二　特色产业扶贫的顶层设计……………………………………… 162
　　三　特色产业扶贫的在地化政策与实践…………………………… 164
　　四　特色产业扶贫的初步效果……………………………………… 170
　　五　特色产业扶贫面临的问题和挑战……………………………… 174
　　六　启示与政策建议………………………………………………… 176

第九章　转移就业脱贫……………………………………………… 181
　　一　转移就业脱贫的政策背景……………………………………… 181
　　二　转移就业脱贫的顶层设计……………………………………… 183
　　三　转移就业脱贫的地方实践与成功经验………………………… 189

四　转移就业脱贫存在的主要问题 …………………………………… 197
　　五　启示与政策建议 …………………………………………………… 199

第十章　资产收益扶贫 …………………………………………………… 203
　　一　资产收益扶贫的提出背景 ………………………………………… 203
　　二　资产收益扶贫的政策设计 ………………………………………… 204
　　三　资产收益扶贫的地方实践 ………………………………………… 209
　　四　资产收益扶贫的效果与问题 ……………………………………… 214
　　五　启示与政策建议 …………………………………………………… 218

第十一章　易地搬迁脱贫 ………………………………………………… 221
　　一　国家贫困治理体系中的易地扶贫搬迁 …………………………… 221
　　二　精准扶贫方略下易地扶贫搬迁的顶层设计 ……………………… 223
　　三　易地扶贫搬迁的地方经验 ………………………………………… 226
　　四　启示与政策建议 …………………………………………………… 239

第十二章　生态扶贫 ……………………………………………………… 244
　　一　生态扶贫的政策背景 ……………………………………………… 244
　　二　生态扶贫的顶层设计 ……………………………………………… 245
　　三　生态扶贫的政策措施 ……………………………………………… 249
　　四　生态扶贫的实施成效 ……………………………………………… 252
　　五　启示与政策建议 …………………………………………………… 261

第十三章　教育扶贫 ……………………………………………………… 263
　　一　教育精准扶贫的提出背景 ………………………………………… 263
　　二　国家对教育精准扶贫的顶层设计 ………………………………… 265
　　三　地方对教育精准扶贫的呼应 ……………………………………… 271

四　教育精准扶贫的突出成效 …………………………………… 277
　　五　启示与政策建议 ……………………………………………… 280

第十四章　健康扶贫 ……………………………………………… 285
　　一　健康扶贫的提出背景 ………………………………………… 285
　　二　国家精准扶贫政策体系中的健康扶贫 ……………………… 286
　　三　健康扶贫的顶层设计 ………………………………………… 289
　　四　健康扶贫的地方经验与现实挑战 …………………………… 296
　　五　启示与政策建议 ……………………………………………… 301

第十五章　兜底保障 ……………………………………………… 306
　　一　国家贫困治理体系中的兜底保障式扶贫 …………………… 306
　　二　兜底保障的政策体系安排 …………………………………… 309
　　三　兜底保障政策的运行与实践反思 …………………………… 315
　　四　启示与政策建议 ……………………………………………… 321

结　语 ……………………………………………………………… 324

参考文献 …………………………………………………………… 327

后　记 ……………………………………………………………… 338

第一篇
主报告

第一章　精准扶贫的顶层设计与具体实践

扶贫开发贵在精准，重在精准，成败之举在于精准。

——习近平

一　习近平精准扶贫思想：精准扶贫顶层设计与具体实践的指引

习近平精准扶贫思想形成于我国全面建成小康社会与经济发展新常态的叠加时期，具有鲜明的时代特色、政治基础和哲学意味，充分体现出我国政治和社会主义制度优势，是我国精准扶贫顶层设计和具体实践的指引。自 2013 年底首次提出"精准扶贫"以来，习近平精准扶贫思想不断丰富与完善。习近平精准扶贫思想围绕扶贫干预全过程精准，系统回答扶贫中"扶持谁、谁来扶、怎么扶、如何退"等核心问题，对我国扶贫理论创新和扶贫实践创新具有重要指导意义和价值，对国际减贫发展具有重要启示。

（一）习近平精准扶贫思想的时代背景

1. 共产党执政的初心和全面建成小康社会的底线目标

自成立以来，中国共产党在领导中国人民进行新民主主义革命、建设社会主义新中国、实行改革开放进程中，始终坚持紧密联系群众、全心全意为人民服务、实事求是、与时俱进的"初心"。习近平总书记指出："坚持不忘初心、继续前进，就要统筹推进'五位一体'总体布局，协调推进'四个全面'战略布局，全力推进全面建成小康社会进程,不断把实现'两个一百年'奋斗目标推向前进。"① "十三五"时期,是我国实现第一个"一百年"奋斗目标即到2020年全面建成小康社会的关键时期。"我们不能一边宣布实现了全面建成小康社会目标,另一边还有几千万人口生活在扶贫标准线以下。如果是那样,就既影响人民群众对全面小康社会的满意度,也影响国际社会对全面建成小康社会的认可度。所以'十三五'时期经济社会发展,关键在于补齐'短板',其中必须补好扶贫开发这块'短板'。"② 党的十八大以来,以习近平同志为核心的党中央高度重视扶贫开发工作,把扶贫开发摆到治国理政的重要位置,上升到事关全面建成小康社会、实现第一个百年奋斗目标的新高度。打赢脱贫攻坚战,消除绝对贫困,实现现行标准下农村贫困人口全部脱贫,贫困县全部摘帽,解决区域性整体贫困,是全面建成小康社会的底线任务。

2. 经济发展带动减贫效果弱化

长期以来,我国实施的是政府主导、市场和社会共同参与的扶贫开发模式。其中以市场主体为牵引的经济增长为农村持续大规模减贫提供了强劲动力,成为重要推动力量。从减贫过程看,1978—1985年农村经济的快速发展,使得上亿贫困人口解决了温饱问题,摆脱了贫困。之后,随着市场经济发展和大规模农村劳动力向城镇非农就业转移,贫困农户非农收入快速增加,保持了农村大规模减贫的持续进程。2008年国际金融危机爆发后,特别是我国进入经济增长新常态后,经济增长带动减贫效益下降。经济增长的主体产业(新业态)的益贫性低,农业的规模经营和资金密集趋势也在逐步增强,通过劳动力转移、农业经营增收脱贫的局限性逐步明显。与此同时,社会转型步入各类利益冲突、社会矛盾多发期。经济增长变缓,弱化了经济发展对社会结构性矛盾的正向作用,凸显了社会矛盾和风险,社会负能量在增加。提升农村扶贫

---

① 习近平在庆祝中国共产党成立95周年大会上的讲话,2016年7月1日。
② 习近平在部分省区市扶贫攻坚与"十三五"时期经济社会发展座谈会上的讲话,2015年6月18日。

效益，有效解决贫困地区、贫困人口突出问题，是促进共同发展、彰显执政为民理念、营造共谋共富社会氛围、将社会负能量转化为社会治理的建设性力量的有效路径。

3. 贫困治理困境与贫困固化趋势增强

在政府、社会、市场多元贫困治理格局中，某一方力量的变化会改变贫困治理格局，带来治理困境问题。当经济增长带动减贫强劲时，政府贫困治理中存在的一些问题以及减贫效益不高，并不会对减贫大局产生较大影响。但当经济带动减贫弱化后，如果公共力量特别是政府贫困治理能力问题仍未得到根本性解决，则会影响减贫进程及效果乃至格局，比如导致贫困结构化问题等。长期以来，我国政府贫困治理中扶贫瞄准偏离问题一直没能很好解决，不少扶贫项目粗放"漫灌"、针对性不强等问题还比较普遍。我国提升扶贫标准后，贫困人口大幅增加。其中相当一部分剩余贫困人口贫困程度深、致贫原因复杂、自我发展能力弱、返贫现象突出。这些贫困人口较难通过经济增长带动减贫，政府传统扶贫治理方式效果已经十分有限。而这些贫困人口问题的有效解决将会影响全面建成小康社会目标的如期实现，甚至会通过贫困代际传递造成贫困固化。

（二）习近平精准扶贫思想的形成与发展

1. 习近平精准扶贫的提出

20世纪80年代末期，习近平同志在福建宁德工作期间提出了"弱鸟先飞"、"滴水穿石"、"四下基层"等许多发展理念、观点和方法。其中不乏精准扶贫的理念，如因地制宜发展经济是"弱鸟"先飞且飞得快和高的重要途径，等等。2012年底，习近平总书记在河北省阜平县考察扶贫开发工作时指出，"推进扶贫开发、推动经济社会发展，首先要有一个好思路、好路子。要坚持从实际出发，因地制宜，理清思路、完善规划、找准突破口。要做到宜农则农、宜林则林、宜牧则牧、宜开发生态旅游，则搞生态旅游，真正把自身比较优势发挥好，使贫困地区发展扎实建立在自身有利条件的基础之上"。理清发展思路，因地制宜找准发展思路的论述，表明这一阶段习近平精准扶贫思想已处于萌芽时期。

2013年11月，习近平总书记在湖南湘西考察时首次提出"精准扶贫"概念。他指出："扶贫要实事求是，因地制宜。要精准扶贫，切记喊口号，也不要定好高骛远的目标。"2014年10月的首个"扶贫日"，习近平总书记做出重要批示："各级党委、政府和领导干部对贫困地区和贫困群众要格外关注、格外关爱，……加大扶持力度，善于因地制宜，注重精准发力，充分发挥贫困地区广大干部群众能动作用，扎扎实实做好新形势下扶贫开发工作，推动贫困地区和贫困群众加快脱贫致富步伐。"2014年11月初，在福建调研时，习近平总书记指出："当年苏区老区人民为了革命和新中国的成立不惜流血牺牲，今天这些地区有的还比较困难，要通过领导联系……，加快科学扶贫和精准扶贫。"这表明习近平总书记将精准扶贫视为扶贫开发方式的新要求。

在习近平精准扶贫思想指引下，我国精准扶贫实践不断深入推进。2013年底，中共中央办公厅、国务院办公厅印发《关于创新机制扎实推进农村扶贫开发工作的意见》，提出以建立精准扶贫工作机制为核心的六项机制创新和十项重点工作。围绕该文件，相关部委出台了《关于改进贫困县党政领导班子和领导干部经济社会发展实绩考核工作的意见》、《关于印发〈建立精准扶贫工作机制实施方案〉的通知》、《关于印发〈扶贫开发建档立卡工作方案〉的通知》等政策配套政策文件。特别是后两个文件的出台，将精准扶贫要求落实到行动与实施层面。

2. 习近平精准扶贫思想的发展与完善

2015、2016年，习近平精准扶贫思想逐步上升为国家扶贫开发战略，并不断丰富和完善。2015年2月，习近平总书记主持召开陕甘宁革命老区脱贫致富座谈会，向参会市（县）委书记提出"如何打好扶贫攻坚战、加快改善老区老百姓生活"等四个问题，并指出："各级党委和政府要增强使命感，……贯彻精准扶贫要求，做到目标明确、任务明确、责任明确、举措明确,把钱真正用到刀刃上,真正发挥拔穷根的作用。"2015年6月,习近平总书记在贵州召开部分省区市党委主要负责同志座谈会上进一步指出:"扶贫开发贵在精准,重在精准,成败之举在于精准。各地都要在扶持对象精准、项目安排精准、资金使用精准、措施到户精准、因村派人(第一书记)精准、脱贫成效精准上想办法,出实招、见真效。……要因地制宜研究实施'四个一批'的扶贫攻坚行动计划,即通过扶持生产发展一批,通过移民搬迁安置一批,通过低保政策兜底一批,通过医疗救助扶持一批,实现贫困人口精准脱贫。"

2015年11月27—18日,中央扶贫开发工作会议召开,习近平总书记发表长篇重要讲话,系统阐述精准扶贫精准脱贫方略,标志着习近平精准扶贫思想的形成。会后,颁布《中共中央国务院关于打赢脱贫攻坚战的决定》,要求各级党委和政府要把扶贫开发工作作为重大政治任务来抓,实施全党全社会共同参与的脱贫攻坚战。2016年12月,国务院印发《"十三五"脱贫攻坚规划》,提出要按照党中央、国务院决策部署,坚持精准扶贫、精准脱贫基本方略,坚持精准帮扶与区域整体开发有机结合,大力推进实施一批脱贫攻坚工程。《"十三五"脱贫攻坚规划》系统阐述了"十三五"时期脱贫攻坚工作的指导思想、目标,以及产业发展脱贫等多项贫困人口和贫困地区脱贫的具体路径和方法。为贯彻落实《关于打赢脱贫攻坚战的决定》,中央及有关部门先后出台了100多项政策文件,表明我国以习近平精准扶贫思想为指导的脱贫攻坚顶层设计的"四梁八柱"基本完成。

(三)习近平精准扶贫的思想体系

1. 习近平精准扶贫思想的哲学基础

第一,实事求是和从实际出发。实事求是是毛泽东同志对党的思想路线的概括与体现,要求从实际出发,探究事物发展的客观规律。进入脱贫攻坚阶段,中央对我国扶贫开发提出了更高要求(扶贫脱贫"不落一人"），同时扶贫形势出现了新的变化（经济带动减贫效益下降），这就需要在农村贫困治理中坚持实事求是和从实际出发原则，从实际出发，探析贫困现象的客观实在，探寻消除贫困的良方。2016年7月，习近平总书记到宁夏视察时指出："发展是甩掉贫困帽子的总办法，贫困地区要从实际出发，因地制宜，把种什么、养什么、从哪里增收想明白，帮助乡亲们寻找脱贫致富的好路子。"

第二，普遍联系与统筹兼顾。贫困问题的产生并不仅是贫困个体自身的原因，也与资源的拥有和利用、社会制度安排等相关。这就要求要从整体的角度去看待贫困和反贫困，既要从贫困者自身角度提出扶贫方案，也要看到贫困对社会发展全局的影响，将扶贫纳入经济社会发展的规划之中，统筹安排，形成整体联动。习近平总书记指出："我常讲，没有贫困地区的小康，没有贫困人口的脱贫，就没有全面建成小康社会。……所以，'十三五'时期经济社会发展，关键在于补齐'短板'，其中必须补好扶贫开发这块'短板'。"

第三，对立统一与重点论。对立统一规律是唯物辩证法的核心规律，包含事物发展中矛盾双方的统一性与斗争性，矛盾的普遍性与特殊性，矛盾双方发展的不平衡性。从矛盾学说来看，矛盾是普遍存在的，又具有特殊性，不同事物的矛盾各有特点，不同的矛盾和矛盾的不同方面在事物发展过程中的地位和作用各自不同，即主要矛盾和次要矛盾、矛盾的主要方面和次要方面；重点论强调分析和解决矛盾必须抓住主要矛盾、矛盾的主要方面，不能"眉毛胡子一把抓"。习近平总书记指出："抓扶贫开发，既要整体联动、有共性的要求和措施，又要突出重点、加强对特困村和特困户的帮扶。"

2. 习近平精准扶贫思想的政治基础

我国农村贫困人口规模大，贫困程度深，致贫原因复杂。在脱贫攻坚阶段，扶贫干预主体多元、资源投入大，有序、有效推进脱贫攻坚系统工程，需要强有力的组织领导力。党和政府领导和主导、多元力量参与是我国贫困治理的重要特色。党的坚强领导和社会主义制度集中力量办大事的优势,是习近平精准扶贫思想的重要政治基础,是形塑现有扶贫治理体制机制的重要保障。政治的稳定和优势,转化为我国扶贫开发的规划性和持续性优势。20 世纪 90 年代中期以来,我国实施了《国家八七扶贫攻坚计划(1994—2000 年)》、《中国农村扶贫开发纲要(2001—2010 年)》和《中国农村扶贫开发纲要(2011—2020 年)》,长期坚持实施具有共同富裕性质的东西部扶贫协作和定点扶贫,体现了我国在贫困干预上的政治优势和制度优势。脱贫攻坚阶段,脱贫任务重的省份把脱贫攻坚作为"十三五"期间头等大事和第一民生工程来抓,省市县乡村五级书记一起抓扶贫,党政一把手签订脱贫攻坚责任书、立下军令,层层落实责任,实行严格责任制度。同时,向贫困村派出第一书记和驻村工作队,把脱贫攻坚任务落实到"最后一公里",不脱贫就不脱钩。

3. 习近平精准扶贫思想的丰富内涵

习近平精准扶贫的核心是从实际出发,找准扶贫对象,摸清致贫原因,因地制宜,分类施策,开展针对性帮扶,实现精准扶贫、精准脱贫。从扶贫工作开发的内容看,习近平精准扶贫思想的内容集中体现在习近平对"扶持谁"、"谁来扶"、"怎么扶"、"如何退"四个核心问题的阐述上。

第一,"扶持谁"问题。2015 年 11 月中央扶贫开发工作会议上,习近平总书记指出:"要坚持精准扶贫、精准脱贫。……要解决好'扶持谁'的问题,确保把真正的贫困人口弄清楚,把贫困人口、贫困程度、致贫原因等搞清楚,以便做到因户施策、因人施策。"解决"扶持谁"的问题,要求实现"扶持对象精准",具体工作内容为精准识别和精准管理。2013 年底,中办、国办印发《关于创新机制扎实推进农村扶贫开发的意见》,提出由国家统一制定识别办法,并按照县为单位、规模控制、分级负责、精准识别、动态管理的原则,开展贫困人口识别、建档立卡和建立全国扶贫信息网络系统等工作。2014 年 5 月,国务院扶贫办等中央部门联合印发关于建档立卡、建立精准扶贫工作机制等文件,对贫困户和贫困村建档立卡的目标、方法和步骤、工作要求等做出部署。2014年4—10月,全国组织80万人深入农村开展贫困识别和建档立卡工作,共识别12.8万个贫困村8962万贫困人口,建立起全国扶贫开发信息系统。2015年8月至2016年6月,全国动员近200万人开展建档立卡"回头看",补录贫困人口807万,剔除识别不准人口929万,较好地解决了"扶持谁"的问题。

第二,解决"谁来扶"问题。习近平总书记指出:"要解决好'谁来扶'的问题,加快形成中央统筹、省(自治区、直辖市)负总责、市(地)县抓落实的扶贫开发工作机制,做到分工明确、责任清晰、任务到人、考核到位。"① 近年来,我国建立起脱贫攻坚责任体系。中央出台《省级党委和政府扶贫开发工作成效考核办法》,脱贫攻坚任务重的省份的党政主要负责人向中央签署脱贫责任书,层层签订脱贫责任书、立下军令状,形成省市县乡村五级书记抓扶贫工作格局。要求普遍建立干部驻村帮扶制度,截至2016年末,全国共选派77.5万名干部驻村帮扶、19.5万名优秀干部到贫困村和基层组织薄弱涣散村担任第一书记,解决扶贫"最后一公里"难题。东西扶贫协作深化,结对关系调整完善。东部267个经济较强县(市、区)结对帮扶西部406个贫困县,中央层面共有320个单位定点帮扶592个贫困县,实施"百县万村"行动、"万企帮万村"等社会扶贫。

第三,解决"怎么扶"问题。习近平总书记指出:"要解决好'怎么扶'的问题,按照贫困地区和贫困人口的具体情况,实施'五个一批'工程"②。"要提高扶贫措施有效性,核心是因地制宜、因人因户因村施策,突出产业扶贫,提高组织化程度,培育带动贫困人口脱贫的经济实体。"③ 推进精准帮扶工作是解决"怎么扶"问题的重点,要实现"项目安排精准、资金使用精准、因村派人精准"。瞄准建档

---

① 习近平在中央扶贫开发工作会议上的讲话,2015年11月27日。
② 习近平在中央扶贫开发工作会议上的讲话,2015年11月27日。
③ 习近平在中共中央政治局第三十九次集体学习时的讲话,2016年2月21日。

立卡贫困对象，建立需求导向的扶贫行动机制，深入分析致贫原因，逐村逐户制定帮扶计划，专项扶贫措施与精准识别结果和贫困人口发展需求相衔接。2015年11月，《中共中央国务院关于打赢脱贫攻坚战的决定》印发，为进一步阐明精准扶贫、精准扶贫方略，中办、国办出台了11个配套文件。2016年12月，国务院印发《"十三五"脱贫攻坚规划》。自实施精准扶贫以来，中央和国家机关各部门共出台118个政策文件或实施方案，各地方相继出台和完善"1+N"的脱贫攻坚系列文件。需求导向、动员参与、有效对接的扶贫脱贫帮扶体系业已形成。

第四，解决"如何退"问题。习近平总书记指出："精准扶贫是为了精准脱贫。要设定时间表，实现有序退出，既要防止拖延病，又要防止急躁症。要留出缓冲期，在一定时间内实行摘帽不摘政策。要实行严格评估，按照摘帽标准验收。要实行逐户销号，做到脱贫到人，脱没脱贫要同群众一起算账，要群众认账。"① 2016年4月，中办、国办印发《关于建立贫困退出的意见》，对贫困户、贫困村、贫困县退出的标准、程序和相关要求做出细致规定，为贫困人口退出提供制度保障。严格实施考核评估制度，组织开展省级党委和政府扶贫工作成效考核，就各地贫困人口识别和退出准确率、因村因户帮扶工作群众满意度、"两不愁三保障"实现情况等开展第三方评估；结合收集的情况和各省总结，按照定性定量相结合、第三方评估数据与部门数据相结合、年度考核与平时掌握情况相结合的原则，对各省（自治区、直辖市）脱贫攻坚成效开展综合分析，形成考核意见；对综合评价好的省份通报表扬，对综合评价较差且问题突出的省份，约谈党政主要负责人，对综合评价一般或发现某些方面问题突出的省份，约谈分管负责人；将考核结果作为省级党委、政府主要负责人和领导班子综合考核评价的重要依据。

---

① 习近平在中央扶贫开发工作会议上的讲话，2015年11月27日。

（四）习近平精准扶贫思想的价值意义

1. 习近平精准扶贫思想的国内价值

第一，扶贫理论创新的指导思想。我国扶贫开发步入攻坚拔寨重要时期，贫困问题的复杂性、艰巨性前所未有，扶贫理论创新迫切。习近平精准扶贫思想的理论指导价值体现在建构综合性扶贫治理、内生型反贫困理论等方面。习近平总书记强调，要将条件差、基础弱、贫困程度深的深度贫困地区和贫困人口作为扶贫开发的重点，分类施策，实施"五个一批"扶贫开发路径，要因地制宜，因人因户因村施策。这就要求在反贫困理论创新中探索综合性扶贫理论：在对贫困问题复杂性深刻认识的基础上，既要注重分析致贫的共性要素，以共性要素为依据，因地制宜探索多层次扶贫脱贫路径；又要考虑到贫困个体致贫的具体因素，开展多层次、精细化的针对性帮扶。习近平总书记指出："防止返贫和继续攻坚同样重要，已经摘帽的贫困县、贫困村、贫困户，要继续巩固，增强'造血'功能，建立健全稳定脱贫长效机制。"[①] "要加强基层基础工作。要加强贫困村两委建设，深入推进抓党建促脱贫攻坚工作，选好配强村两委班子，培养农村致富带头人，促进乡村本土人才回流，打造一支'不走的扶贫工作队'。"[②] 贫困人口实现自我发展是扶贫的根本，要把扶贫与扶志、扶贫与扶智相结合，激发内生发生动力，建立长效脱贫机制。这就要求扶贫理论创新要将贫困地区和贫困人口的内生发展摆在更加突出的位置，着力探讨培育贫困群众内源发展的治理机制，为实现贫困人口自我发展提供理论依据。

第二，脱贫攻坚实践创新的行动指南。脱贫攻坚时期，农村贫困人口规模庞大，贫困程度深，致贫因素复杂，返贫现象较为突出，并呈现结构化趋势。贫困问题的解决，除了要下更大的决心和投入更多的资源

---

① 习近平在参加全国人大四川代表团审议时的讲话，2017年3月8日。
② 习近平在中共中央政治局第三十九次集体学习时的讲话，2016年2月21日。

外,更迫切需要合理、有效的贫困治理新方略。习近平精准扶贫思想中的"扶真贫、真扶贫、真脱贫"要求为脱贫攻坚阶段扶贫开发明确了工作目标;"六个精准"论述为扶贫工作方式转变提供了方向和着力点,"五个一批"脱贫路径论述为扶贫工作指明了工作重点任务;对"扶持谁、谁来扶、怎么扶、如何退"问题的阐述为扶贫开发体制机制创新、建构等都具有极大的指导价值。

2. 习近平精准扶贫思想的国际价值

习近平总书记指出:"在实践中,我们形成了不少有益经验,概括起来主要是加强领导是根本、把握精准是要义、增加投入是保障、各方参与是合力、群众参与是基础。……这些经验弥足珍贵,要长期坚持。"① 习近平精准扶贫思想的国际减贫价值体现在以下方面。

一是以实施综合性扶贫策略回应发展中国家贫困问题的复杂化和艰巨性。从全球范围看,致贫原因多元化、差异化是普遍存在,贫困问题复杂性增加,单一力量或单一减贫措施面对复杂贫困问题时很难取得突破性成绩。在贫困治理中,以扶贫对象需求为导向、分类施策,采取针对性扶贫措施,扶贫资源供给与扶贫对象需求有效衔接。注重扶贫的综合性与精准度相结合,制定综合性扶贫脱贫思路,实施精准扶贫和实现精准脱贫。

二是发挥政府在减贫中的主导作用,以回应全球经济增长带动减贫弱化的普遍趋势。习近平精准扶贫思想中将加强政府引导和主导作用作为减贫成效提升的根本。在精准扶贫实践中,我国政府主导了贫困瞄准、贫困干预、脱贫成效评估等减贫全过程。除不断加大投入之外,通过"中央统筹、省负总责、市(地)县抓落实"管理机制提升政府扶贫整体效能,激发强大的扶贫动能,构筑多元主体参与扶贫格局。

三是自上而下与自下而上结合的贫困识别机制,解决了贫困瞄准的

---

① 陈二厚、董峻、侯雪静:《庄严的承诺 历史的跨越——党的十八大以来以习近平同志为核心的党中央引领脱贫攻坚纪实》,新华网,http://news.xinhuanet.com/politics/2017-05/21/c_1121009267.htm,2017年5月21日。

世界难题。国际上贫困识别方法主要有自上而下的识别方法（如个体需求评估法）和自下而上的贫困识别方法（如以社区为基础的瞄准方法），且在单独运用中都存在一定的局限性。贫困的识别是一项专业性强、复杂性高的技术性工作。基层干部往往难以胜任贫困识别的专业性工作。同时，在贫困规模庞大的情况下，采用一家一户的家计调查的贫困识别成本高、耗时长，且难以排除贫困变动对识别精准的干扰。采取统计部门抽样测算贫困规模、自上而下逐级分解贫困指标的方法较好地保证了贫困识别的科学性。农户自愿申请、民主评议等自下而上的识别机制，能提高贫困识别的群众参与度和监督效果，较好地保证贫困识别的真实性。在习近平精准扶贫思想指导下，我国逐步形成和完善了自上而下（指标规模控制、分级负责、逐级分解）与自下而上（村民民主评议）相结合的精准识别机制，对国际减贫瞄准方法的完善具有积极的意义。

二　精准扶贫顶层设计的总体框架

改革开放以来，我国的农村扶贫工作经历了从依赖整体性经济体制改革带动到有组织、有计划、大规模扶贫开发战略实施的转变历程。党的十八大以来，以习近平同志为核心的党中央担当起实现中华民族伟大复兴的历史重任，高度重视农村扶贫开发工作，创造性地提出并实施精准扶贫、精准脱贫方略，谱写出我国农村贫困治理的新篇章。当前，脱贫攻坚"四梁八柱"性质的顶层设计已经基本形成，这些顶层设计集中体现出我国的贫困治理迈向理性化和现代化。概括来讲，精准扶贫顶层设计主要包括做到"六个精准"、实施"五个一批"，目的是要解决"扶持谁"、"谁来扶"、"怎么扶"、"如何退"等四个问题。

（一）做到"六个精准"

1. 扶持对象精准

扶持对象精准要解决的是我国扶贫开发过程中扶持对象不确定、不精准的问题。新中国成立以来我国的扶贫开发经历了以经济发展带动贫困人口脱贫到大规模扶贫开发战略实施的转变，但是一直以来扶贫瞄准机制往往都是悬浮在区域、县、村等层面，没有直接针对贫困户和贫困人口。自 2014 年 4 月开始，通过总体指标控制和社区民主评议的方式，国家在农村进行建档立卡，识别出贫困村、贫困户和贫困人口，又通过 2015 年 8 月至 2016 年 6 月开展的建档立卡"回头看"补录和剔除一部分贫困人口，前所未有地实现了扶持对象的精准。另外，国家通过完善扶贫成效考核机制、实施贫困县退出检查评估等，对贫困人口实行有进有出的动态管理，确保了"扶真贫"。

2. 项目安排精准

项目安排精准要解决的是我国扶贫开发过程中项目安排不合理、不精准的问题。长期以来，对基层而言，扶贫开发即意味着给项目、给资金，"项目下乡"成为推动农村扶贫开发、撬动贫困地区脱贫解困的重要杠杆。但是，项目安排是否符合贫困人口的脱贫需求，是否符合当地的经济社会发展条件，是否遵循市场规律，则没有得到很好的回应，导致许多项目安排的失效和失败，出现项目资金浪费或流失。项目安排精准要求以问题和需求为导向，聚焦项目的瞄准机制、实现项目的精确落地，确保项目的益贫效应。以问题和需求为导向就需要在精准识别阶段摸清贫困人口的致贫原因，针对不同的致贫原因对症下药，安排差异化的扶持项目。

3. 资金使用精准

资金使用精准要解决的是我国扶贫开发过程中资金使用不精准、效率低和资金管理不到位等问题。以往的各类扶贫资金（包括专项扶贫资金和部门扶贫资金）的管理方式缺乏足够的灵活性，地方政府缺乏资金使用的自主权，难以做到精准扶贫。为了保证资金安全和便于审计，往往对资金的用途、使用的方式、扶持的标准规定过死，导致一些贫困户需要的项目没有资金来源，不需要的项目却安排了资金，大大降低了扶贫资金的使用效率①。为解决过去"打酱油的钱不能买醋"这一问题，国务院办公厅出台《关于支持贫困县开展统筹整合使用财政涉农资金试点的意见》②，财政部、国务院扶贫办印发《关于做好2017年贫困县涉农资金整合试点工作的通知》③；为加强专项扶贫资金的管理，财政部等部门联合印发《中央财政专项扶贫资金管理办法》④。这些文件的出台，进一步规范了扶贫资金的使用和管理，提高了扶贫资金的使用绩效。

4. 措施到户精准

措施到户精准要解决的是我国扶贫开发过程中扶贫措施不到户、"大呼隆"、单一化等不精准的问题，重点在于探索和建立差异化的贫困户受益机制。实施精准扶贫之前，我国的农村扶贫开发瞄准区域、县、村层级，最低的层级是村，整村推进是各地在村一级开展扶贫工作的基本做法，往往是基础设施上投入一点，产业扶贫上投入一点，不少项目在贫困村带有普惠性质，如撒胡椒面一般，基本没有到户到人的具体措施。精准扶贫方略实施以来，中央出台的各个具体文件中都体现了"到户到人"、"分类施策"的基本要求。通过建档立卡、精准识别，要求措施到户精准，因地制宜，分类指导，根据贫困村的资源禀赋和贫困户的致贫原因，实行"一村一策、一户一法"，逐村制定规划和年度计划，逐户制定有针对性的帮扶措施，着力解决贫困村、贫困户脱贫中的突出问题。

5. 因村派人精准

因村派人精准要解决的是我国扶贫开发过程中农村基层党组织涣散、战斗力不强的问题，目的在于增强村级实施精准扶贫的能力。贫困

---

① 汪三贵、刘未：《"六个精准"是精准扶贫的本质要求——习近平精准扶贫系列论述探析》，《毛泽东邓小平理论研究》2016年第1期。
② 国务院办公厅：《关于支持贫困县开展统筹整合使用财政涉农资金试点的意见》（国办发〔2016〕22号），2016年4月12日发布。
③ 财政部、国务院扶贫办：《关于做好2017年贫困县涉农资金整合试点工作的通知》（财农〔2017〕4号），2017年2月6日发布。
④ 财政部、国务院扶贫办、国家发展改革委、国家民委、农业部、林业局：《中央财政专项扶贫资金管理办法》（财农〔2017〕8号），2017年3月13日发布。

村经济社会发展较为落后，干部队伍老化、素质不高，贫困治理能力较弱。因此，为解决好村一级"谁来扶"的问题，2013年底，中共中央办公厅、国务院办公厅印发了《关于创新机制扎实推进农村扶贫开发工作的意见》①，要求把健全干部驻村帮扶机制作为六项扶贫开发工作机制创新之一，建立驻村工作队制度，确保每个贫困村都有驻村工作队，每个贫困户都有帮扶责任人。2015年4月，中央组织部、中央农办、国务院扶贫办印发《关于做好选派机关优秀干部到村任第一书记工作的通知》②。该意见印发至今，全国共选派77.5万名干部驻村帮扶、19.5万名优秀干部到贫困村和基层组织薄弱涣散村担任第一书记，切实加强了贫困村村级组织的建设，提高了基层组织贫困治理的能力。2016年2月，中共中央办公厅、国务院办公厅印发《省级党委和政府扶贫开发工作成效考核办法》③，其中不少考核指标都与干部驻村帮扶工作直接相关，进一步将帮扶主体纳入严格考评的范围。

6. 脱贫成效精准

脱贫成效精准要解决的是我国扶贫开发过程中扶贫成效不明确、脱贫退出不精准的问题，或者说"如何退"的问题。2016年2月，中共中央办公厅、国务院办公厅印发《省级党委和政府扶贫开发工作成效考核办法》，明确提出了成效考核的四大内容，包括减贫成效、精准识别、精准帮扶和扶贫资金。2016年4月，中共中央办公厅、国务院办公厅印发《关于建立贫困退出机制的意见》④，提出要以坚持实事求是、坚持分级负责、坚持规范操作、坚持正向激励的原则，严格贫困人口、

---

① 中共中央办公厅、国务院办公厅：《关于创新机制扎实推进农村扶贫开发工作的意见》（中办发〔2013〕25号），2014年1月25日发布。

② 中共中央组织部、中央农办、国务院扶贫办：《关于做好选派机关优秀干部到村任第一书记工作的通知》（组通字〔2015〕24号），2015年4月29日发布。

③ 《中共中央办公厅、国务院办公厅关于印发〈省级党委和政府扶贫开发工作成效考核办法〉的通知》（厅字〔2016〕6号），2016年2月印发。

④ 《中共中央办公厅、国务院办公厅关于印发〈关于建立贫困退出机制的意见〉的通知》（厅字〔2016〕16号），2016年4月23日印发。

贫困村和贫困县退出的基本标准和程序，确保脱贫退出的精准。2017年以来，习近平总书记在多个场合提出要实行"最严格"的考核评估，做到"脱贫结果必须真实，让脱贫成效真正获得群众认可、经得起实践和历史检验"，并指出要"建立健全稳定脱贫长效机制，坚决制止扶贫工作中的形式主义"，这些讲话精神也是确保脱贫成效精准的重要遵循。

（二）实施"五个一批"

1. 特色产业扶贫

发展产业脱贫一批是精准扶贫的重要途径。《中共中央国务院关于打赢脱贫战的决定》、《"十三五"脱贫攻坚规划》均对发展特色产业促进脱贫进行了部署，《贫困地区发展特色产业促进精准脱贫指导意见》[①]进一步做出了较为细致的安排，提出了比较系统的政策措施。要做好特色产业扶贫，关键要做到以下三个方面。

一是要选好选准特色产业。《中共中央国务院关于打赢脱贫攻坚战的决定》提出要重点支持贫困村、贫困户因地制宜发展种养业。《贫困地区发展特色产业促进精准脱贫指导意见》指出要科学确定特色产业，科学分析贫困县资源禀赋、产业现状、市场空间、环境容量、新型主体带动能力和产业覆盖面，选准适合自身发展的特色产业。

二是要发挥新型经营主体的带动作用。《中共中央国务院关于打赢脱贫攻坚战的决定》提出要加强贫困地区农民合作社和龙头企业培育，发挥其对贫困人口的组织和带动作用，强化其与贫困户的利益联结机制。《贫困地区发展特色产业促进精准脱贫指导意见》也强调要培育壮大贫困地区种养大户、农民合作社、龙头企业等新型经营主体，

---

① 《中共中央国务院关于打赢脱贫攻坚战的决定》（中发〔2015〕34号），2015年11月29日；《国务院关于印发"十三五"脱贫攻坚规划的通知》（国发〔2016〕64号），2016年11月23日发布；《贫困地区发展特色产业促进精准脱贫指导意见》（农计发〔2016〕59号），2016年5月26日发布。

支持通过土地托管、牲畜托养、吸收农民土地经营权入股等途径，与贫困户建立稳定的带动关系，带动贫困户增收；支持新型经营主体向贫困户提供全产业链服务，切实提高产业增值能力和吸纳贫困劳动力就业能力。

三是要强化产业扶贫的支持政策。在财政金融领域，《贫困地区发展特色产业促进精准脱贫指导意见》提出鼓励金融机构创新符合贫困地区特色产业发展特点的金融产品和服务方式，鼓励地方积极创新金融扶贫模式，积极发展特色产品保险，探索开展价格保险试点，鼓励保险机构和贫困地区开展特色产品保险和扶贫小额贷款保证保险；《关于加大贫困地区项目资金倾斜支持力度促进特色产业精准扶贫的意见》提出允许国家级贫困县以主导产业为依托，打捆申报项目，促进涉农资金在贫困县整合，为产业精准扶贫提供了强有力的资金支持[1]；《关于金融助推脱贫攻坚的实施意见》指出各金融机构要立足贫困地区资源禀赋、产业特色，积极支持能吸收贫困人口就业、带动贫困人口增收的绿色生态种养业、经济林产业、林下经济等特色产业发展；支持带动贫困人口致富成效明显的新型农业经营主体[2]。在科技与人才领域，《中共中央国务院关于打赢脱贫攻坚战的决定》提出要加大科技扶贫力度，深入推行科技特派员制度，强化贫困地区基层农技推广体系建设，加强新型职业农民培训；积极推进贫困村创业致富带头人培训工程；《贫困地区发展特色产业促进精准脱贫指导意见》提出要健全科技和人才支撑服务体系；加大贫困地区新型职业农民培育和农村实用人才带头人培养力度。在电子商务和流通领域，《贫困地区发展特色产业促进精准脱贫指导意见》指出要改善流通基础设施，大力发展电子商务，建立农

---

[1] 农业部：《关于加大贫困地区项目资金倾斜支持力度促进特色产业精准扶贫的意见》（农计发〔2016〕94号），2016年9月1日发布。
[2] 中国人民银行、国家发展改革委、财政部、中国银监会、中国证监会、中国保监会、国务院扶贫办：《关于金融助推脱贫攻坚的实施意见》（银发〔2016〕84号），2016年3月16日发布。

产品网上销售、流通追溯和运输配送体系;《关于促进电商精准扶贫的指导意见》提出要推动"名特优新"、"三品一标"、"一村一品"农产品和休闲农业上网营销;制定适应电子商务的农产品质量、分等分级、产品包装、业务规范等标准,推进扶贫产业标准化、规模化、品牌化①。

2. 转移就业脱贫

《中共中央国务院关于打赢脱贫攻坚战的决定》中明确提出,将引导劳务输出脱贫作为新时期脱贫攻坚的重要方式之一。转移就业脱贫的顶层设计主要包括两个方面,一是劳务输出,二是返乡创业。

劳务输出是转移就业扶贫的重要内容。一方面,必须对农村外出务工人员开展技能培训,使他们能够掌握在城市就业的基本技能;另一方面,则要制定政策措施,保障流入城市的贫困农民工的各种合法权益。近一年来,相关中央文件对技能培训和农民工权益保护做了进一步的规划和部署。《"十三五"脱贫攻坚规划》中指出要大力开展职业培训,完善劳动者终身职业技能培训制度;针对贫困家庭中有转移就业愿望的劳动力、已转移就业劳动力、新成长劳动力的特点和就业需求,开展差异化技能培训;整合各部门各行业培训资源,创新培训方式,以政府购买服务形式,通过农林技术培训、订单培训、定岗培训、定向培训、"互联网+培训"等方式开展就业技能培训、岗位技能提升培训和创业培训。加强对贫困家庭妇女的职业技能培训和就业指导服务。支持公共实训基地建设。同时,规划还强调要保障转移就业贫困人口的合法权益,加强对转移就业贫困人口的公共服务。输入地政府对已稳定就业的贫困人口予以政策支持,将符合条件的转移人口纳入当地住房保障范围,完善随迁子女在当地接受义务教育和参加中高考政策,保障其本人及随迁家属平等享受城镇基本公共服务。支持输入地政府吸纳贫困人口转移就业和落户。为外出务工的贫困人口提供法律援助。② 2016 年 12

---

① 《关于促进电商精准扶贫的指导意见》(国开办发〔2016〕40 号),2016 年 11 月 4 日发布。

② 《国务院关于印发"十三五"脱贫攻坚规划的通知》(国发〔2016〕64 号),2016 年 11 月 23 日发布。

月2日，人力资源和社会保障部、财政部、国务院扶贫办联合印发了《关于切实做好就业扶贫工作的指导意见》，明确指出要促进稳定就业，各地要切实维护已就业贫困劳动力的合法权益，指导督促企业与其依法签订并履行劳动合同、参加社会保险、按时足额发放劳动报酬，积极改善劳动条件，加强职业健康保护。[①]

返乡创业是转移就业的另一项重要内容。《"十三五"脱贫攻坚规划》中指出要实施农民工等人员返乡创业培训五年行动计划（2016—2020年），推进建档立卡贫困人口等人员返乡创业培训工作，到2020年，力争使有创业要求和培训愿望、具备一定创业条件或已创业的贫困家庭农民工等人员，都能得到1次创业培训。2016年12月2日，人力资源和社会保障部印发了《关于切实做好就业扶贫工作的指导意见》，特别强调要鼓励农民工返乡创业、当地能人就地创业、贫困劳动力自主创业，支持发展农村电商、乡村旅游等创业项目，切实落实各项创业扶持政策，优先提供创业服务。[②]

3. 资产收益扶贫

资产收益扶贫是新阶段我国在扶贫开发举措上的重要创新之一，旨在通过充分利用或扩大贫困人口的资产收益，促进贫困人口稳定增收，同时推动贫困地区经济发展。中央通过一系列文件的发布逐步搭建起了资产收益扶贫的政策框架。

《中共中央国务院关于打赢脱贫攻坚战的决定》将资产收益扶贫作为实施精准扶贫方略、加快贫困人口精准脱贫的重要举措，指出："在不改变用途的情况下，财政专项扶贫资金和其他涉农资金投入设施农业、养殖、光伏、水电、乡村旅游等项目形成的资产，具备条件的可折股量化给贫困村和贫困户，尤其是丧失劳动能力的贫困户。资产可由村

---

① 人力资源和社会保障部、财政部、国务院扶贫办：《关于切实做好就业扶贫工作的指导意见》（人社部发〔2016〕119号），2016年12月2日发布。
② 人力资源和社会保障部：《关于切实做好就业扶贫工作的指导意见》（人社部发〔2016〕119号），2016年12月2日发布。

集体、合作社或其他经营主体统一经营。要强化监督管理，明确资产运营方对财政资金形成资产的保值增值责任，建立健全收益分配机制，确保资产收益及时回馈持股贫困户。支持农民合作社和其他经营主体通过土地托管、牲畜托养和吸收农民土地经营权入股等方式，带动贫困户增收。贫困地区水电、矿产等资源开发，赋予土地被占用的村集体股权，让贫困人口分享资源开发收益。"2016年10月，国务院办公厅印发《国务院办公厅关于贫困地区水电矿场资源开发资产收益扶贫改革试点方案的通知》（国办发〔2016〕73号），对水电矿产资源开发资产收益扶贫改革试点的总体要求、范围、期限与项目选择，试点内容，保障措施等进行了明文规定。①《"十三五"脱贫攻坚规划》中将资产收益扶贫纳入"产业发展脱贫"之中，鼓励和引导贫困户将已确权登记的土地承包经营权入股企业、合作社、家庭农（林）场，与新型经营主体形成利益共同体，分享经营收益，在贫困地区选择一批项目开展志愿开发资产收益扶贫改革试点，以及实施光伏扶贫工程、水库移民脱贫工程、农村小水电扶贫工程等资产收益扶贫工程。2017年5月，财政部、农业部、国务院扶贫办联合印发《关于做好财政支农资金支持资产收益扶贫工作的通知》（财农〔2017〕52号），从总体要求、明确资产范围、抓好组织实施、强化保障措施等方面对财政支农资金用于支持产业发展的资产收益扶贫工作进行规定。②

4. 易地搬迁脱贫

易地扶贫搬迁是为了解决"一方水土养不活一方人"的问题而实施的重要脱贫方式。

2015年12月，国家发改委、国务院扶贫办、财政部、国土资源部、中国人民银行联合印发《"十三五"时期易地扶贫搬迁工作方

---

① 《国务院办公厅关于贫困地区水电矿场资源开发资产收益扶贫改革试点方案的通知》（国办发〔2016〕73号），2016年10月18日发布。
② 《财政部农业部国务院扶贫办关于做好财政支农资金支持资产收益扶贫工作的通知》（财农〔2017〕52号），2017年5月31日发布。

案》①，是新一轮易地扶贫搬迁工作的行动指南，明确了易地扶贫搬迁工作的总体要求、搬迁对象与安置方式、建设内容与补助标准、资金筹措、职责分工、政策保障等。方案指出，要坚持群众自愿、积极稳妥方针，坚持与新型城镇化相结合，对居住在"一方水土养不活一方人"地方的建档立卡贫困人口实施易地搬迁，加大政府投入力度，创新投融资模式和组织方式，完善相关后续扶持政策，强化搬迁成效监督考核，努力做到搬得出、稳得住、有事做、能致富，确保搬迁对象尽快脱贫，从根本上解决生计问题。方案提出，要用5年时间对"一方水土养不活一方人"地方的建档立卡贫困人口实施易地扶贫搬迁，力争"十三五"期间完成1000万人口搬迁任务，到2020年，搬迁对象生产生活条件明显改善，享有便利可及的基本公共服务，收入水平明显提升，迁出区生态环境有效改善，与全国人民一道进入全面小康社会。

2016年9月，国家发展改革委印发《全国"十三五"易地扶贫搬迁规划》，计划5年内对近1000万建档立卡贫困人口实施易地扶贫搬迁，着力解决居住在"一方水土养不活一方人"地区贫困人口的脱贫问题。《全国"十三五"易地扶贫搬迁规划》以精准扶贫、精准脱贫为统领，坚持搬迁与脱贫"两手抓"，明确了"十三五"时期推进易地扶贫搬迁的指导思想、目标任务、资金来源、资金运作模式、保障措施等，是各地推进易地扶贫搬迁工作的行动纲领。为促进搬迁群众稳定脱贫，《全国"十三五"易地扶贫搬迁规划》坚持把贫困搬迁户的脱贫工作贯穿于规划选址、搬迁安置、后续发展全过程，立足安置区资源禀赋，依据不同搬迁安置模式，支持发展特色农牧业、劳务经济、现代服务业以及探索资产收益扶贫等方式，确保搬迁群众实现稳定脱贫。②

5. 生态保护扶贫

建设生态文明是关系人民福祉、关乎民族未来的大计，是实现中华

---

① 《关于印发"十三五"时期易地扶贫搬迁工作方案的通知》（发改地区〔2015〕2769号）。
② 《国家发展改革委关于印发全国"十三五"易地扶贫搬迁规划的通知》（发改地区〔2016〕2022号），2016年9月20日发布。

民族伟大复兴的中国梦的重要内容。习近平总书记指出:"我们既要绿水青山,也要金山银山。宁要绿水青山,不要金山银山,而且绿水青山就是金山银山。"① 在贫困地区将生态保护和脱贫攻坚相结合是我国绿色发展理念下的一项创新。《中共中央国务院关于打赢脱贫攻坚战的决定》明确提出要结合生态保护脱贫,相关部委出台的政策文件进一步细化了生态保护扶贫的顶层设计。

2016年5月,《国务院办公厅关于健全生态保护补偿机制的意见》印发,提出在生存条件差、生态系统重要、需要保护修复的地区,结合生态环境保护和治理,探索生态脱贫新路子。生态保护补偿资金、国家重大生态工程项目和资金按照精准扶贫、精准脱贫的要求向贫困地区倾斜,向建档立卡贫困人口倾斜。重点生态功能区转移支付要考虑贫困地区实际状况,加大投入力度,扩大实施范围。加大贫困地区新一轮退耕还林还草力度,合理调整基本农田保有量。开展贫困地区生态综合补偿试点,创新资金使用方式,利用生态保护补偿和生态保护工程资金使当地有劳动能力的部分贫困人口转为生态保护人员。对在贫困地区开发水电、矿产资源占用集体土地的,试行给原住居民集体股权方式进行补偿。②

《"十三五"脱贫攻坚规划》指出,要处理好生态保护与扶贫开发的关系,加强贫困地区生态环境保护与治理修复,提升贫困地区可持续发展能力。逐步扩大对贫困地区和贫困人口的生态保护补偿,增设生态公益岗位,使贫困人口通过参与生态保护实现就业脱贫。③

6. 教育扶贫

"扶贫先扶智"决定了教育扶贫的基础性地位,"治贫先治愚"决

---

① 《习近平在纳扎尔巴耶夫大学的演讲(全文)》,新华网,http://news.xinhuanet.com/politics/2013-09/08/c_117273079.htm,2013年9月8日。
② 《国务院办公厅关于健全生态保护补偿机制的意见》(国办发〔2016〕31号),2016年5月13日发布。
③ 《国务院关于印发"十三五"脱贫攻坚规划的通知》(国发〔2016〕64号),2016年12月2日发布。

定了教育扶贫的先导性功能,教育扶贫是阻断贫困代际传递的重要手段。

2016年12月,教育部等六部门联合印发《教育脱贫攻坚"十三五"规划》。规划提出,要采取超常规政策举措,精确瞄准教育最薄弱领域和最贫困群体,实现"人人有学上、个个有技能、家家有希望、县县有帮扶",促进教育强民、技能富民、就业安民,坚决打赢教育脱贫攻坚战。规划指出,要通过发展学前教育、巩固九年义务教育水平、加强乡村教师队伍建设、加大特殊群体支持力度来夯实教育脱贫根基;要通过加快发展中等职业教育、广泛开展公益性职业技能培训来提升教育脱贫能力;要通过积极发展普通高中教育、继续实施高校招生倾斜政策、完善就学就业资助服务体系来拓宽教育脱贫通道;要通过加强决策咨询服务、助推特色产业发展、提高公共卫生服务水平、推进乡风文明建设来拓展教育脱贫空间;要通过激发贫困地区内生动力、加大财政支持力度、实施教育扶贫结对帮扶行动、加大现代信息技术应用、鼓励社会力量广泛参与来集聚教育脱贫力量。[①]

2017年1月,国务院印发《国家教育事业发展"十三五"规划》,提出要打赢教育脱贫攻坚战。一是要全面推进教育精准扶贫、精准脱贫。对接农村贫困人口建档立卡数据库,提高教育扶贫精准度,让贫困家庭子女都能接受公平、有质量的教育,阻断贫困代际传递。进一步完善贫困县的教育扶持政策,相关教育项目优先支持贫困县。鼓励地方扩大营养改善计划试点范围,中央财政给予奖补支持,实现集中连片特困地区县、国家扶贫开发工作重点县全覆盖。免除公办普通高中建档立卡等家庭经济困难学生(含非建档立卡的家庭经济困难残疾学生、农村低保家庭学生、农村特困救助供养学生)学杂费,加大对贫困家庭大学生的资助力度。继续对农村和贫困地区学生接受高等教育给予倾斜,

---

[①] 《教育部等六部门关于印发〈教育脱贫攻坚"十三五"规划〉的通知》(教发〔2016〕18号),2016年12月16日发布。

让更多困难家庭孩子能够受到良好教育，拥有更多上升通道。二是要加大职业教育脱贫力度。启动实施职教圆梦行动计划，省级教育行政部门统筹协调国家示范和国家重点中职学校，选择就业好的专业单列招生计划，针对建档立卡贫困家庭子女招生，确保至少掌握一门实用技能，提升贫困家庭自我发展的"造血"能力。实施中等职业教育协作计划，支持建档立卡贫困家庭初中毕业生到省（区、市）外经济较发达地区接受中等职业教育。三是要强化教育对口支援。实施教育扶贫结对帮扶行动，推进省内城镇中小学、优质幼儿园对口帮扶农村中小学、幼儿园，实现每一所贫困地区学校都有对口支援学校。鼓励高水平大学尤其是东部高校扩大对口支援中西部高校范围，加强东部职教集团和国家职业教育改革示范校对口帮扶集中连片特困地区职业学校。继续推进定点联系滇西边境山区工作。①

7. 健康扶贫

全国建档立卡信息系统数据显示，贫困人口因病致贫的比例高达44%。保障贫困人口的健康权利，让贫困人口看得起病，不至于因病致贫和因病返贫，对于脱贫攻坚至关重要。中央层面高度重视健康扶贫工作的开展，《中共中央国务院关于打赢脱贫攻坚战的决定》明确提出"实施健康扶贫工程，保障贫困人口享有基本医疗卫生服务，努力防止因病致贫、因病返贫"，通过综合施策，形成政策合力，突出问题导向，实施精准扶贫，有效防止因病致贫返贫。

2016年6月，国家卫生计生委等15个部委联合发布《关于实施健康扶贫工程的指导意见》，提出要"坚持精准扶贫、精准脱贫基本方略，与深化医药卫生体制改革紧密结合，针对农村贫困人口因病致贫、因病返贫问题，突出重点地区、重点人群、重点病种，进一步加强统筹协调和资源整合，采取有效措施提升农村贫困人口医疗保障水平和贫困

---

① 《国务院关于印发国家教育事业发展"十三五"规划的通知》（国发〔2017〕4号），2017年1月19日发布。

地区医疗卫生服务能力，全面提高农村贫困人口健康水平，为农村贫困人口与全国人民一道迈入全面小康社会提供健康保障"①。意见指明健康扶贫的重点领域是：提高医疗保障水平，切实减轻农村贫困人口医疗费用负担；实行县域内农村贫困人口住院先诊疗后付费；实施全国三级医院与连片特困地区县和国家扶贫开发工作重点县县级医院一对一帮扶；统筹推进贫困地区医药卫生体制改革；加强贫困地区妇幼健康工作；深入开展贫困地区爱国卫生运动。

2017年初发布的《"十三五"卫生与健康规划》中，也明确指出要保障贫困人口享有基本医疗卫生服务，努力防止因病致贫、因病返贫。对符合条件的贫困人口参加城乡居民基本医疗保险个人缴费部分按规定由财政给予补贴。新型农村合作医疗和大病保险制度对贫困人口实行政策倾斜，门诊统筹率先覆盖所有贫困地区。将贫困人口按规定纳入重特大疾病医疗救助范围。对患大病和慢性病的农村贫困人口进行分类救治。建立贫困人口健康卡。明显改善贫困地区医疗服务能力。实施军地三级医院与集中连片特困地区县和国家扶贫开发工作重点县县级医院稳定持续的一对一帮扶，深入推进二级以上医疗机构对口帮扶贫困县乡镇卫生院。积极促进远程医疗服务向贫困地区延伸。②

8. 兜底保障

针对农村中无劳动能力或部分丧失劳动能力的贫困户，采取常规的脱贫措施难以奏效，为此《中共中央国务院关于打赢脱贫攻坚战的决定》提出要完善农村最低生活保障制度，对无法依靠产业扶持和就业帮助脱贫的家庭实行政策性保障兜底。决定出台后，相关部门围绕决定出台了一系列政策措施，确保兜底政策能"兜得住"。

2016年2月17日，《国务院关于进一步健全特困人员救助供养制

---

① 《关于实施健康扶贫工程的指导意见》（国卫财务发〔2016〕26号），2016年6月20日发布。
② 《国务院关于印发"十三五"卫生与健康规划的通知》（国发〔2016〕77号），2017年1月10日发布。

度的意见》印发。该意见指出：保障城乡特困人员基本生活，是完善社会救助体系、编密织牢民生安全网的重要举措，是坚持共享发展、保障和改善民生的应有之义，也是打赢脱贫攻坚战、全面建成小康社会的必然要求。该意见提出：要按照党中央、国务院决策部署，以解决城乡特困人员突出困难、满足城乡特困人员基本需求为目标，坚持政府主导，发挥社会力量作用，在全国建立起城乡统筹、政策衔接、运行规范、与经济社会发展水平相适应的特困人员救助供养制度，将符合条件的特困人员全部纳入救助供养范围，切实维护他们的基本生活权益。该意见对城乡特困人员救助供养的对象范围、办理程序、救助供养内容、救助供养标准和救助供养形式进行了明确安排。①

2016年9月17日，国务院办公厅转发民政部等部门《关于做好农村最低生活保障制度与扶贫开发政策有效衔接指导意见》，就切实做好农村最低生活保障制度与扶贫开发政策有效衔接工作进行了制度安排，提出要通过农村低保制度与扶贫开发政策的有效衔接，形成政策合力，对符合低保标准的农村贫困人口实行政策性保障兜底，确保到2020年现行扶贫标准下农村贫困人口全部脱贫。两项制度有效衔接的重点任务是：政策衔接，在坚持依法行政、保持政策连续性的基础上，着力加强农村低保制度与扶贫开发政策衔接；对象衔接，县级民政、扶贫等部门和残联要密切配合，加强农村低保和扶贫开发在对象认定上的衔接；标准衔接，各地要加大省级统筹工作力度，制定农村低保标准动态调整方案，确保所有地方农村低保标准逐步达到国家扶贫标准；管理衔接，对农村低保对象和建档立卡贫困人口实施动态管理。②

《"十三五"脱贫攻坚规划》对兜底保障工作进行了部署，提出要统筹社会救助体系，促进扶贫开发与社会保障有效衔接，完善农村低

---

① 《国务院关于进一步健全特困人员救助供养制度的意见》（国发〔2016〕14号），2016年2月17日发布。
② 《国务院办公厅转发民政部等部门关于做好农村最低生活保障制度与扶贫开发政策有效衔接指导意见的通知》（国办发〔2016〕70号），2016年9月27日发布。

保、特困人员救助供养等社会救助制度，健全农村"三留守"人员和残疾人关爱服务体系，实现社会保障兜底。①

三 精准扶贫方略对扶贫开发提出的新要求新挑战

从粗放式扶贫到精准扶贫的转变，全方位地改变了我国贫困治理的基本逻辑和运作模式。在中央精准扶贫顶层设计逐步形成和完善过程中，无论是治贫主体、治贫方式还是治贫客体都面临理念方式方法的转变，对地方扶贫开发的具体实践带来众多的挑战。对这些挑战的回应直接决定了地方实践的有效性，也影响着精准扶贫战略的实施效果。

（一）治贫主体方面

1. 认识转变：从扶贫济困到全面建成小康社会的转变

扶贫工作长期以来主要是一项部门的业务工作，其工作职能虽涵盖专项扶贫、行业扶贫和社会扶贫，但是扶贫部门主要从事的是专项扶贫工作，干的是扶贫济困"一亩三分田"的事。党的十八大以来，以习近平同志为核心的党中央高度重视扶贫开发工作，把扶贫工作提高到了前所未有的高度。2013年元旦前夕，习近平总书记到贫困地区和革命老区河北省阜平县看望困难群众时指出："全面建成小康社会，最艰巨、最繁重的任务在农村，特别是在贫困地区。没有农村的小康，特别是没有贫困地区的小康，就没有全面建成小康社会。"2014年12月，在中央经济工作会议上，习近平提出了"扶贫工作事关全局，全党必须高度重视"的新论断。2015年6月18日，习近平在贵州召开部分省区市党委主要负责同志座谈会时强调，"'十三五'时期是我们确定的全面建成小康社会的时间节点，全面建成小康社会最艰巨最繁重的任务

---

① 《国务院关于印发"十三五"脱贫攻坚规划的通知》（国发〔2016〕64号），2016年12月2日发布。

在农村,特别是在贫困地区"。2015年11月29日颁布的《中共中央国务院关于打赢脱贫攻坚战的决定》明确指出:"扶贫开发事关全面建成小康社会,事关人民福祉,事关巩固党的执政基础,事关国家长治久安,事关我国国际形象。"

习近平总书记一系列关于扶贫开发的重要讲话精神和党中央国务院出台的重要文件表明,扶贫开发已由"局部"性的扶贫济困业务工作上升为事关"全面建成小康社会"的大局工作,变成扶贫攻坚任务重的地区各级党委政府的头等大事和第一民生工程。这首先在认识和观念上对各级党委政府领导干部和相关扶贫干部等治贫主体提出了更高的要求,要求他们必须从更高的站位去认识扶贫工作的重要性。只有认识上摆正了扶贫开发工作的地位,才能在角色上实现转变,行动上符合要求。

2. 角色转变:从扶贫工作管理者向贫困治理协调者的转变

贫困问题的起因错综复杂,贫困问题的治理需要多元协作。精准扶贫精准脱贫方略实施以前,扶贫领域就强调要形成"专项扶贫、行业扶贫、社会扶贫三位一体"的大扶贫格局,但是各地扶贫系统的职责权限往往还是囿于自身所承担的专项扶贫领域,扶贫开发领导小组虽有各行业部门和社会团体参与,但是扶贫办的协调能力往往有限,无法有效协调和调动各种资源参与扶贫开发,整个社会在扶贫资源利用上的协同性不高。精准扶贫精准脱贫形成的扶贫体制是一种全新的大扶贫格局,它将扶贫工作上升到各级党委政府的头等大事层面,扶贫开发不再仅仅是扶贫部门的事,而是演变成了各级党委政府的事。而且当前的大扶贫格局要求扶贫攻坚必须"政府、社会、市场协力推进",这就赋予了各级治贫主体以更多的权限。2016年10月17日,中共中央办公厅、国务院办公厅印发并实施《脱贫攻坚责任制实施办法》,指出"脱贫攻坚按照中央统筹、省负总责、市县抓落实的工作机制,构建责任清晰、各负其责、合力攻坚的责任体系","国务院扶贫开发领导小组负责全国脱贫攻坚的综合协调",进一步明确了扶贫系统作为协调者的角色。

在此情境下,扶贫部门的角色出现重大转变。传统上扶贫部门主要是作为扶贫工作的管理者来开展工作,但是现在扶贫部门成为各级党委政府牵头协调精准扶贫精准脱贫战略实施的责任单位。这种角色的转变对各级扶贫部门提出了挑战,如果各级治贫主体仍然按照以往的思路开展工作,必然跟不上形势的要求,也很可能会陷入工作上的被动局面。只有迅速及时转变角色,充分认识到扶贫部门在脱贫攻坚体系中的职责所在,才能更好地整合资源、形成合力,更好地服务于精准脱贫的既定目标。

(二)治贫方式

1. 目标任务:由偏于定性到注重定量的转变

扶贫开发长期以来以解决贫困人口温饱问题、改善贫困地区基本生产生活条件、提高贫困人口生活质量和综合素质、加强贫困乡村基础设施建设为奋斗目标。这些奋斗目标从定性角度指明了农村扶贫开发努力的总体方向,但没有围绕其建立易操作、可评价的指标体系及相应标准,导致地方扶贫工作在对象瞄准、资源投入等方面没有明确的目标导向,导致农村扶贫工作绩效遭到削弱并陷入"内卷化"的困境。精准扶贫的提出与实施在很大程度上扭转了因工作目标不清晰造成的扶贫工作困境。

从顶层视角看,精准扶贫内含的量化思维与技术取向增强了扶贫攻坚目标的可操作化、明晰化,也推动了中国农村扶贫目标由"偏定性"向"重定量"的转变。首先,《中国农村扶贫开发纲要(2011—2020)》蕴含了明显的量化思维,其不仅指出了未来十年我国农村扶贫开发的总体目标是实现贫困人口的"两不愁三保障",更以此为核心构建了包括农田水利、特色产业、饮水安全、生产生活用电、交通、危房改造、教育和医疗卫生等多项内容的任务体系,并将任务分解到各个阶段。其次,精准扶贫从量化技术角度针对贫困人口脱贫、贫困村出列及贫困县摘帽制定了具体的标准与评价体系。"两不愁三保障"不仅在于解决贫困人口的温饱问题，还把为贫困人口提供更有尊严的生活作为其目标。贫困村出列以贫困发生率为主要衡量标准，统筹考虑村内基础设施、基本公共服务、产业发展、集体经济收入等综合因素。扶贫目标任务的量化为地方扶贫工作精准发力提供了明确的着力点，也为中央真实准确地评估考核地方扶贫工作成效提供了客观依据。

从地方视角看，扶贫目标的量化转向对地方扶贫政策实施主体在工作内容与工作方式转变方面提出了要求。地方政府不能停留于以往仅靠政策兜底保障贫困人口基本温饱的简单思路，而应切实根据新的目标体系将农村扶贫开发工作与基本生活保障、能力建设、基本公共服务、"五位一体"发展战略等相结合，促进精准脱贫与整体发展。量化目标的客观性与严格性也对地方精准扶贫营造了压力型政策情景，地方应最大限度实现精准扶贫数字层面的形式目标与精准脱贫的实质性目标相契合，需警惕为应对"压力型体制"而产生的数字脱贫、形式脱贫。

2. 扶持方式：从大水漫灌到精准滴灌的转变

中国政府自有组织有计划地实施大规模扶贫开发战略以来，长期遵循开发式思路，其隐含了区域经济整体发展必然带动贫困人口生产生活条件改善和脱贫增收的潜在假设，在扶贫资源项目瞄准上也以片区、贫困县、贫困村等整体性单位为主要对象。开发式扶贫在推动落后地区整体经济发展面取得了一定成效，但由于其工作思路本身及应对扶贫形势转变等方面的不足，扶贫工作难以取得突破性进展。从扶贫开发工作绩效看，整体发展与贫困人口个体脱贫间并不存在强逻辑关联，大水漫灌式的扶贫方式最终惠及的贫困人口及程度甚为有限。另外，随着市场化改革与扶贫工作成效的凸显，农村贫困逐渐由整体性贫困向个体性贫困转型，而以整体扶持为手段的开发式扶贫越来越难以适应以个体性、异质性为特征的贫困形势。由此，扶贫方式从大水漫灌到精准滴灌的转型成为必然选择。

"精准滴灌"的目的是促进扶贫资源与贫困人口的有效对接，并提升扶贫政策与帮扶措施满足贫困人口真实需求的能力。精准扶贫通过精准识别、精准帮扶、精准管理和精准考核等一系列举措保障扶贫资源（政策、资金、项目等）瞄准到户、"滴灌"到人。首先，精准识别以国家基准贫困线为标准、以"两不愁三保障"为核心内容，并综合考虑家庭成员发展能力、生活环境、致贫原因、返贫可能与脱贫机会等因素，通过专家识别与村民参与式评价、民主评议与集中决策相结合，以及反复实地调研与精准识别"回头看"等方式，国务院扶贫办于2015年10月召开新闻发布会，指出我国还有7017万现行标准下的贫困人口。其次，精准帮扶通过在项目安排、资金使用、调动力量与选人用人等方面的精准到位保障实现精准滴灌式扶贫。然后，在对贫困户信息、扶贫资金与帮扶责任进行科学管理的基础上保证"精准滴灌"的目标准确性与过程合理性。最后，通过精准考核对"滴灌式"扶贫方式成效进行科学合理考评，充分合理使用考评结果对改进下一步扶贫工作大有助益。

3. 考核评估：由系统内考核评估为主向内外考核评估相结合的转变

扶贫成效考核评估是扶贫工作绩效管理的重要环节。长期以来，扶贫成效的考核任务主要由扶贫系统内部及相关政府部门承担，考评主体与对象均属官僚系统内部成员。基于科层体制的考核评估直接与考评对象工作绩效、个人升迁等利益挂钩，因而具有引导、监督与调整等功能。但是，政府系统内部考评的封闭性使得扶贫成效考评成为政府部分自说自话和自卖自夸的游戏，缺少贫困主体对扶贫成效的参与式评估造成群众对政府内部考评结果的认可度低。另外，官僚制系统内部一直存在"上有政策、下有对策"[1] 和上下级政府间"'考核检查'与'应对'"[2] 的组织悖论，使得系统内部考评过程的合理性、结果的真实性受到削弱。由此，欲使精准扶贫工作与成效经得住历史考验、老百姓认账，就

---

[1] 周雪光：《基层政府间的"共谋现象"——一个政府行为的制度逻辑》，《社会学研究》2008年第6期。

[2] 艾云：《上下级政府间"考核检查"与"应对"过程的组织学分析——以A县"计划生育"年终考核为例》，《社会》2011年第3期。

必须吸纳独立于政府部门的社会组织和机构对扶贫成效进行第三方评价。

2016年2月,中共中央办公厅、国务院办公厅印发《省级党委和政府扶贫开发工作成效考核办法》,并明确提出将第三方评估数据引入对中西部22个省(自治区、直辖市)党委和政府扶贫开发工作成效的考核工作中。精准扶贫第三方评估主体的引入突破了以往的封闭式考评体制,丰富了评估主体,并建立起一种扶贫开发内部评价与外部评价结合的政府绩效评价体系。汪三贵等人认为"第三方评估有其特有的独立性、专业性、权威性,通过第三方扶贫绩效评估,能够改变以往扶贫部门既当'运动员'又当'裁判员',还当'监督员'的角色定位"[1]。而且,第三方评估作为外部评估机制,通过实地考察、召开座谈会、组织问卷调查、走基层听民声等多种有效方式来倾听群众对精准扶贫的意见和建议,能更客观公正地了解精准扶贫是不是"纸上谈兵",从而有效推进政府精准扶贫在治理上的优化。[2] 同时,第三方外部评估机制通过科学地设计、实施评估方案,可有效弥补科层系统内部自我评估过程中的权力寻租和上下级"共谋"等组织缺陷,提升评估的客观性、有效性。

内外部考核评估机制虽是政府绩效管理的重要趋势,但目前仍处于探索阶段,第三方机构在评估过程中的角色定位有待进一步厘清,评估基本流程与规范需进一步明确;同时,地方政府应顺应国家治理机制改革趋势并及时调整观念,准确认识第三方评估机构的职责、角色与功能,合理看待与处理双方关系。

(三)治贫客体

1. 对象瞄准:从到县到村向到户到人的转变

中国扶贫工作的重要特征是扶贫目标群体性瞄准机制,群体性瞄准

---

[1] 汪三贵、曾小溪、殷浩栋:《中国扶贫开发绩效第三方评估简论——基于中国人民大学反贫困问题研究中心的实践》,《湖南农业大学学报》(社会科学版)2016年第3期。

[2] 山东省民生改革与发展研究中心:《关于精准扶贫第三方评估工作的几点思考》,http://www.sdfp.gov.cn/cxpg/llsk/201607/t20160722_1199.htm,2016年7月22日。

机制的瞄准对象包括县、村两个层面。1986年国家首次确定了贫困县标准，1994年《国家八七扶贫攻坚计划》强化了国定贫困县瞄准，并上调了国定贫困县标准。扶贫资金的县级瞄准在一定程度上做到了集中有限的资源，重点解决贫困问题更突出地区的贫困问题，但由于扶贫重点县没有覆盖全部贫困人口，必然造成扶贫政策难以惠及非国定贫困县的贫困人口。进入21世纪后，贫困人口逐渐从区域分布转向点状分布；而且"八七扶贫攻坚"成效显现，贫困县贫困人口数量及贫困发生率下降迅速，若再坚持县级瞄准机制，势必会造成扶贫资源的渗漏和目标瞄准的偏离，由此，扶贫开发工作瞄准对象开始向村级调整。① 2001年9月，中央政府把参与式村级扶贫规划作为推动"整村推进"工作的主要理念和方法，以实施村级扶贫规划为主要内容的整村推进，标志着扶贫资金分配开始由县级瞄准向村级瞄准转移，进而覆盖更多的贫困人口。但也有研究发现，尽管我国扶贫开发重点村的选择对贫困村有较高的瞄准率，但不同类型的扶贫资金的使用在村级瞄准上仍有较大的差异性，而在村内依托项目进行的目标瞄准则出于捆绑条件等原因往往不能覆盖贫困群体的大多数。② 2013年，中央将精准扶贫作为新形势下农村扶贫工作的战略思想与工作机制，确定了扶贫资源到户到人的工作机制。例如，贫困户产业扶贫资金必须到户，必须吸纳规定数量的贫困户参与扶贫政策规定，进一步强化了扶贫资源与贫困户、贫困人口的直接对接。

到户到人的扶贫瞄准机制对地方扶贫工作思路与方式提出了新要求：其一要强化政策落实，确保扶贫政策到户到人；其二要正确处理整村推进与瞄准到户到人两者关系，保障整体增长与个体发展协调共进；其三要进一步强化贫困人口精神与能力方面的贫困，增强贫困人口在精

---

① 张磊：《中国扶贫开发政策演变（1949—2005）》，中国财经经济出版社，2005，第171—172页。
② 李小云、张雪梅、唐丽霞：《我国中央财政扶贫资金的瞄准分析》，《中国农业大学学报》（社会科学版）2005年第3期。

准脱贫中的主体性价值。

2. 发展模式：从"输血式"外源性发展向"造血式"内生性发展的转变

贫困治理的最终目标是帮助贫困人口与地区走出发展困境，踏上发展的阶梯。从发展动力看，贫困人口及地区的发展模式主要有两种：其一是外源性发展，主体缺乏发展动力，主要依赖来自政府、社会等外部主体的资源输入实现发展；其二是内源性发展，主体自身具有较强的发展动力，并充分利用内外部资源实现自身发展。扶贫开发是政府将大量发展性资源向贫困地区和贫困人口输入的过程。根据政府资源输入是否及多大程度上促进贫困主体发展动力与发展能力提升的差异，可将其分为"输血式"扶贫与"造血式"扶贫①，前者将物资输入视为目的，后者则视其为促进贫困主体发展能力提升的手段。结合以上两种分类，从贫困治理客体角度出发，中国扶贫发展模式经历了从"输血式"外源性发展向"造血式"内生性发展的转变。

"输血式"扶贫模式在我国农村扶贫工作中占有重要地位。这种模式向贫困人口直接输入物资和货币以改善其生活生产条件，忽视对贫困人口发展动力与能力的提升，造成贫困人口只能依赖扶贫资金的"输血"维持低水平均衡状态。精准扶贫更强调"扶贫先扶智"，从发展意志与发展能力两方面双管齐下，通过干部帮扶、能人带动、思想动员等方式改变"意志贫困"状态，通过产业扶持、就业技能培训、扶贫小额贷款等多元化政策举措帮助有劳动能力的贫困人口实现能力提升。地方政府要准确理解精准扶贫战略思想，杜绝"一兜了之"思想，积极探索贫困人口产业参与、产业发展与贫困人口利益链接机制的有效模式，切实以提升贫困人口发展能力为工作导向，保障脱贫稳定性与可持续性。

---

① 谭贤楚：《"输血"与"造血"的协同——中国农村扶贫模式的演进趋势》，《甘肃社会科学》2011 年第 3 期。

四 精准扶贫实践成效和存在的问题

在习近平精准扶贫思想指引下，精准扶贫、精准脱贫方略实施以来，我国的扶贫开发取得了巨大的成效。与此同时，由于面临治贫主体、治贫方式和治贫客体等多方面的挑战，加之越往后扶贫难度越大，精准扶贫方略在实施过程中暴露出一些问题，亟待解决。

（一）精准扶贫方略实施以来的扶贫开发成效

2013年底，以中办、国办《关于创新机制扎实推进农村扶贫开发的意见》为标志，我国开始实施精准扶贫。以《关于打赢脱贫攻坚战的决定》为标志，在全国范围全面实施精准扶贫精准脱贫方略。至2016年底，我国精准扶贫取得显著成效。

一是农村贫困人口大幅减少，贫困发生率持续下降。按现行国家农村贫困标准（2010年价格水平每人每年2300元）测算，全国农村贫困人口由2012年的9899万人减少至2016年的4335万人，累计减少5564万人，平均每年减少1391万人；全国农村贫困发生率由2012年的10.2%下降至2016年的4.5%，下降5.7个百分点。内蒙古、广西、贵州、云南、西藏、青海、宁夏、新疆等民族八省区农村贫困发生率从2012年的21.1%下降到2016年的9.4%，累计下降11.7个百分点。贫困规模从2012年的3121万人减少到2016年的1411万人，累计减少1710万人，下降幅度为54.8%。

二是贫困地区农村居民收入保持快速增长，增速持续高于全国农村平均水平。2016年，贫困地区农村居民人均可支配收入8452元，名义水平是2012年的1.6倍；扣除价格因素，实际水平是2012年的1.5倍。2013—2016年贫困地区农村居民人均收入连续保持两位数增长，扣除价格因素，年均实际增长10.7%。其中，扶贫开发工作重点县农村居民人均可支配收入8355元，是2012年的1.65倍；扣除价格因素影响，实际水平是2012年的1.52倍，是2010年的2倍，扶贫开发工作重点县农村居民收入提前实现翻番目标。2013—2016年，贫困地区农村居民人均可支配收入年均实际增速比全国农村平均水平高2.7个百分点。扶贫开发工作重点县年均实际增长11.1%，比全国农村平均水平高3.1个百分点。2016年贫困地区农村居民人均可支配收入是全国农村平均水平的68.4%，比2012年提高了6.2个百分点。农村居民就业机会增多，工资性收入占比提高。2016年贫困地区农村居民人均工资性收入2880元，与2012年相比，年均增长16.5%，占可支配收入的比重为34.1%，比2012年提高4.1个百分点。统计数据显示，贫困地区农村居民人均收入对传统农业依赖下降，收入来源日益多元化。

三是贫困地区农村居民生活消费水平持续提高，质量不断改善。2016年贫困地区农村居民人均消费支出7331元，与2012年相比，年均增长11.7%，且连续四年保持两位数增长，扣除价格因素，年均实际增长9.6%。消费结构明显优化，吃饭穿衣支出占比下降。居住条件不断改善，2016年贫困地区农村居民户均住房面积为137.2平方米，比2012年增加19.1平方米。耐用消费品升级换代，传统耐用消费品拥有量稳步提高。

四是贫困地区农村生活条件得到改善，教育文化医疗水平明显提高。①基础设施条件不断完善。截至2016年，贫困地区通电的自然村接近全覆盖；通电话的自然村比重达到98.2%，比2012年提高4.9个百分点；通有线电视信号的自然村比重为81.3%，比2012年提高12.3个百分点；通宽带的自然村比重为63.4%，比2012年提高25.1个百分点。2016年，贫困地区村内主干道路面经过硬化处理的自然村比重为77.9%，比2013年提高18个百分点；通客运班车的自然村比重为49.9%，比2013年提高11.1个百分点。②教育文化状况明显改善。2016年，贫困地区农村居民16岁以上家庭成员均未完成初中教育的农户比重为16%，比2012年下降2.2个百分点；79.7%的农户所在自然村上幼儿园便利，84.9%的农户所在自然村上小学便利，分别比2013

年提高12.1和6.9个百分点;有文化活动室的行政村比重为86.5%,比2012年提高12个百分点。③医疗卫生水平显著提高。2016年,贫困地区农村拥有合法行医证医生或卫生员的行政村比重为90.4%,比2012年提高7个百分点;91.4%的户所在自然村有卫生站,比2013年提高7个百分点。

五是我国为全球减贫作出重大贡献。按照现行农村贫困标准测算,从1978年到2016年,全国农村贫困人口减少7.3亿,贫困发生率从1978年的97.5%下降至2016年的4.5%。按照每人每天1.9美元的国际极端贫困标准,根据世界银行发布的最新数据,1981年至2013年中国贫困人口减少了8.5亿,占全球减贫总规模的69.3%,为全球减贫作出了重大贡献。联合国开发计划署2015年发布的《联合国千年发展目标报告》明确指出,"中国在全球减贫中发挥了核心作用"。中国精准扶贫的新理论、新实践也为全球减少贫困提供了中国范例。

(二) 精准扶贫具体实践中存在的主要问题

以精准扶贫精准脱贫为基本方略的脱贫攻坚战进展顺利。但是,在最困难、条件最差的地区,做最精准的事,困难可想而知。因此,深入推进精准扶贫精准脱贫,举措落实、政策见效、工作开展还需要一个过程,困难不能低估,问题不能回避。从目前各地实践看,精准扶贫精准脱贫方略实施存在以下困难和问题。

一是"硬骨头"还没有完全精准瞄准。对于深度贫困地区、深度贫困群体的瞄准需要采取更有效的措施。深度贫困地区主要是自然条件恶劣、基础设施和公共服务欠账较多、贫困发生率高、脱贫难度大的地区。12.8万个建档立卡贫困村也是难啃的硬骨头,这些村居住着60%的贫困人口。大部分贫困村基层组织功能弱化,无人管事;人才严重流失,无人干事;村集体经济薄弱,无钱办事;基础设施滞后,陈规陋习严重,发展基础不牢。深度贫困群体主要是因病致贫返贫群体。截至2016年底,全国还有4335万贫困人口。建档立卡数据显示,贫困人口中因病致贫比例从2015年的42%上升到2016年的44%。

二是工作中仍存在不严不实不精准问题。主要表现是脱贫计划脱离实际。有的地方违背客观实际，层层加码提前脱贫时间，患了"急躁症"。有的地方认为贫困人口不多，脱贫任务不重，按时完成没有问题，犯了"拖延病"。有的政策措施缺乏针对性、操作性，没有有效落实。有的把脱贫工作"文件化"、"会议化"、"表格化"，有的把大量资金用在垒大户、堆盆景、制作精美挂图展板上。有的驻村干部不驻村、假驻村，帮扶措施没到位。有的甚至在考核评估中弄虚作假，搞乔装打扮，组织群众统一答复口径，试图在考核评估中蒙混过关。在贫困识别上，有的地方"搞摆平"，人为割裂低保与扶贫，导致一定数量符合条件的贫困人口未纳入建档立卡。在精准帮扶上，有的表面看帮扶到户到人，实质上还搞一刀切，是缩小版的"大水漫灌"。在贫困退出上，有的算账脱贫，有的突击脱贫，有的一兜了之，脱贫质量不高。

三是扶贫资金使用管理存在不精准问题。贪、污挤、占挪用等老问题仍时有发生，在乡村两级尤为突出。中央纪委监察部2016年通报的扶贫领域325起突出问题中，有86%涉及乡村干部。资金闲置滞留等新问题逐步显现。随着扶贫投入增多，权限下放到县，一些地方能力未及时跟上，项目规划不科学、不合理，接不住、整不动、用不好。2016年资金闲置问题占到审计发现问题的2/3。资金使用公开透明不够。群众和社会不知道，在老百姓眼里，投向"三农"的钱，涉及农民的事，都和扶贫有关，这方面的监管亟待加强。

四是精准扶贫主体（贫困群众）内生动力不足问题。从帮扶工作来看，有的地方为图省事、赶进度，大包大揽、送钱送物，"干部干、群众看"，造成养懒汉现象。从贫困群众来看，有的穷怕了不敢想，安于现状，单纯依靠外界帮扶被动脱贫。有的穷惯了，习惯了"等靠要"，靠穷吃穷，依赖政策不愿脱贫。如果不能充分发动贫困群众，扶贫就只是治标不治本，帮扶效果就很难可持续。

五 深化精准扶贫精准脱贫的对策建议

2017年是精准扶贫精准脱贫的深化之年。2月21日，习近平总书记主持中央政治局第39次集体学习。这次学习以更好地实施精准扶贫为主题，习近平总书记发表重要讲话，对精准扶贫、精准脱贫提出新的更高要求。3月，习近平总书记在"两会"期间提出"绣花式"精准扶贫重要思想。3月31日，习近平总书记主持中央政治局会议，听取2016年度省级党委政府扶贫开发工作成效考核情况汇报，对严格考核、确保精准退出作出新部署。6月23日，习近平总书记在山西太原主持召开深度贫困地区脱贫攻坚座谈会，研究破解深度贫困问题之策。习近平总书记上述重要论述，丰富、发展了精准扶贫思想，为深化精准扶贫、精准脱贫指明了方向，提供了根本遵循。我们要认真学习，深刻领会，贯彻落实到实践中。

（一）细化目标任务

脱贫的标准就是"两不愁三保障"，不能盲目提高，也不能降低，时限就是2020年，不能急躁，也不能拖延。从当前情况看，按照现有的政策力度和工作力度，只要真抓实干，是可以实现脱贫目标的。一要调整完善脱贫攻坚滚动规划和年度计划。贫困县一般应在2019年前摘帽，贫困人口应在2020年如期脱贫。低保兜底尽量往后靠，对那些确实不能依靠自身努力脱贫的，到最后才低保兜底。脱贫规划要有合理时序，既要防止急躁，又要防止拖延。二要保持脱贫攻坚政策的稳定。包括贫困县党政正职稳定、驻村帮扶、东西部扶贫协作、党政机关定点扶贫，2020年前都不变。三要在做好贫困县贫困村脱贫攻坚的同时，高度重视非贫困县非贫困村的脱贫攻坚，防止出现死角。

（二）坚持问题导向

针对当前突出困难和问题，一要集中力量攻坚。要进一步瞄准深度贫困地区、贫困村、因病致贫贫困户，这是要攻的"坚"。加大对典型的深度贫困地区的基础设施和公共服务建设支持力度。组织实施贫困村提升工程，培育壮大集体经济，完善基础设施，打通脱贫攻坚政策，落实"最后一公里"。落实健康扶贫政策，降低因病致贫贫困户医疗费用支出，进一步解决大病和慢性病治疗、救助问题，减轻贫困家庭医疗负担。二要抓好考核，发现问题要及时整改。纠正不严不实不精准，特别是要纠正形式主义，严防弄虚作假。要通过教育培训等措施，增强基层扶贫干部"绣花"能力，提高贫困识别、帮扶、退出精准度。

（三）打牢精准基础

完善建档立卡，摸准贫困底数。准确识别贫困户是很难的，农村基础薄弱，情况复杂，人口流动性大，再加上人情社会、落后观念等因素，难度更大。精准永远在路上。下一步，要把符合建档立卡条件的贫困人口全部纳入，只要是贫困人口，不管什么原因、什么类型，都应纳入，做到不落一人。与此同时，还要对2014年以来的脱贫人口的返贫情况进行调研，探索建立稳定脱贫的长效机制。

规范驻村帮扶，增强基层力量。中央要求，每个贫困村都要派驻村工作队，每个贫困户都要有帮扶责任人，实现全覆盖。第一书记和驻村干部要积极帮助群众出主意干实事，推动各项扶贫措施落地落实，打通精准扶贫"最后一公里"。国家层面应出台指导意见，各地要加强驻村干部管理，加强贫困村"两委"建设，选好配强村"两委"班子，培养一支永远不走的工作队。

强化资金监管，提高使用效益。继续加强纪检、检察、审计、财政监督和群众、社会监督，特别是把乡村两级组织作为重点，加大惩处力度，保持高压态势。全面推进贫困县财政涉农资金统筹整合，加大指导、督促、检查，提高扶贫资金使用效率和效益。进一步完善扶贫资金公告公示制度，提升扶贫资金项目的透明度。

（四）以从严考核倒逼精准落地

考核是全面从严治党在脱贫攻坚领域的重要体现，是倒逼各地抓好落实、检验脱贫质量的重要手段。要按中央要求，继续实行最严格的考核评估制度，坚决防止虚假脱贫、数字脱贫、一兜了之等敷衍了事、不实不准、弄虚作假行为，倒逼各地落实脱贫攻坚工作责任，把求真务实的导向立起来，把真抓实干的规矩严起来，确保脱贫结果经得起历史和实践的检验。

（五）着力创新带贫机制

随着脱贫攻坚深入推进，难题和矛盾还会不断出现，必须结合实际，创新扶贫工作方式。鼓励基层探索试点，建立容错纠错机制，对探索中出现的问题，及时纠正。对陈规陋习等也需要改革，但需要一个过程。

（六）有力有序总结推广经验

要总结党的十八大以来精准扶贫的实践和成就，总结各项工作成功经验，总结产业扶贫、就业脱贫、易地搬迁扶贫、教育扶贫、健康扶贫等重点工作的典型范例。继续开展全国脱贫攻坚奖评选表彰活动，及时发现并表彰全国脱贫攻坚模范。建立扶贫先进典型台账，及时推广好的经验做法。脱贫攻坚，不仅仅是脱贫攻坚，而是涉及经济社会发展各方面。不能就扶贫而扶贫，还要改善农村基层组织建设、集体经济、管理水平、思想观念等。

第二篇
"六个精准"的顶层设计与具体实践

篇首语　贯彻六个精准，提高脱贫成效

习近平总书记2015年6月在贵州考察时，提出了扶贫开发工作做到"六个精准"的基本要求，即扶持对象精准、项目安排精准、资金使用精准、措施到户精准、因村派人精准、脱贫成效精准。"六个精准"的提出，为精准扶贫指明了工作方向。在"六个精准"要求的指引下，我国的贫困治理能力正在急速提高，农村脱贫成效显著。

扶持对象精准，是精准扶贫的基础，解决的是"扶持谁"的根本问题。扶持对象精准，通俗地说，就是"扶真贫"，就是谁贫困，就扶持谁，谁的贫困程度深，对谁的扶持就多。通过精准识别，达到扶持对象精准，其本质是扶贫瞄准问题，要解决的是过去我国扶贫瞄准机制不健全、对扶持对象"瞄不准"或贫困漏出等问题。只有扶持对象精准了，才能将有限的扶贫资源用到最需要扶持的对象身上，才能最大限度地提升扶贫绩效。

项目安排精准、资金使用精准、措施到户精准，是精准扶贫的关键，解决的是"怎么扶"的问题。长期以来，我国扶贫开发过程中项目安排不合理、资金使用效率低且管理不到位、扶贫措施不到户等众多问题，导致项目安排失效和失败，项目资金浪费或流失，扶贫开发益贫性差。精准扶贫要求项目安排精准，以问题和需求为导向，聚焦项目的瞄准机制、实现项目的精确落地，确保项目的益贫效应。精准扶贫要求资金使用精准，就是要改变过去"打酱油的钱不能买醋"的问题，加大扶贫资金的整合力度，同时加强专项扶贫资金的管理，提高扶贫资金的使用绩效。精准扶贫要求措施到户精准，因地制宜，分类指导，根据贫困村的资源禀赋和贫困户的致贫原因，实行"一村一策、一户一

法",逐村制定规划和年度计划,逐户制定有针对性的帮扶措施。这三个精准的要求,实际上为如何开展帮扶济困指明了方向,提供了路径。

因村派人精准,是精准扶贫落地的重要保障,要解决的是在村一级"谁来扶"的问题。我国大多数贫困村普遍存在干部能力弱、外出务工人口多以及村级治理能力提升难度大等问题,这些问题严重制约着贫困村和贫困人口短期内脱贫,因而急需外部力量的扶持与推动。与此同时,我国长期扶贫开发过程中初步形成了政府、企业以及社会团体等对口帮扶贫困地区的组织实践基础,加上中国共产党有选派工作队推动农村政治动员工作的历史传统,由此,在新一轮扶贫攻坚进程中,选派第一书记和干部驻村帮扶成为党和国家在精准扶贫、精准脱贫领域的又一创举,"因村派人精准"成为短期内提升贫困村贫困治理能力、推动贫困村和贫困人口精准脱贫的一项重要的顶层制度设计内容。

脱贫成效精准,是精准扶贫的目标,要解决的是我国扶贫开发过程中扶贫成效不明确、脱贫退出不精准的问题,或者说"如何退"的问题。精准退出是脱贫攻坚的成效体现,建立合理的退出机制,从而让扶贫对象真正"流动"起来,是实现"扶真贫、真扶贫"的必然要求。脱贫成效始终是检验扶贫开发工作的标尺,自"脱贫成效精准"的思想提出以来,考核脱贫成效,实现脱贫成效精准就成为健全精准扶贫工作机制的关键之一。建立健全考核机制、贫困退出机制和第三方评估机制,是脱贫成效精准的三种主要路径。2017年2月21日,习近平总书记在中共中央政治局第三十九次集体学习上指出:"要防止层层加码,要量力而行、真实可靠、保证质量。要防止形式主义,扶真贫、真扶贫,扶贫工作必须务实,脱贫过程必须扎实,脱贫结果必须真实,让脱贫成效真正获得群众认可、经得起实践和历史检验。要实施最严格的考核评估,开展督查巡查,对不严不实、弄虚作假的,要严肃问责。"这一讲话精神彰显了党中央对脱贫成效精准的高度重视和严格要求,体现了中国共产党对人民负责、对历史负责的责任担当。

总体而言,"六个精准"是精准扶贫方略的核心内容,贯彻"六个精准"是提高脱贫成效的关键所在。本篇共分六章，分别对扶持对象精准、项目安排精准、资金使用精准、措施到户精准、因村派人精准、脱贫成效精准的政策背景、顶层设计、实践成效、存在问题等进行了剖析，并在此基础上提出了相应的政策建议，以期更好地服务于"六个精准"的制度优化和地方实践。

第二章　扶持对象精准

> 精准扶贫首先要打牢基础，做实做细建档立卡，实现动态管理。
> ——习近平

一　扶持对象精准：解决"扶持谁"的问题

扶持对象精准，是精准扶贫的基础，解决的是"扶持谁"的根本问题。扶持对象精准，通俗地说，就是"扶真贫"，就是谁贫困，就扶持谁，谁的贫困程度深，对谁的扶持就多。通过精准识别，达到扶持对象精准，其本质是扶贫瞄准问题。扶贫瞄准问题是国际社会面临的共同问题。理想情况下，扶贫能使贫困人口直接受益于发展，但实际情况下，很多国家的扶贫政策很难做到有效瞄准贫困人口。一项针对48个国家122项扶贫政策瞄准效能的研究发现，扶贫政策对贫困人口的资源瞄准仅比随机的资源瞄准高25%。[1] 扶贫瞄准问题也是我国扶贫工作的核心问题，是扶贫政策调整和完善的主要着力点。自1986年实施开发式扶贫战略以来，我国的扶贫瞄准机制经历了从县域瞄准到村级瞄准再到当前以户为基础的精准识别瞄准的演变和发展过程。[2]

自精准扶贫思想提出以来，针对"扶持对象精准"，中央先后制定和颁布一系列顶层设计文件，各地也相应出台和实施一系列相关政策。

---

[1] Coady D., Grosh M., and Hoddinott J., "Targeting of Transfers in Developing Countries: Review of Lessons and Experience", *World Bank Publications*, 2010, 34 (1): 1-110.

[2] 唐丽霞：《精准扶贫机制的实现——基于各地的政策实践》，《贵州社会科学》2017年第1期。

本章首先回顾中央关于扶持对象精准的顶层设计演变过程，再以湖北省为例追踪关于扶持对象精准的相关政策措施，继而以湖北省贫困县的实践为例，试图就地方实践与顶层设计的匹配情况加以分析，总结经验、发现问题，从而服务于精准扶贫伟大实践的深入推进。

二　扶持对象精准的顶层设计

中央关于扶持对象精准的相关顶层设计，初始于"精准扶贫"思想的萌芽、落地及发展，成熟于"建档立卡工作"的开展及实施，延伸于扶贫脱贫工作成效的考核及有进有出的动态管理，其内在逻辑是完整一贯的演变过程。

（一）健全精准扶贫工作机制，基础是扶持对象精准

2013年11月，习近平总书记在湘西花垣县十八洞村考察时首次提出了"精准扶贫"的重要思想，强调扶贫要实事求是，因地制宜。2014年1月，中办详细规制精准扶贫工作模式的顶层设计，推动了"精准扶贫"的思想落地。2014年3月，习近平总书记参加"两会"代表团审议时强调，要实施精准扶贫，瞄准扶贫对象，进行重点施策，对精准扶贫理念进行了进一步阐释。

2014年4月，国务院扶贫办印发《扶贫开发建档立卡工作方案》[①]，要求在2014年底前，在全国范围内建立贫困户、贫困村、贫困县和连片特困地区电子信息档案，构建全国扶贫信息网络系统，为精准扶贫工作奠定基础。方案指出，建档立卡对象包括贫困户、贫困村、贫困县和连片特困地区。对于贫困户和贫困村，要通过建档立卡进行精准识别，了解贫困状况，分析致贫原因，摸清帮扶需求，明确帮扶主体，落实帮

---

① 国务院扶贫办：《国务院扶贫办关于印发〈扶贫开发建档立卡工作方案〉的通知》（国开办发〔2014〕24号），2014年4月2日印发。

扶措施，开展考核问效，实施动态管理；对于贫困县和连片特困地区，要进行监测和评估，分析掌握扶贫开发工作情况，为扶贫开发决策和考核提供依据。

2015年6月，习近平总书记在贵州召开部分省区市党委主要负责同志座谈会时强调，扶贫要"做到对症下药、精准滴灌、靶向治疗，不搞大水漫灌、走马观花、大而化之"；就加大推进扶贫开发工作全面阐述"精准扶贫"概念并明确提出"六个精准"，即扶持对象精准、项目安排精准、资金使用精准、措施到户精准、因村派人精准、脱贫成效精准。

（二）健全精准扶贫工作机制，重点是抓好精准识别和建档立卡工作

2015年11月，中共中央国务院颁布《中共中央国务院关于打赢脱贫攻坚战的决定》①要求把精准扶贫、精准脱贫作为基本方略，坚持精准帮扶与集中连片特殊困难地区开发紧密结合，解决好扶持谁、谁来扶、怎么扶的问题，做到扶真贫、真扶贫，在保证脱贫的质量的同时加快贫困人口精准脱贫的速度。决定指出，健全精准扶贫工作机制重点是抓好精准识别和建档立卡工作，对贫困村和贫困人口实行定期全面核查以及有进有出的动态管理。精准识别既要体现静态的精准，把当前的贫困人口找出来；又要体现动态的精准，把脱贫的人口退出去，把返贫的人口纳进来。

2015年11月，习近平总书记在中央扶贫开发工作会议上指出，要解决好"扶持谁"的问题，确保把真正的贫困人口弄清楚，把贫困人口、贫困程度、致贫原因等搞清楚，以便做到因户施策、因人施策。

为进一步落实脱贫精准，2016年2月，中共中央办公厅、国务院

---

① 《中共中央国务院关于打赢脱贫攻坚战的决定》（中发〔2015〕34号），2015年11月29日。

办公厅印发《省级党委和政府扶贫开发工作成效考核办法》[①]（厅字〔2016〕6号），明确提出考核内容包含减贫成效、精准识别、精准帮扶以及扶贫资金四个方面。其中，"精准识别"的考核主要从建档立卡贫困人口识别、退出精准度进行考核。随后，在2016年3月十二届全国人大四次会议上通过的《中华人民共和国国民经济与社会发展第十三个五年规划纲要》要求，全面做好精准识别、贫困户建档立卡工作；加强贫困人口动态统计监测，建立精准扶贫台账，加强定期核查和有进有出动态管理。

三 扶持对象精准的在地化政策与实践

根据中央关于扶持对象精准的相关顶层设计文件，湖北省依据农村发展实际与扶贫开发工作实践，相应出台了一系列相关政策。这些政策一方面体现出与中央文件的一致性，另一方面也体现了湖北省根据本地的在地化特征、扶持对象精准的要求而做的政策创新和实践创新。

（一）摸底奠基：四项基本原则和两项操作规则

湖北省将扶贫开发建档立卡工作作为"民生政治"的重要基础工作，高度重视。2014年4月12日，根据中央政策部署，结合湖北省农村发展实际与扶贫开发工作实践，湖北省扶贫办发布了《关于印发〈湖北省农村扶贫开发建档立卡工作方案〉的通知》[②]。《湖北省农村扶贫开发建档立卡工作方案》在贫困户建档立卡的工作方法、工作步骤、工作时间等方面与中央文件保持一致。此外，为确保质量，兼顾效率，《湖北省农村扶贫开发建档立卡工作方案》明确提出四项基本原则和两

[①] 中共中央办公厅、国务院办公厅：《省级党委和政府扶贫开发工作成效考核办法》（厅字〔2016〕6号），2016年2月9日起实施。

[②] 湖北省扶贫办：《关于印发〈湖北省农村扶贫开发建档立卡工作方案〉的通知》（鄂政扶发〔2014〕13号），2014年4月12日发布。

项操作规则。其中,四项基本原则包括以下四个方面。

第一,客观求实。规模数据要契合贫困现状,要将真正符合贫困标准的贫困村、贫困人口识别出来,建档立卡采集数据要客观反映贫困村、贫困人口的基本贫困状况。

第二,分类指导。片区县、重点县和插花地区的贫困村规模按不同比例确定。在湖北省片区县和重点县贫困程度尤其深、扶贫任务尤其重的现实条件下,针对片区县、重点县和插花地区的不同情况,按照不同的比例确定贫困村规模。

第三,规模控制。各级依据分解规模开展工作,上报规模数超出分解规模数的不予认定。由省分解到县的贫困人口规模,各县要密切协同统计、调查部门以乡镇农民人均纯收入、产业发展情况为主要参考要素,科学确定不同的贫困发生率,将规模分解至乡镇。各乡镇综合各村农民人均纯收入、基础设施条件、公共服务水平等情况,科学确定不同的发生率,将贫困人口规模分解至村。工作方案要求数据分解到乡、村时要注意抓好两个结合:一是贫困户与贫困村相结合。要实现贫困户在贫困村辖域内的相对集中,片区县贫困村贫困发生率合理区间为25%—45%,插花县贫困村贫困发生率合理区间为15%—30%。二是贫困村与老区、插花贫困乡镇相结合。扶贫开发插花县市要将贫困村尽量置于老区乡镇与插花贫困乡镇辖域内。

第四,到村到人。建档立卡识别出的贫困村、贫困人口要具体到村、明确到人,贫困村、贫困人口应逐一建立完整的贫困信息档案并实施动态管理。工作方案要求高度重视数据质量,各地要严格履行建档立卡工作职责,认真细致控制数据质量,确保数据准确、真实、完整、有效,为精准扶贫工作奠定坚实的数据基础。一是到村、到户、到人。要实名制管理,将贫困村、贫困人口明确到村、到户、到人,逐一建立贫困信息档案。二是准确、客观、完整。统一统计口径、统计时限和统计对象,严格控制交流不畅、操作失误等带来的误差,完整采集上报各类表格指标数据,尽量消除偏离正常值,最大限度做到最终数据与贫困村、贫困人口的贫困面貌相契合。三是经得起比对和检查。按照国家统一要求，建档立卡将按照"省抽查、市监督、县核查"的方法，分级开展建档立卡工作专项督查，将数据失真率与奖励资金分配挂钩。切实落实国家要求，积极开展监督检查，逐级设立关口层层控制数据质量，争取上报数据在国务院扶贫办组织的重点抽查中一次性整体过关。"动态管理"就是保证有出有进，脱贫人口和返贫人口信息均能及时准确更新。

工作方案还指出，确定建档立卡规模必须采用以下两项操作规则。

一是县乡规模数不变。①片区县的规模数不变。在中央已经明确连片特困地区片区县中，湖北省纳入国家层面的连片特困地区是3个，片区县是28个（含张湾、茅箭两个"天窗县"）；比照国家连片特困地区政策，由湖北省确定的连片特困地区是1个（幕阜山），省定片区县是5个。因此湖北省明确的连片特困地区总数是4个，片区县总数是33个。②重点县的规模数不变。"十一五"确定的扶贫开发工作重点县政策继续有效，湖北省国家重点县25个，省定重点县4个。因此湖北省明确的重点县总数是29个。③老区乡镇与插花贫困乡镇的规模数不变。为保持扶贫开发政策的连续性，"十二五"期间，重新认定的309个老区乡镇与200个插花贫困乡镇，仍保持不变。

二是贫困村的规模分区域确定比例，控制总量。按照国务院扶贫办下发的《扶贫开发建档立卡工作方案》的有关要求，"河北、山西、吉林、黑龙江、安徽、江西、河南、湖北、湖南、海南等中部10省原则上控制在20%左右"。湖北省行政村总数为25548个（不含市级城区村），按照国家确定的贫困村规模控制在行政村总数的20%左右的要求，湖北省贫困村识别控制规模数确定为5000个左右。考虑到重点县和片区县基础设施落后、贫困程度深、国家扶持力度大的实际，湖北省在片区县和插花地区分别采用不同比例确定贫困村规模。在33个片区县（含张湾、茅箭两个"天窗县"）9866个行政村中按25%的比例识别出2470个贫困村，插花地区15682个行政村中按照15%的比例识别出2351个贫困村。因此湖北省两类地区确定的全省贫困村规模控制数为4821个，占全省行政村总数的18.87%，符合中央规定的原则上控制在20%左右的要求。

此外，按照中央"县为单位、控制规模"的要求，湖北省采用2013年底各地建档立卡人数存量与上述总量规模控制数，进行等比例测算到县，作为控制数，从而明确2014年全省农村扶贫开发建档立卡贫困人口规模控制数为588.53万人；并规定下达到县的贫困村规模数原则上不得突破，下达到县的贫困人口规模不得以任何理由突破。

（二）清洗完善：六项政策措施

在《湖北省农村扶贫开发建档立卡工作方案》这一指导性政策文件的基础上，为切实规范贫困人口精准识别工作，湖北省密集出台相关制度办法，进一步完善建档立卡工作，先后制定下发了《贫困人口识别负面清单》、《关于贫困人口规模、民主评议和公示公告等若干问题的说明》、《关于做好全省精准扶贫档案工作的意见》、《关于进一步加强扶贫资金管理和政策执行的意见》、《关于加强扶贫开发建档立卡数据管理的意见》和《贫困人口识别和退出办法》，明确贫困人口公示公告、精准扶贫档案台账管理办法，进一步规范数据采集、录入、清洗、监管等程序，划定各级管理权限，层层压实责任，确保扶贫工作做到实处。

2016年8月，湖北省出台《关于加强扶贫开发建档立卡数据管理的意见》（鄂扶组发〔2016〕11号），明确提出数据管理要坚持"五原则"，即坚持"县级主体、精准识别、核准存量、操作规范、数据共享"，杜绝各地违规识别、监管缺位、数据造假的制度空间。

2016年9月，湖北省扶贫办、省档案局在全国率先联合出台《关于做好全省精准扶贫档案工作的意见》（鄂档〔2016〕25号），要求建立精准扶贫档案台账，全程记录脱贫攻坚点滴动态和阶段性成效，为精准扶贫奠定坚实基础。

（三）审计整改：从基本精准走向比较精准

按照湖北省委、省政府"准"和"实"的要求，各地把贫困人口精准识别审计整改工作作为建档立卡"一号工程"的"第一战役"。在2014年摸底奠基、2015年清洗完善的基础上，2016年根据湖北省委、省政府统一部署，湖北省审计厅运用大数据审计方式对全省37个重点贫困县和57个"插花地区"精准识别的准确性、扶贫资金使用的合规性、脱贫成效的真实性进行了全覆盖审计。识真贫、真识贫，进一步核准、核实库内数据质量，甄别、确认疑似对象，补录因灾、因病、因学致贫返贫人口及其他遗漏对象，扎实开展建档立卡大审计、大整改、大核查工作，取得了"里程碑"式的显著成效。

审计核查剔除原未脱贫人口和原已脱贫人口中不符合条件的人员合计52.78万人，发现虚报冒领或违规使用扶贫资金等问题金额占被审金额总量的2%。审计核查表明，湖北省建档立卡"回头看"取得明显成效，库内疑似不符合条件的对象占比由31.33%降至9.22%，下降22.11个百分点。审计同时发现，建档立卡库内仍然存在疑似不符合条件对象，需进一步甄别、确认和修正；相关部门履职不到位、各地执行贫困标准不统一、建档立卡系统不规范是导致贫困人口精准识别率较低的主要原因。湖北省"对扶贫对象精准识别进行全面审计"的做法，被国家扶贫办作为典型经验进行首条反馈。

依据中央关于扶持对象精准的一系列文件精神，通过建设一系列支持性的子制度，湖北省的精准扶贫工作在"扶持对象精准"方面有了突破性进展。截至2016年3月，湖北省建档立卡数据库内疑似不符合相关条件的识别对象占比由2014年建档立卡数据库形成之初的高达31.33%降至9.22%，精准率达到93.65%，实现了扶持对象从"基本精准"到"比较精准"的跨越，取得了阶段性成果，为"六个精准"、"五个一批"的顺利实施奠定了良好的基础。湖北省建档立卡库内数据显示，97个县（市、区）2014年脱贫数由75.4万人降至69.5万人，

2015年脱贫数由142.4万人降至127.7万人，2016年存量数由343.3万人增至381.8万人，易地扶贫搬迁人口数由85万人增至91万人，贫困人口总数为579万人，精准识别审计发现的"硬伤户"信息基本清除，精准扶贫"第一颗纽扣"扣得更紧更牢。

2016年8月14日，湖北省扶贫攻坚领导小组发布《关于印发〈湖北省贫困人口精准识别专题审计整改工作方案〉的通知》（鄂扶组发〔2016〕13号）。工作方案要求，各市、州、县按照"县为单位，控制规模"的要求，坚持进出相宜的原则，整改后的规模数与湖北省扶贫办确认下达的规模数相衔接，确保贫困人口总规模的连续性和严肃性。

工作方案还要求，各县（市、区）结合审计情况，逐村逐乡精准锁定"六个对象"：一是2014年已脱贫对象；二是2015年已脱贫对象；三是2016年脱贫年度留存未脱贫对象；四是2016年预脱贫对象（从2016年脱贫年度留存未脱贫对象中甄选）；五是"五个一批"对象；六是审计整改进出对象。《失准贫困人口处理办法》明确指出，对于"在城镇购置商品房或异地自建（购买）住房的"等9种情形实行"一票否决"；对失准贫困人口，区别具体情形或保留扶贫资格或作脱贫处理；对"扶贫名单"公示、公告的范围、地点、内容、方式、期限、联系人、联系电话作了明确规定，对公示内容有异议的，要求及时核查，妥善处理。

整改的目标包括：对照审计提供的问题清单，清理核实问题数据；剔除识别失准贫困人口，识别补录真正的贫困人口，保持贫困人口总体规模稳定；采集、修正贫困数据，确保数据真实性、准确性、完整性、及时性和逻辑性；适时在全国扶贫开发信息系统帮扶结对、扶贫资金、扶贫项目等管理模块录入扶贫对象受扶持信息，解决"扶持谁、谁来扶、怎么扶"的信息空白问题；完善贫困数据管理制度体系，将数据管理纳入科学化、规范化、制度化和长效化运行轨道。

整改的基本原则包括：①稳定规模。根据《关于确认下达全省2015年度减贫脱贫数据的通知》，全省2014年建档立卡规模数为

582.95万人，2014年和2015年脱贫数分别为69.3万人和128.11万人，建档立卡规模数和年度脱贫数已明确到县。各县应保持建档立卡规模数和年度脱贫规模数稳定，按照规定标准和程序做好识别失准贫困人口剔除和贫困人口、脱贫人口补录工作。②核准存量。各地要认真做好2016年存量贫困人口的核实和数据更新工作，核准2016年存量贫困人口数据，明确到村、到户、到人，确保自2016年起全国扶贫开发信息系统、贫困户精准扶贫档案与贫困户实际生产生活情况相一致。③综合衡量。按照"一有两不愁四保障"的脱贫目标，多维度采集贫困户的生活现状、家庭财产、致贫原因等贫困信息，综合判定农户是否达到贫困人口识别、退出标准。④消除硬伤。对存在硬伤的扶贫对象进行资格复核，查明高于当地平均水平的，应坚决予以剔除。对核实后的硬伤对象在贫困身份存续期间享受的专项帮扶资金，应全额追回，用于下年度实施精准帮扶项目。⑤补录增量。对2016年因特大洪涝灾害导致的返贫和致贫情况，各地应及时开展调查统计，对确认为因灾致贫、因灾返贫的，经严格的程序认定，补录入建档立卡的数据库中。⑥群众公认。坚持群众路线，尊重群众意愿，必须召开村民代表大会进行民主评议，必须执行公示公告制，识别结果经得起群众的检验。⑦程序规范。严格操作流程，"怎么进就怎么出"，全程公开、透明，接受群众监督，各级要有相关记录和档案资料，确保识别、退出结果真实有效。⑧信息完备。填补全国扶贫开发信息系统中扶贫对象空值数据，特别是完整录入2014至2016年度帮扶措施及受益贫困户信息，贫困户帮扶信息要与帮扶需求、帮扶计划相关联。

（四）扶持对象精准政策的地方实践

在中央关于扶持对象精准的顶层设计及湖北省关于扶持对象精准的相关政策指导下，湖北省各贫困县基于自身的基础和条件，积极执行和落实各项政策规定，发展本地的扶贫实践。

在湖北省人民政府扶贫开发办公室发布《关于印发〈湖北省农村

扶贫开发建档立卡工作方案〉的通知》①的基础上，湖北省各县市大多对精准识别扶持对象过程的主要环节做了进一步细化规定，例如农户申请资格、入户调查、村委会、驻村工作队的角色、村民代表人员组成、公示公告期限与方式等。

在农户申请资格把关、贫困户准入制度方面，湖北省宜昌市宜都市精准扶贫综合信息平台利用大数据技术，汇集公安、人社、民政、住建等13个部门的信息，并将"五优先十不准"等衡量标准进行公式化处理，在干部入户调查核实的基础上，由网格化系统进行数据比对，高效便捷地精准识别出真贫穷、真困难的贫困家庭和贫困人口，从源头上杜绝弄虚作假、优亲厚友等问题发生。其中，作为地方经验在湖北地区得到推广的精准识别"五优先十不准"是指：重大疾病（包括智障）患者家庭优先，残疾人家庭优先，家庭主要劳动力缺失、子女未成年的家庭优先，危房户优先，受灾户优先；干部家庭不准，轿车家庭不准，老板家庭不准，"洋楼"家庭不准，懒汉家庭不准，赌博家庭不准，参加企业养老保险不准，在外打工且收入可观的家庭不准，户籍不在本村或常年居住时间不足6个月的家庭不准，有子女赡养家庭不准。

此外，湖北省长阳采用"四看四算"，即"一看房屋算家当，二看产业算后劲，三看劳力算收入，四看医教算支出"。夷陵区采用"五步法"，即"召开屋场会让村民推，举行代表会让村民评，连接政务网让村民查，深访农户家让村民签，分发公开信让村民审"。巴东采用"五步法"，即"一算贫困户收支账，二访邻居了解贫困户，三查贫困户的车辆、房屋等信息，四开屋场会、村民、党代会评议，五晒评议结果"。秭归采用"六看六比"，即"看住房状况，比居住条件；看家庭设施，比消费水平；看劳动力状况，比家庭收入；看子女上学负担情况，比教育支出；看有无重症病人、残疾人，比医疗支出；看家庭受灾

---

① 湖北省扶贫办：《关于印发〈湖北省农村扶贫开发建档立卡工作方案〉的通知》（鄂政扶发〔2014〕13号），2014年4月12日发布。

情况，比受灾损失"。十堰市采用"六看一算"，即"一看房、二看粮、三看劳动力强不强、四看有无读书郎、五看有无病快快、六看有些啥家当、算算家庭年收入账"。

在入户调查环节，湖北省黄冈市黄州区要求驻村工作队会同乡镇干部和村"两委"成员一起开展入户调查，填写《贫困户入户登记表》，核实相关情况。宜都市要求驻村工作组和联村干部提供"五张照片"（即贫困户的房屋照片、厨房照片、水源地照片、卧室照片、入户干部和贫困户合拍照片），见证入户调查。在村民代表人员组成方面，各县市比较注重其代表性，如宜昌市夷陵区除常年在外打工无法参会的村民外，片区内80%以上的村民家庭均有代表参加会议。村民代表可以登录政务网查询贫困申请户的相关信息，由全体代表采取一户一评、不记名投票的方式，对初评对象进行逐一投票表决。按得票数量排序，在本村贫困户控制指标内，对排名靠前、得票率超过60%的初评对象直接确定为扶贫对象；对得票超过50%，排名相同且超过本村控制指标数的，采取多轮评议的方式再次进行投票，直至确定所有入选扶贫对象。黄州区规定，民主评议要有详细的会议记录，包括时间地点、参会人员、发言记录、评选过程等内容。根据评议结果，经村"两委"集体研究，确定贫困户名单，工作队队长和驻村干部核实后签字。在公示公告环节，夷陵区要求评议结果在村委会公开栏以及人口密集区、村内交通干线等地进行公示。黄冈市明确每次公示、公告的期限为7天。

四 小结与讨论

（一）取得的成效与经验

在精准扶贫、精准脱贫基本方略指引下的扶持对象精准识别机制，体现了贫困治理体系的新发展和新智慧。第一，当前的精准识别机制强化了公示制度。以往在基层治理中已经使用的公示制度，大多集中用于村级财务、计生工作等，公示时间短，方式简单，地点封闭，难以起到广而告之、便于群众监督的作用。精准识别机制下的贫困农户公示制度采取多次、多级、长期的公示方式，内容全面，程序规范，从而增强了精准识别的准确性和公平性。第二，当前的精准识别机制强化了建档立卡制度。以往用于农村低保户的建档立卡资料主要由县级职能部门保管，乡村两级没有。当前的建档立卡资料则在乡镇和贫困均有保存，同时包含贫困户资料（如贫困户申请书和家庭基本情况核查表）和村级资料（如评议签到册、投票花名册等）。建档资料的完备性增强了扶持对象识别的精准性。第三，精准识别过程强调了驻村工作队和第一书记的职能。以往贫困户识别主要依靠乡镇干部和村委，容易导致优亲厚友、精英捕获等识别不准的情况。当前精准识别体制下，驻村工作队和第一书记的职能设置，在组织上增强了扶持对象识别结果的准确性。①

（二）存在的问题

扶持对象识别的实践也存在一些问题，具体体现在以下几个方面。

1. 识别对象的排斥问题

扶持对象精准的核心载体——建档立卡工作方案明确指出，贫困户的确定"采取规模控制，各省将贫困人口识别规模逐级分解到行政村"。这种"自上而下"的逐级分解方式，要求在规模限定范围内完成对扶持对象的识别，可能会造成三种排斥，即规模排斥、区域排斥和识别排斥。②

第一，规模排斥。《扶贫开发建档立卡工作方案》指出，原则上以国家统计局发布的 2013 年底全国农村贫困人口规模 8249 万人为基数，开展扶持对象识别。省级统计数大于国家发布数的，可在国家发布数基础上上浮 10% 左右；个别省级统计数与国家发布数差距较大的，上浮

---

① 唐丽霞：《精准扶贫机制的实现——基于各地的政策实践》，《贵州社会科学》2017 年第 1 期。

② 邓维杰：《精准扶贫的难点、对策与路径选择》，《农村经济》2014 年第 6 期。

比例可适当提高。具体到湖北省，2013年贫困人口数量是323万人。《湖北省农村扶贫开发建档立卡工作方案》列明三个数字，分别是2013年底扶贫系统建档立卡存量贫困人口709.79万人、2013年底国家统计局湖北调查总队测算的贫困人口323.42万人、2014年贫困人口规模控制数588.53万人。规模控制、逐级分解的要求，贫困人口规模的确定不是基于科学标准识别出来，而是基于省级扶贫部门测算结果自上而下分配的，可能会造成较大的规模排斥与识别偏差；各地（市、州）、县、乡（镇）获得的贫困村和贫困户指标（数量）未必与实际的贫困人口规模一致。在这种格局下，湖北省在国家发布数基础上有超过10%的调整，在一定程度上也反映出了针对规模排斥的再调整。

第二，区域排斥。主要体现在两个层面：一是针对集中连片特困地区的扶贫开发政策可能会将部分不连片的贫困村排斥在外；二是针对贫困村的扶贫开发政策可能会将部分不在贫困村的贫困户排斥在外。针对可能存在的区域排斥，湖北省采取分类指导，分别针对片区县、重点县和插花地区的贫困村规模按不同比例确定，这在一定程度上能够降低区域排斥效应。

第三，识别排斥。县、乡镇、村在贫困村（户）的识别过程中，可能会将当地真正的贫困村和贫困户主观排斥、不予识别。这种识别排斥可能是负责承担精准识别的人员为了私利，优亲厚友，人为地将贫困指标分配到乡（镇）、村和户，从而造成恶意识别排斥；也可能是在精准识别过程中，由于操作能力不足等原因造成过失识别排斥。针对可能存在的识别恶意或过失识别排斥，湖北省在地方实践层面出现了"五优先十不准"等经验，在流程细化上能够降低识别排斥。

2. 识别结果精准性的责任问题

湖北省及各县市关于扶持对象精准的各项政策及举措，能在较大程度上增进贫困识别的精准性，但无论是省级方案，还是县级方案，均未涉及识别结果精准性的责任问题。严格按照各县市出台的精准识别工作方案，调查方、评议方、审核方与申请方之间的"信息不对称"虽在一定程度上得以克服，但是调查方、评议方、审核方都没有动力将"信息不对称"降至最小，因为他们无须负责，只要严格按照县市方案执行即可。并不贫困的家庭或先前贫困识别阶段已脱贫的家庭，可能出现为了自家私利，想方设法利用"信息不对称"，利用现有制度存在的机会空间和漏洞，使调查方、评议方、审核方认定自己仍然"贫困"，使自己成为扶贫对象。私利动机的驱动，机会空间的存在，责任认定的缺失，可能在一定程度上消解识别结果的精确性，因此可能需要在制度层面明确识别失准责任，降低失准发生的可能性。

此外，在 2014 年建档立卡之后，湖北省内各级党政领导干部在扶贫调研中发现，扶贫开发建档立卡数据存在识别对象不精准、数据时点不统一、数据录入不完整、动态更新不及时等问题，导致建档立卡数据与扶贫对象实际情况产生一定偏离，难以完全满足精准扶贫工作需要。特别是省发改、民政、教育、卫计、交通、水利、住建、残联等部门在编制行业部门精准扶贫规划时，感到建档立卡数据与他们自己掌握的情况吻合度不是很高。湖北省审计厅的数据显示，2014 年的建档立卡形成的数据库之内，疑似不符合条件的对象占比高达 31.33%。扶贫对象的数据只能算"比较精准"。因此在制度层面上，采用大数据信息检索辅助，增强数据提供部门的协同合作，非常有必要。

另外，针对精准扶贫体制下的"精准填表"问题，2017 年 7 月，国务院扶贫办在《国务院扶贫办关于解决扶贫工作中形式主义等问题的通知》①的基础上，印发了《国务院扶贫办关于进一步克服形式主义减轻基层负担的通知》②，明确要求进一步完善建档立卡信息系统和规范统计报表制度。完善建档立卡指标体系，开发业务管理子系统，拓展服务功能，建立信息共享机制，加强与相关部门数据交换，减少基层重

---

① 国务院扶贫办：《国务院扶贫办关于解决扶贫工作中形式主义等问题的通知》（国开办发〔2016〕32 号），2016 年 10 月 27 日印发。

② 国务院扶贫办：《国务院扶贫办关于进一步克服形式主义减轻基层负担的通知》（国开办发〔2017〕52 号），2017 年 7 月 23 日印发。

复填表报数。规范统计报表制度，自2018年1月1日起，扶贫数据主要通过建档立卡信息系统上报，不再要求县以下单位通过其他渠道提供。各地扶贫部门要充分利用建档立卡信息系统，严禁层层增加指标和填报频次，切实减轻基层填表报数负担。建档立卡数据指标要统一规范，保持连续性和稳定性，确需修改完善的，按照全国统一部署进行。这在一定程度上有助于克服扶贫工作中的形式主义，减轻基层填表负担，走出"填表忙"的困境，从而使基层干部群众将有限的精力集中于精准脱贫攻坚拔寨的最后冲锋战。

第三章 项目安排精准

> 深入实施精准扶贫、精准脱贫，项目安排和资金使用都要提高精准度，扶到点上、根上，让贫困群众真正得到实惠。
>
> ——习近平

一 项目安排精准的政策背景

1986年，扶贫开发被正式确定为国家战略。经过30多年的开发式扶贫，我国贫困人口大幅减少、贫困发生率明显下降，扶贫开发取得了阶段性成就。随着反贫困向纵深方向推进，国家加大了对贫困地区人财物诸方面的投入，贫困治理中的"瞄准偏差"问题也逐步暴露出来。这不仅造成扶贫资源的耗损，影响贫困治理效能，也对2020年如期完成脱贫目标、全面建成小康社会构成了严峻挑战。有鉴于此，2013年以来，精准扶贫成为新阶段扶贫工作的总方略。[1]"六个精准"（即扶贫对象精准、项目安排精准、资金使用精准、措施到户精准、因村派人精准、脱贫成效精准）成为提高扶贫"瞄准率"的重要抓手。其中，扶贫对象精准是精准扶贫的基础，项目安排精准则成为精准扶贫的关键之所在。

本章结构安排如下：首先，对项目制背景下的农村扶贫开发进行宏观分析；其次，以重庆市为例，对项目供给与政策资源匹配进行中观分

---

[1] 《中共中央国务院关于打赢脱贫攻坚战的决定》（中发〔2015〕34号），2015年11月29日。

析;再次,以重庆市 QJ 区 ZT 乡的项目实践为例,对项目安排的具体过程进行微观分析;最后,对项目安排实践中的经验进行总结,并对可能存在的风险进行探究。①

二 项目制与农村扶贫开发

新中国成立以来,尤其是改革开放以来,我国国家治理经历了从总体支配到技术治理的发展历程。② 在技术治理格局下,权力与市场、中央与地方及国家与农民之间的关系发生了根本性变化。权力对市场的干预从直接命令转变为间接调控,市场活力得到前所未有的释放。中央与地方关系方面,集权与分权相互交织,财政成为调整中央与地方关系的重要机制。国家与农民关系方面,从汲取到给予的重要转变,使"给予型国家"成为常态。

与中国社会治理技术化的大趋势相一致,一种新的治理机制——"项目制"诞生了。所谓"项目",本是一种在限定时间、限定资源的约束条件下,利用特定组织方式一次性完成一种具有明确预期目标的事本主义组织与动员方式。③ 所谓"项目制",是围绕项目的制定、申报、审核、实施、考核、验收与审计等构建的新型国家社会联动体制与运行机制。

分税制改革是项目制形成的起点。1980—1993 年,中央与地方之间实行财政包干制。这一分权体制下,地方政府的利益主体意识逐渐明确起来,中央与地方之间几乎每年就财政分配讨价还价,导致中央政府

---

① 本章的调研材料来自 2017 年 5 月对重庆市扶贫办、重庆市 QJ 区 ZT 乡的调查走访。之所以选择重庆市,是基于:①重庆是直辖市这一组织模式实现扶贫的典型;②重庆是全国扶贫资金绩效考核优秀的典型(在国务院扶贫开发领导小组组织的考核中,重庆市在 2008 年、2009 年、2010 年、2011 年、2012 年和 2015 年均被评定为"A 级")。
② 渠敬东、周飞舟、应星:《从总体支配到技术治理——基于中国 30 年改革经验的社会学分析》,《中国社会科学》2009 年第 6 期。
③ 渠敬东:《项目制:一种新的国家治理机制》,《中国社会科学》2012 年第 5 期。

再分配能力下降、央—地关系紧张。① 为了改变由于财政分权而造成的结构性矛盾，1994年中央政府进行了财政与税收体制的改革。改革之后，国家财政集权性增强，"抽取"与"下放"能力迅速提高。为了贯彻国家意志、提供公共服务，国家财政"下放"主要通过转移支付的方式进行。转移支付主要包括：税收返还、专项转移支付和财力性转移支付。② 其中，财政资金的专项化属于地方财政的"增量"部分，这一部分是以竞争性的项目方式向地方进行再分配的。随着财政资金的专项化，项目制不仅在数量上而且在各个领域中都已经成为最主要的财政支付手段。除了工资和日常支出外，几乎所有的建设和公共服务资金都"专项化"和"项目化"了。③

从组织形式上看，项目制采用的是分级运作机制，包括国家部门的"发包"机制、地方政府的"打包"机制和"抓包"机制。④ 如果我们将项目制中的行动者类型化为委托方与代理方（即委托—代理关系），依据目标设置权、检查验收权和实施/激励权的配置，可以将项目制划分为四大类型：直控式（如粮食直补）；承包式（如村村通修路）；托管式（如妇女小额贷款）；自治式（如退耕还林）。⑤ 实践中，不同行动者之间的动态博弈使不同项目之间存在交叉与转换的可能性。不同的组织形式与权责分配会影响不同的执行策略，从而影响项目的成效。⑥

从现有研究来看，虽然项目制有利于集中力量办大事，但也出现了

---

① 周飞舟：《以利为利：财政关系与地方政府行为》，上海三联书店，2012，第46—49页。
② 周飞舟：《财政资金的专项化及其问题：兼论"项目治国"》，《社会》2012年第1期。
③ 据统计，1995年专项转移支付只占转移支付资金的16%；2005年专项转移支付与财力性转移支付、税收返还三分天下；2012年专项转移支付占整个转移支付的比重提高到42%。
④ 折晓叶、陈婴婴：《项目制的分级运作机制和治理逻辑——对"项目进村"案例的社会学分析》，《中国社会科学》2011年第4期。
⑤ 周雪光：《项目制：一个"控制权"理论视角》，《开放时代》2015年第2期。
⑥ 陈家建：《项目化治理的组织形式及其演变机制——基于一个国家项目的历史过程分析》，《社会学研究》2017年第2期。

一系列非预期后果。例如项目制容易使上级部门建构"项目权力",从而出现"设租寻租"与贪污腐败等问题。又如项目制容易使下级部门"跑项目"与"要项目";项目立项之后,项目的初衷有可能会被替代,最终成为资本运作的平台,导致最终的受益者不是项目对象而是下级政府与商业资本(即项目制运作过程中的精英俘获问题)。再如,项目制中"抓两头"的倾向易造成资源配置的不均衡与基层的再分化,影响公共服务效能。此外,项目制的管理模式容易使注意力过度关注项目的争取而忽略项目执行;项目过程繁文缛节,导致管理弊病日益凸显。如此等等,不一而足。

与宏观社会结构转型相一致,农村扶贫开发经历了从"救济式"到"开发式"、从"大水漫灌"到"精准滴灌"的范式转换。着力激发内生动力,促进可持续性脱贫成为新时期贫困治理的新方向。随着分税制的推行,尤其是2006年全面免征农业税之后,基层政府在财政上更是捉襟见肘,不得不更加依赖财政专项转移支付。可以说,扶贫开发已经深深嵌入项目制的运作过程之中。"项目下乡"成为推动农村扶贫开发、撬动贫困地区脱贫解困的重要杠杆。

随着扶贫开发进入"攻坚拔寨"和"啃硬骨头"的关键时期,更多扶贫资源以项目形式被注入。在此背景下,如何将项目制的反功能降到最低,从而使扶贫项目与脱贫需求相匹配,在项目实践中真正促进贫困地区和贫困户脱贫奔小康,真正贯彻项目安排精准的思想成为理论界与政策界关注的热点问题。

三 项目供给与政策资源匹配

在中国的国家治理中,必须面对的中心问题是一统的权威体制与地方性有效治理之间的矛盾。[①] 面对扶贫开发这一"复杂政策","央—

---

① 周雪光:《中国国家治理的制度逻辑——一个组织学研究》,三联书店,2017,第12—29页。

地"协作,发挥好中央"顶层设计"与地方"转译"两个积极性必不可少。① 其中,作为连接中央与基层的省(自治区、直辖市)这一中间环节(兼具"再设计"与"转译"功能)的注意力分配对扶贫项目的精准的重要性不言而喻。但可惜的是,过往的研究对此关注并不多。

"瞄准偏差"的产生,既可能源于技术难题,即瞄准机制的简约性要求和社会环境复杂性现实之间的矛盾;也可能源于政治过程,即扶贫的社会福利诉求与国家治理的政治性诉求之间的矛盾;还可能源于文化难题,即扶贫中文化污名的社会排斥。② 无论如何,要想项目安排精准,首先要对省(市)情把握精准,使项目供给与政策资源匹配。③ 以重庆市为例,就是要对该市的特色与优势何在、农村公共服务的"短板"以及扶贫开发的突破口有一个总体性把握。

重庆市1997年成为我国第四个直辖市。正如访谈中市扶贫办S处长反复提及的:

> 直辖体制的效率比其他省级单位的效率要高一些,因为我们很多工作没有中间层的转换。……和省级的体制相比,我们现在就直接把扶贫办主任叫来,直接跟他们说该怎么做。

在行政链条上,"市—区(县)—乡(镇)"的三级行政组织能够使扶贫资源直接到达行政村,相比于省级扶贫体制减少了一个行政环节。该地属于亚热带季风性湿润气候,年平均气温为16—18℃,常年降雨量为1000—1450毫米,生态环境优美、自然资源丰富。与此同时,

---

① 吕方、梅琳:《"复杂政策"与国家治理——基于国家连片开发扶贫项目的讨论》,《社会学研究》2017年第3期。
② 李棉管:《技术难题、政治过程与文化结果——"瞄准偏差"的三种研究视角及其对中国"精准扶贫"的启示》,《社会学研究》2017年第1期。
③ 项目主要包括:基础设施建设项目;农村生产生活条件改善项目;基本公共服务项目;产业发展项目;生态建设与环境保护项目。限于篇幅,本章不可能对所有类型的项目安排精准均进行研究,只以重庆市最具特色的产业发展项目为中心来探析项目安排精准问题。

该市地处西南交通枢纽,是全国统筹城乡综合配套改革实验区,区位优势明显。有鉴于此,重庆市将产业扶贫作为扶贫开发的重点方向,将乡村旅游、特色产业与电商作为三大突破口,强化扶贫产业精准扶持长效机制。

大力实施产业扶贫工程,支持扶贫开发工作重点区县培育2—3个扶贫骨干产业,推动柑橘、生态渔业、草食牲畜、茶叶、榨菜、中草药、调味品七大特色产业链向贫困村延伸;引导贫困村、贫困户发展林果药桑菜鸡牛羊兔蜂等十大特色扶贫产业,支持贫困户发展乡村旅游并给予到户补助,确保县县有主导产业、村村有特色项目、户户有增收门路……优先支持扶贫龙头企业和专业合作社在贫困地区发展扶贫骨干企业。[①]

《重庆市秦巴山片区区域发展与扶贫攻坚"十三五"实施规划》显示:2016—2020年共筛选确定规划项目694个,累计资金投入3178.70亿元。基础设施建设项目244个(规模资金投入1756.10亿元,占总投资的55.2%);农村生产生活条件改善项目63个(规模资金投入404.03亿元,占总投资的12.7%);基本公共服务项目147个(规模资金投入192.01亿元,占总投资的6.0%);产业发展项目119个(规模资金投入586.34亿元,占总投资的18.4%);生态建设与环境保护项目共121个(规模资金投入240.22亿元,占总投资的7.6%)。对于产业发展项目,该规划要求:立足资源优势和特殊环境条件,资金重点投向资源优势产业和特色产业项目、战略性新兴产业以及高科技产业项目。

对于理想的项目申报与资金使用方式,受访对象如是说:

> 我们的项目申报基本上采取竞争的形式,因为资金本来是不够的,它是有限的。但是哪几个村今年能够拿到项目,是全县来申报。

---

① 重庆市扶贫开发领导办公室:《重庆市脱贫攻坚工作情况汇报》,2017年5月22日。

申报时要讲你的思路、你的提纲,竞争入围。下到村里之后,应该开村民小组会,要他们来进行项目的申报。标准也好,补贴的环节也好,资金的管理和使用也好,就是有多少资金拿来发展生产、有多少资金拿来搞管理、多少资金拿来搞销售,这一块是老百姓自己说了算。(访谈资料:20170522,访谈对象:重庆市扶贫办S处长)

为了确保如期完成脱贫攻坚的任务目标,重庆市先后出台了《关于集中力量开展扶贫攻坚的意见》(渝委发〔2014〕9号)、《关于精准扶贫精准脱贫的实施意见》(渝委发〔2015〕19号)以及13个配套政策与实施方案,形成了"1+1+13"脱贫攻坚政策体系。对于扶贫项目,重庆市出台了《关于进一步完善扶贫资金和项目监管制度的通知》①。该通知要求:各级扶贫部门必须把监管制度贯穿到扶贫资金分配、拨付、使用以及扶贫项目立项、审批、实施、检查、验收的全过程。为此,应着力健全和完善如下监管制度:①全方位公示公告制度。各区县(自治县)扶贫资金和项目必须在当地媒体和政府公众信息网、阳光重庆网上公告。乡镇和村的扶贫项目应在政务公开栏和村务公开栏进行公示,公示时间不得少于7天。项目启动后,要根据项目建设和资金使用情况建立动态公示机制。②联席会议制度。市和各区县(自治区)扶贫开发领导小组办公室每年至少组织召开两次扶贫资金项目监管联席会议。③审计监督制度。④信访投诉制度。⑤义务监督员制度。《重庆市扶贫项目业主黑名单制度》规定:实施扶贫项目的企业,一旦被纳入"黑名单",应立即进行整改,限期改正;对已评为市级扶贫龙头企业的,取消其资格,两年内不得参与重庆市扶贫龙头企业评选;对实施扶贫项目的涉农企业,两年内不得申报扶贫项目和享受扶贫部门相关优惠扶持政策。对产业项目申报流程,《重庆市扶贫项目业主黑名单制度》也进行了规定(参见图3-1)。

---

① 重庆市扶贫开发领导小组办公室:《关于进一步完善扶贫资金和项目监管制度的通知》(渝扶组办发〔2013〕5号),2013年8月9日。

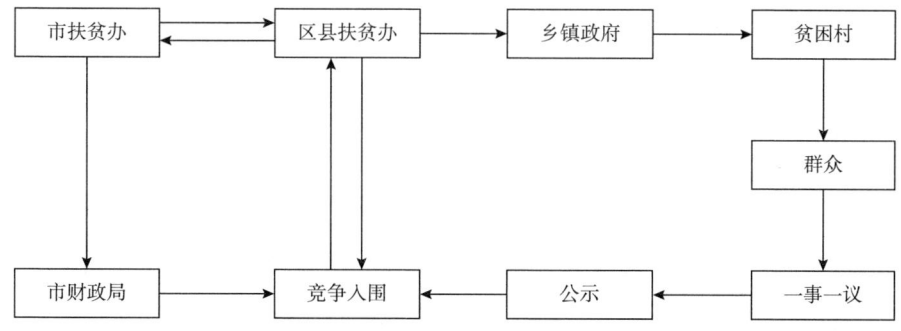

图 3-1 重庆市产业扶贫项目申报流程

在扎紧制度"笼子"的同时,重庆市坚持"问题导向"。

> 问题导向的重点就是找区县的毛病,我们工作布置下去后不是总结他的成绩,我们老是去找他毛病,希望他们通过那些问题来进行弥补。(访谈资料:20170522,访谈对象:省扶贫办 S 处长)

例如,2016 年 5 月下旬,督查组在万州区暗访发现:扶贫项目公示公告制度落实得不好。分水村信息公开栏没有扶贫内容;玉合村公路硬化项目公示牌上缺少开工日期、竣工日期、工程投资等主要信息。[①] 又如,9 月对云阳县暗访发现:贫困村主导产业支持作用发挥得不够明显。如故陵镇宝兴村主要发展了油橄榄、核桃两大产业,目前尚处在培育阶段,产业支撑增收的能力较弱,实现产业"抱团发展"方面仍显不足,贫困户"单打独斗"局面未从根本上改变。[②] 此外,积极探索第三方验收扶贫项目的新方式,市扶贫办委托西南大学课题组发布的《重庆市 2016 年精准扶贫工作成效第三方评估报告》、重庆市社会科学院课题组发布的《重庆市 2016 年精准脱贫摘帽第三方评估报告》、重庆市社情民意调查中心发布的《2016 年重庆市扶贫脱贫状况民意调查

---

① 重庆市扶贫开发领导小组办公室:《关于对 7 个今年脱贫摘帽区县暗访情况的通报》(渝扶组办文〔2016〕8 号),2016 年 6 月 3 日。
② 重庆市扶贫开发领导小组办公室:《关于 16 个扶贫开发工作重点区县脱贫攻坚工作督查情况的报告》(渝扶组办文〔2016〕9 号),2016 年 9 月 30 日。

报告》等也发现了诸多项目安排精准方面的问题，并提出了具体的改进措施。

在保持政策稳定性的同时，重庆市也讲究政策的灵活性与适应性。对此，S处长深有体会：

> ……政策一旦出来，他就以为一个"药方"可以治所有的病，这个也是不行的。

为了保障政策的灵活性与适应性，重庆市确立了三大意识：反省意识、创新意识、服务意识。

反省意识是指对现行扶贫体制的优势尤其是局限性有深刻的认识。在这方面，中国国家治理的根本矛盾——一统体制与有效治理问题再次浮现。一统体制要求政策的统一性以维护权威，而有效治理则要求政策的灵活性以适应地方实践。在访谈过程中，S处长有如下认识：

> 另外就是有些事情不是这么简单就能做成的，特别是扶贫。任何一个战略，实施者布置下去以后所面临的状况是千变万化的，你不在（到）一线，你不在（到）前面去不断地发现问题，不断地调整政策，都是不科学的。所以说，过去的经验拿到现在都面临问题。（访谈资料：20170522，访谈对象：重庆市扶贫办S处长）

反省是行动的先导，仅仅有反省意识远远不够，还要有创新意识。创新意识是指在对扶贫规律科学认识的基础上，提出新理念、形成新办法。

> 创新就是其他人没有做过的东西你来做。我们现在的管理很不宽松，天天问你为什么要这么干，谁让你这么干的。

S处长如是说。为此，他还列举了乡村旅游创新的实例。

> 最开始我们提出乡村旅游的时候，基本上所有的扶贫办主任都

反对,你做什么旅游呀,我们贫困村这么穷。但现在你看我们也可以把扶贫工作做得高大上,真的,你可以去看我们的贫困村,看看今天我们的贫困村是什么样子的,以前是什么样子的。我们的贫困村现在很多都是风情小镇。以前只有十几户,但是现在有几百户。

服务意识是指一切扶贫政策与扶贫资源的最终出发点与落脚点都是贫困地区与贫困人群的脱贫解困。

我们当时把所有建农家乐村的名单收集起来后找《重庆日报》、《重庆晚报》发出去,他们挺支持我们的,全部免费给我们登出去。……但又发现一个问题,贫困村没有公共汽车。……我们就把扶贫办的车借出来把游客送到村里去,这样才算解决交通问题。还有水、电等问题(我们也解决了)。

对于更多的服务,S处长多次提及的一个词就是"顺势而为"。

对于项目安排精准,如果说中央的"顶层设计"是政策框架的话,那么省(自治区、直辖市)的"再设计"与"转译"则属于"一阶瞄准"。其政策支撑体系与中层调控体系使项目供给与政策资源之间能够实现最大程度的匹配。在这方面,重庆市进行了许多有益的探索,也积累了丰富的经验。但要真正确保项目安排精准,还有赖于项目能够在地方精准落地。

四 项目落地精准

项目安排精准的瞄准机制不是一次就可以完成的,从省(自治区、直辖市)到贫困村与贫困户尚有一定的距离需要跨越。因而,必须进行多次瞄准,使项目最终精准落地。其目标是使贫困地区与贫困户锻造出内生动力,完成从"要我脱贫"到"我要脱贫"的转变。

与重庆市的总体思路一致,QJ区也以产业扶贫作为构筑可持续脱贫的长效机制。该区地处武陵山区腹地、素有"渝鄂咽喉"之称，以土家族、苗族为主的少数民族占73%。QJ交通便利，集"铁、公、机"于一体的区域性综合交通枢纽基本成型。该地气候清爽、生态优良，全区森林覆盖率为56%，被誉为"天然氧吧"、"心灵家园"，被联合国环境基金会评为"绿色中国·杰出生态绿色城市"，荣获"中国清新清凉峡谷城"称号，列入首批国家农村一、二、三产业融合发展试点示范区，市级全域旅游示范区县创建单位。

在对区情进行精准分析的基础上，QJ区提出完善"3+X"产业发展格局，实施精准产业扶贫。产业精准扶贫并推动农业供给侧结构性改革，使特色产业发展的成果能更多惠及贫困家庭。在贫困村巩固三大传统农业骨干产业（烤烟、出栏生猪和优质蚕桑）的基础上，将新发展优质水果、优质中药材和高山生态蔬菜作为新型产业发展的突破口，把乡村旅游与电商也纳入产业发展框架，形成互相支撑、共同发展的精准扶贫新局面。

交通扶贫是全区扶贫攻坚工作的基础和先导，乡村公路工程建设更是交通扶贫的重要抓手。QJ区本着扶贫攻坚交通先行、提档提标、超前赶早的原则，加快实施贫困村的乡村公路工程建设，打好交通扶贫攻坚战。从2015年8月到2016年12月，安排道路建设项目110个，建设项目总投资2.41亿元。项目分为四类：通畅工程建设项目；通达工程建设项目；村道维修整治项目；人行便道工程建设项目。① 与乡村公路工程建设一样，QJ区共安排项目65个、项目总投资9000万元，以便夯实脱贫攻坚的基础，提高贫困户的生活质量。②

对于如此多的项目运作，如何保障项目的有效使用呢？在访谈中，H主任说道：

---

① 重庆市QJ区扶贫开发领导小组办公室：《QJ区扶贫攻坚交通先行乡村公路建设实施方案》（QJ扶组办发〔2015〕17号），2015年8月19日。
② 重庆市QJ区扶贫开发领导小组办公室：《QJ区贫困村饮水安全工程建设实施方案》（QJ扶组办发〔2015〕17号），2015年8月19日。

区扶贫办、区检察院联合创建扶贫"大数据"共享机制，建立惠农扶贫数据库信息共享系统，将全区扶贫项目全部录入信息共享平台，区检察机关对扶贫项目数据进行适时跟踪和分析研判，有效预防扶贫领域职务犯罪。（访谈资料：20170523，访谈对象：QJ区扶贫办H主任）

总之，在精准扶贫实践中，相比于重庆市的"一阶瞄准"机制，QJ区所推行的政策可以称为"二阶瞄准"。"二阶瞄准"更加注重扶贫开发的"地方性"，具有更高的"瞄准率"。当然，这并不是说在此过程中不存在任何问题。例如，2017年4月10日，YCM区长在全区迎接国家"脱贫摘帽"检查验收工作推进会上指出：

在产业扶贫上，部分部门和乡镇街道拍脑袋决策，去年让贫困户养鸡，今年让贫困户养羊，明年又让贫困户种植中药材，扶贫项目和贫困户产业需求严重脱节。

当然，如若能够及早发现瞄准过程中的问题，并进行补救，也有利于提高"瞄准率"。

与QJ区的总体部署相一致，ZT乡将产业扶贫作为精准扶贫的突破口，将社会政策进行"再转译"，即"二阶瞄准"基础上的"三阶瞄准"。通过申报竞争性项目，ZT乡硬化村级公路11条25公里，维修改建村道路10条30.4公里，新建村道6条10.9公里，新建人行便道7.5公里，实现村畅通、组通达；新建蓄水池164口，安装人饮管道166公里，实现农户家家通干净安全的自来水。道路建设打通了制约贫困村对外联系的"最后一公里"；饮水项目既改善了贫困户的饮水条件，也为村域经济发展提供了灌溉条件。在此基础上，ZT乡既在"3"上寻找机遇，又结合本地的实际，在"X"上精准发力。在传统优势产业上，发展蚕桑1200亩、烤烟1000亩，年出栏生猪40000余头。先后引进了湖北SLTT农业开发有限公司、重庆LQ园林公司、黔江YZ农业发展公司、重庆 HY 农业开发公司等有实力的农业企业进驻 ZT 乡发展特色效益农业和休闲观光农业，提升产业附加值。在集中土地规模流转的基础上，已建成总规模 2.2 万亩的特色效益农业示范基地 6 个，即 10000 亩猕猴桃基地、6000 亩脆红李基地、1500 亩油茶基地、500 亩树莓基地、500 亩蔬菜基地、3500 亩休闲农业观光基地。

以猕猴桃基地为例，ZT 乡通过配套项目的方式引入湖北 SLTT 农业开发有限公司，通过"旅游+特色农产品"的方式来提升农业附加值。① 据 ZT 乡 XQ 村一位村民回忆，该地以前主要种植玉米等粮食作物，种植分散、土地利用效率不高，收入始终在贫困线以下。猕猴桃基地采取"公司+基地+农户"的形式，实施农企捆绑合作机制，实施企业租农户土地建设用地，农户返承包果园经济管理。对于该模式，SLTT 农业开发有限公司 ZT 乡负责人表示：

> 这也是实践出来的结果。刚开始我们过来的时候，直接租农民的地，再雇佣贫困户为我们从事猕猴桃的种植。这个模式有很大的问题，一是很多树就在农民的房前屋后，每年损失的猕猴桃比较多，二是农民干活的积极性不高，反正是公司给他们发固定工资。后来，我们就想到一个法子，先把农民的地租过来，再反过来把地租给农民来管理。这样，既保障了企业的利益，又调动了农民的劳动积极性，增加了他们的收入。

事实上，这一模式创新是一种新型的利益联结机制。在纯公司运作的模式中，农民与公司之间在利益关系上处于"弱连带"，农民是公司发展的"旁观者"；而"公司+基地+农户"模式中，农民与企业建立了"强连带"的利益联结机制，农民则成为企业发展的"参与者"。在这种利益联结机制下，企业能够发挥技术与市场等诸方面的优势，农民则能

---

① 湖北 SLTT 农业开发有限公司先期投入 1.8 亿元，政府配套道路、水利等基础设施投资项目 0.5 亿元。

发挥在种植方面的特长，为实现企业与农民之间的双赢创造了基础条件。

在项目落地之后，农民有三方面的收益：一是每亩地600元租金收入；二是农户返承包果园经济管理每亩每年2000元收入；三是参与公司果实分红每亩600元左右收入。仅2016年，该公司支付管理费近1200万元，支付给农户土地租金600余万元，园区农户户均增收2万元以上。

邢成举等学者注意到："当前我们的扶贫政策并没有足够重视农村的社会分化，这就导致扶贫资金与项目的实施总是偏离既定的目标。"① 事实上，随着市场经济的发展，不同村庄和不同农民的"市场机遇"发生了分化。在个体化时代下，更应增加对贫困主体的社会保护，使个体奋斗在社会保护网络中进行。② 有鉴于此，ZT乡在扶贫实践中，优先安排保障弱势贫困户。例如，一位因学致贫的贫困户由于公司优先安排参与管理而最终成功脱贫解困。调查组在走访过程中还发现：在企业的影响与带动下，部分未流转土地的贫困户也开始种植经济作物，脱贫奔小康的主体性与能动性也大为提高。

在旅游、种植双轮驱动下，ZT乡着力打造仰头山现代农业示范园区、花语谷生态休闲园、雨泽观光园、华裕梅采摘园、深加工油茶种植园、仰头山森林公园、脆红李特色产业园、仰头山森林狼拓展训练基地。以此为基础，全乡农村经济全面发展，现有农村专业合作社10家、农家乐15家，全乡种植脆红李5000亩，年收入达到400万元，2016年实现旅游收入300多万元，解决1000余贫困户人口的就近务工，520户2039人贫困人口顺利实现脱贫摘帽。

五　小结与讨论

经过30多年的开发式扶贫，我国的扶贫工作已进入"攻坚拔寨"

---

① 邢成举、李小云：《精英俘获与财政扶贫项目目标偏离的研究》，《中国行政管理》2013年第9期。
② 蔡志海、田杰：《个体化时代下农村贫困的应对方式》，《开发研究》2017年第3期。

和"啃硬骨头"的关键时期。伴随着扶贫资源的输入,贫困治理中的"瞄准偏差"问题日益凸显。有鉴于此,以习近平总书记为代表的中共中央高瞻远瞩、审时度势,提出"精准扶贫精准脱贫"的总方略,要求"扶贫对象精准、项目安排精准、资金使用精准、措施到户精准、因村派人精准、脱贫成效精准"。在"项目治国"的结构背景下,确保项目安排精准成为精准扶贫的关键之所在。在这方面,重庆市进行了一些有益的探索。

通过对重庆案例的分析,我们发现:①与省级行政体制相比,重庆市的直辖体制减少了"委托—代理"环节,有利于减少精准扶贫过程中的交易成本。②寻找与当地实际相契合的突破口,并进行"再设计"和"转译"是重庆市项目安排精准中的一条重要经验。该市结合本市的特色与优势,以产业扶贫作为突破口,使项目供给与政策资源相匹配。在扎紧制度"笼子"、保持政策稳定性的同时,讲究政策的灵活性与适应性。③项目安排精准中的"瞄准"不可能一次完成。在重庆市"一阶瞄准"的基础上,区县结合自身实际进行了"二阶瞄准",乡镇在此基础上进行了"三阶瞄准",直至项目精准落地。④在如何建立企业与贫困户之间的利益联结机制上,重庆市也进行了摸索。不过,其实际效果究竟如何,仍有待进一步观察。

当然,调查中也发现了一些值得警惕的问题。第一,与学者的研究一致,项目制下的项目安排"繁文缛节"与"文山会海"并存。这既是"数字下乡"①的渊薮,又会延缓"项目下乡"的进程。第二,贫困户既是受扶的客体,又是脱贫的主体,培育扶贫对象主体性与能动性对于可持续性脱贫至关重要。②但从调研过程来看,贫困户仍处于"无权"地位,其主体性与能动性仍有待在"赋权"基础上激活。第三,以项目制为基础的产业扶贫是一种"捆绑式"治理。一方面,这有可

---

① 王雨磊:《数字下乡:农村精准扶贫中的技术治理》,《社会学研究》2016年第6期。
② 马良灿、哈洪颖:《项目扶贫的基层遭遇:结构化困境与治理图景》,《中国农村观察》2017年第1期。

能造成扶贫项目被政治精英与经济精英俘获的问题；另一方面，也有可能出现贫困户返贫的风险。正如 QJ 区 ZT 乡乡长所言："我们都是把这些企业当上帝那样供着，如果他们要是'撂挑子'走了，那我们的麻烦可就来了。"第四，虽然从市到乡的各个层面都有详细的项目公示制度，但资金到底是如何具体使用的，其具体细目为何，我们仍不得而知。这就涉及资金使用精准的问题。不过，该问题已经超出了本章的研究范围，只能留待下一章继续研究了。

第四章　资金使用精准

　　要加大中央和省级财政扶贫投入,坚持政府投入在扶贫开发中的主体和主导作用,增加金融资金对扶贫开发的投放,吸引社会资金参与扶贫开发。要积极开辟扶贫开发新的资金渠道,多渠道增加扶贫开发资金。

——习近平

一　资金使用精准的政策背景

　　"资金使用精准"是"六个精准"[①]的核心内容之一。资金使用精准是要解决"怎么扶、如何扶"的最根本问题,是实现精准扶贫、精准脱贫的重要保障。扶贫资金,通常是贫困地区和贫困户的"保命钱",在精准扶贫中扮演着助推剂的作用。资金使用精准,要做到在精准识别的基础上,哪里/谁贫困,资金就到哪里/谁,哪里/谁的贫困程度越深,资金的扶持力度就越大。资金使用是否精准,关涉扶贫资金管理水平和使用效率,涉及资金整合、资金分配、资金使用和资金监管等各个环节。资金使用是否精准,能够全方位呈现扶贫资金是否真正能够发挥保基本、兜底线和促公平的重要作用。实现"扶真贫、真扶贫"的关键,在于能否真正做到公开、透明、公平、有效地使用扶贫资金,真正达到资金使用精准。自精准扶贫实施以来,我国扶贫工作力度不断

---

① "六个精准"分别是扶贫对象精准、项目安排精准、资金使用精准、措施到户精准、因村派人精准、脱贫成效精准。

加大，扶贫资金总量逐年迅速增加，针对扶贫资金使用不精准所导致的资金拨付不及时、分配不合理、资金浪费挪用以及资金监管不力等一系列问题，中央先后制定和颁布一系列顶层设计文件，各地方也相应出台和实施了一系列相关政策。

本章首先回顾中央关于资金使用精准的相关顶层设计文件，再着重分析以贵州省等地为例的关于资金使用精准的相关政策措施，继而以贵州省贫困县——江口县和盘县的实施成效为例，对其进行剖析，以期总结地方实践经验以及发现在资金整合、分配、使用和监管等层面的问题，从而进一步推动资金使用精准的有效实施。

二 资金使用精准的顶层设计

（一）资金使用精准的政策背景

根据《中国农村扶贫开发纲要（2011—2020年）》（中发〔2011〕10号）和财政部、发展改革委、国务院扶贫办联合出台的《财政专项扶贫资金管理办法》（财农〔2011〕412号），财政专项扶贫资金是国家财政预算安排用于支持各省（自治区、直辖市）农村贫困地区、少数民族地区、边境地区、国有贫困农场、国有贫困林场、新疆生产建设兵团贫困团场加快经济社会发展，改善扶贫对象基本生产生活条件，增强其自我发展能力，帮助提高收入水平，促进消除农村贫困现象的专项资金。财政专项扶贫资金的扶贫对象是根据中央扶贫标准、地方扶贫标准识别认定的农村贫困家庭、贫困人口。

为确保扶贫资金使用精准、资金分配合理，财政专项扶贫资金实行项目管理制度，资金到项目、管理到项目、核算到项目。资金使用精准，即要保证到户项目有资金支持，资金跟着精准扶贫的项目走。因此，资金使用精准一方面与项目安排是否精准紧密相连，另一方面也受到资金使用的分配、运行和监管等管理机制支配和制约。为加强财政专项扶贫资金管理、提高资金使用效益，2011年11月出台了《财政专项扶贫资金管理办法》（财农〔2011〕412号），成为扶贫资金管理的主要依据。《财政专项扶贫资金管理办法》明确对财政专项扶贫资金的用途、使用方向、预算与分配、使用与拨付、管理和监督等内容做了具体规定。在财政扶贫资金预算方面，要求地方各级财政根据各地减贫工作需要和财力情况，每年预算安排一定规模的财政专项扶贫资金，并逐年加大投入规模。

在资金分配方面，中央财政专项扶贫资金要按照因素法进行分配。中央财政专项扶贫资金分配的因素主要包括各地扶贫对象规模及比例、农民人均纯收入、地方人均财力、贫困深度等客观因素和政策性因素。客观因素指标取值主要采用国家统计局等有关部门提供的数据。政策性因素主要参考国家扶贫开发政策、中央对地方扶贫工作考核及财政专项扶贫资金使用管理绩效评价情况等；同时规定地方财政专项扶贫资金也应主要采取因素法分配。

在资金使用方面，财政专项扶贫资金使用要围绕以下方面：培育和壮大特色优势产业，改善农村贫困地区基本生产生活条件，提高农村扶贫对象就业和生产能力，缓解生产性资金短缺困难，支持贫困地区建立村级发展互助资金，对扶贫贷款实行贴息，等等。另外，明确规定了项目管理的提取范围主要是在编制、审核扶贫项目规划，实施和管理财政专项扶贫资金和项目发生的费用，按照中央财政补助地方财政专项扶贫资金规模2%的比例进行提取。同时，要求地方应加快预算执行，提高资金使用效益。

在资金管理方面，财政部门主要负责财政专项扶贫资金的预算安排、拨付、管理和监督检查，而扶贫、发展改革、民委、农业、林业、残疾人联合会等部门要加强相关财政扶贫项目的管理，以确保项目实施进度，充分发挥财政专项扶贫资金使用效益。财政专项扶贫资金使用计划需要明确资金具体用途、投资补助标准、项目建设内容、资金用款计划等内容，并作为绩效评价等工作的参考依据；各地应根据扶贫开发工作的实际情况，逐步将项目审批权限下放到县级；资金年度使用计划、支持的项目和资金额度要进行公告、公示，接受社会监督；资金实行报账制管理，分账核算；资金使用管理实行绩效评价制度，绩效评价结果将作为分配财政专项扶贫资金的参考依据。

在资金监督方面，各级财政和相关部门要加强对财政专项扶贫资金和项目的监督检查，配合审计、纪检、监察部门做好资金和项目的审计、检查等工作；乡镇财政部门要充分发挥监管职能，加强对扶贫项目的巡视、检查，发现违规问题及时制止并报告上级财政部门；对违反《财政专项扶贫资金管理办法》规定，虚报、冒领、截留、挤占、挪用财政专项扶贫资金的单位和个人，按照《财政违法行为处罚处分条例》（国务院令第427号）有关规定处理、处罚、处分。

为进一步突出精准扶贫战略目标，2017年3月，财政部、扶贫办、发改委、民委、农业部和林业局等六个部门联合制定出台了《中央财政专项扶贫资金管理办法》（财农〔2017〕8号），明确将中央财政专项扶贫资金界定为中央财政通过一般公共预算安排的支持地方的主要用于精准扶贫、精准脱贫的资金，并指出要坚持资金使用精准，在精准识别贫困人口的基础上，把资金使用与建档立卡结果相衔接，与脱贫成效相挂钩，切实使资金惠及贫困人口。

相比2011年的《财政专项扶贫资金管理办法》，2017年的《中央财政专项扶贫资金管理办法》在资金分配、支出范围、管理与监督等方面提出了更为具体的要求。

在资金分配方面，中央财政专项扶贫资金依然按照因素法分配，但在贫困状况和政策任务基础上，脱贫成效成为重要指标之一。《中央财政专项扶贫资金管理办法》明确指出，脱贫成效主要包括扶贫开发工作成效考核结果、财政专项扶贫资金绩效评价结果、贫困县开展统筹整合使用财政涉农资金试点工作成效等。每年分配资金选择的因素和权重，可根据当年扶贫开发工作重点适当调整。

在资金支出方面，第一，下调扶贫项目管理费提取比例，明确县级为管理费安排使用主体。《中央财政专项扶贫资金管理办法》第九条明确指出："各省可根据扶贫资金项目管理工作需要,从中央财政专项扶贫资金中,按最高不超过1%的比例据实列支项目管理费,并由县级安排使用,不足部分由地方财政解决。"第二,进一步明确中央财政专项扶贫资金项目审批权限下放到县级,强化地方对中央财政专项扶贫资金的管理责任,省级部门要以脱贫成效为导向,以脱贫攻坚规划为引领,统筹整合使用相关财政涉农资金,提高资金使用的精准度和效益。第三,明确强调创新资金使用机制,探索推广政府和社会资本合作(PPP)、政府购买服务、资产收益扶贫等机制,撬动更多金融资本、社会帮扶资金参与脱贫攻坚。

在资金监管方面,创新监管方式,探索建立协同监管机制,逐步实现监管口径和政策尺度的一致,建立信息共享和成果互认机制,提高监管效率。各级财政部门负责预算安排和资金下达,加强资金监管,而各级扶贫、发展改革、民族、农业(农垦管理)、林业等部门负责资金和项目具体使用管理、绩效评价、监督检查等工作,按照权责对等原则落实监管责任。在资金和项目管理方面,在资金到项目、管理到项目、核算到项目的基础上,提出责任到项目,落实绩效管理。

(二) 资金使用精准的内涵

精准扶贫,简要来讲,必须要解决好钱和政策用在谁身上、怎么用、用得怎么样等问题。精准扶贫重点在于精准,即"精准"使用国家扶贫的各类资金、政策,用准用足,用在正确的方向上,用在贫困群众身上,既要扶到最需要扶持的群众,更要扶到群众最需要扶持的地方。资金使用精准,本质上是要解决"钱如何花和花得如何"的问题。具体来讲,资金使用精准要解决"谁能够得到资金,以何种方式得到资金以及得到资金后的效果如何"问题。

资金使用精准,一是要求改革扶贫资金管理体制,加大资金整合力度。资金使用精准,要求一改以往用扶贫资金撒胡椒面式的"输血式"

扶贫，依托资源优势，建立专业合作社，对合作社进行分组，要满足千差万别的扶贫到户的需要，农户根据自身情况，自行选择归组。与农户建立利益联结机制，按照"直补到户、合作自愿、入股分红、退股还本"的办法，实施"贫困户+村集体"发展模式，构建"产、供、销"一体化经营体系，以实现贫困户和村集体共同发展。

二是要求扶贫资金安排与脱贫成效挂钩，提高资金使用效益，强化资金监督管理，确保一分一厘、一丝一毫都用在扶贫开发上。

三是要求下放资金管理权，以实现扶贫资金的基层整合，提高资金使用的针对性和效果。

总之，资金使用精准，要改善贫困地区贫困群众基本生产生活条件，提升扶贫资金使用效益，促进贫困人口创收增收和自我发展能力提升，确保贫困人口如期脱贫，保障精准扶贫战略目标如期实现，最终实现加快贫困地区经济社会发展。在梳理了中央财政专项扶贫资金管理办法和资金使用精准方面的顶层设计后，我们需要了解、跟踪的是顶层设计在各地具体实践过程中实施效果如何，考虑到贫困地区分布区域广泛，各地在不同的基础设施条件、经济发展水平、贫困人口状况等条件下，在专项扶贫资金管理办法和资金使用精准方面有过何种经典或成功的经验办法、是否存在问题和困难、目前面临什么样的挑战将是我们下面要分析的重点内容。

三 资金使用精准的政策举措

（一）扶贫资金管理政策举措

2014年6月，贵州省财政厅根据财政部、国家发改委、国务院扶贫办印发的《财政专项扶贫资金管理办法》（财农〔2011〕412号）、《财政专项扶贫资金报账制度管理办法（试行）》（财农〔2001〕93号）以及中央和省扶贫开发有关政策，对《贵州省财政扶贫资金报账制管理实施细则（试行）》（黔财农〔2005〕280号）进行了修订，制定了《贵州省财政专项扶贫资金报账制管理实施细则（试行）》（黔财农〔2014〕85号）。贵州省扶贫资金管理政策举措有以下特点。

一是实行财政专项扶贫资金报账制。该细则第五条明确指出："财政专项扶贫资金报账制管理以项目为载体、以精准扶贫到农户为基础，必须做到资金安排到项目、支出核算到项目、监督管理和检查验收到贫困户。"另外，规定了贵州省财政专项扶贫资金实行县、乡两级财政报账制度，并对财政专项扶贫资金专户设置及管理、报账程序、报账凭证及管理、监督检查等进行了详细规定。在第二十三条中明确规定："各级主管部门和财政部门应严格按照要求将报账信息录入'贵州省扶贫系统电子政务平台'和'财政专项扶贫资金管理监测信息系统'，及时、准确、全面反映财政专项扶贫资金管理和使用的有关信息。"

二是建立财政专项扶贫资金安全运行机制。2015年4月，为进一步加强财政专项扶贫资金管理，防范资金使用管理中的违规违纪行为，确保财政专项扶贫资金安全、有效运行，贵州省人民政府办公厅出台《关于建立财政专项扶贫资金安全运行机制的意见》（黔府办函〔2015〕46号）。该意见出台的背景是因为发现财政专项扶贫资金使用易生发腐败，部分县、乡等地方存在闲置、挤占挪用、虚假冒领、私存私放、私设"小金库"等违纪违规使用扶贫资金的情况。项目审批权下放到县后，保障财政专项扶贫资金安全运行任务更紧迫。该意见指出了财政专项扶贫资金使用与管理的基本原则。在资金使用方面要坚持"六项原则"：必须坚持目标、任务、资金和权责"四到县"的原则；必须坚持集体讨论的原则；必须坚持规范运作、程序管理的原则；必须坚持"乡镇申报、县级审批、乡村实施、乡镇初验、县级验收、乡级报账、五公告二公示"的运作体系原则；必须坚持抓"大"放"小"①、规范利益联结机制的原则；必须坚持主体责任、"一岗双责"、接受监督的

---

① "大"指产业扶贫；"小"指产业培育和扶持到村到户。

原则。在资金管理方面必须坚持行为规范、公开透明、监督严谨和严格追责四个基本原则。

三是改革创新财政专项扶贫资金管理。2016年2月，为深入贯彻精准扶贫、精准脱贫基本方略，用好用活财政专项扶贫资金，切实提高资金使用效益，贵州省出台了《关于改革创新财政专项扶贫资金管理的指导意见》（黔扶通〔2016〕9号）。该意见要求分级负责，权责对等，明确提出要建立分工明确、权责对等的资金分配、使用、监管机制，坚持"四到县"和"谁审批谁负责"、"谁使用谁负责"。该意见强调精准投入，突出重点，要求扶贫资金在围绕建档立卡贫困户统筹安排使用的基点上，仍需重点扶持满足条件的农民专业合作社、村集体经济组织、扶贫企业发展扶贫产业，实现带动贫困户创收增收。鼓励各地因地制宜探索创新资金使用方式，强化绩效管理。

（二）扶贫资金使用政策举措

贵州省出台的《关于改革创新财政专项扶贫资金管理的指导意见》在扶贫资金分配、使用与监管三方面进行了改革创新。在扶贫资金分配方式方面，在中央顶层设计基础上，采用因素法分配与竞争性分配相结合。中央和省级资金，除国家戴帽下达以及省委省政府有明确规定用途的专项资金外，其余资金按照贫困县、贫困村、贫困人口、绩效考核"2∶2∶5∶1"的比例分配，前三个因素以全省2014年末66个贫困县、9000个贫困村、623万贫困人口为基数直接分配到县，这部分资金统称为因素法分配资金，需围绕年度贫困退出任务，按规定的投向分配到乡（镇）村。绩效考核因素资金根据省对各地扶贫开发工作考核结果分配，由县级统筹安排到乡（镇）村。其中按因素法分配的到县资金，原则上按照"3∶3∶1∶1∶2"的比例投向五个方面：30%用于扶贫产业（发展区域性规模化产业），30%用于扶持农民专业合作社、村集体经济组织（要落实到贫困村和贫困户），10%用于小额扶贫"特惠贷"贴息（专项小额扶贫到户贷款贴息），10%用于扶贫培训（主要用于

"雨露"计划和扶贫干部培训),20%用于改善生产生活条件(支持贫困村小型公益基础设施建设)。以上比例,前两项不得调整,后三项如需调整,须由县级扶贫开发领导小组报市(州)扶贫开发领导小组同意后报省扶贫办备案。

在创新扶贫资金使用方式上,该意见鼓励各地根据资源禀赋选择经济发展业态,宜农则农、宜工则工、宜商则商、宜游则游,促进区域经济与到村到户融合发展。积极探索资金收益扶贫试点,允许贫困农户将量化到户的扶贫资金与小额扶贫"特惠贷"入股市场经营主体,获取资产性收益。该意见要求扶贫资金使用要坚持"资金跟着穷人走,穷人跟着能人走,能人跟着产业走,产业跟着市场走"的原则。

(三)扶贫资金规范监管举措

按照《中央财政专项扶贫资金管理办法》的顶层设计,在扶贫资金管理与监管上,强调各地应当加强资金和项目管理,做到资金到项目、管理到项目、核算到项目、责任到项目,落实绩效管理各项要求,并要求实行公开公示、绩效评价等制度,进一步强化对中央专项扶贫资金的监督管理力度。贵州省出台的《关于改革创新财政专项扶贫资金管理的指导意见》要求各级财政、扶贫部门对资金和项目的管理负有日常监管责任。按照"谁审批谁负责"的原则,项目审批人对所审批的项目资金负有跟踪问效责任;按照"谁使用谁负责"的原则,资金使用人负有依法依规使用资金的直接责任。

贵州省创新监管手段,在贵州"扶贫云"上统一开发、运用扶贫资金管理动态监测系统模块,项目、资金管理信息及时录入、实时监管。通过"扶贫云"及部门门户网站等互联网手段,及时公布扶贫资金管理信息,接受社会监管。进一步加强"村财乡代管村用"、乡(镇)财政报账制和"532"报账比例。针对群众普遍反映的挪用资金等突出问题,找准关键节点和风险点,进行全过程分析,开展全链条检查,在此基础上,优化资金拨付使用流程图,完善报账手续、简化报账程序、提高报账效率。鼓励组建或依托县、乡（镇）财务咨询（监管）机构，通过政府购买服务，对"扶贫资金变股金"进行有效监管。加强各级"扶贫专线"管理，及时解决群众举报、投诉的问题。

在强化绩效管理方面，将日常监管、检查审计、年终考核相结合。日常监管由省扶贫办和省财政厅负责，主要考核工作落实情况；检查审计考核以纪检监察部门通报及审计机关的审计报告为依据，并结合群众反映的突出问题酌情扣分；年终考核可通过政府购买服务方式委托第三方评估。

四 资金使用精准的实施成效

（一）资金整合

2016年4月，国务院办公厅出台《关于支持贫困县开展统筹整合使用财政涉农资金试点的意见》（国办发〔2016〕22号），指出要实行中央统筹、省负总责、市县抓落实的工作机制，改革财政涉农资金管理使用机制，赋予贫困县统筹整合使用财政涉农资金的自主权。从目标来看：通过试点，形成"多个渠道引水、一个龙头放水"的扶贫投入新格局，激发贫困县内生动力，支持贫困县围绕突出问题，以摘帽销号为目标，以脱贫成效为导向，以扶贫规划为引领，以重点扶贫项目为平台，统筹整合使用财政涉农资金，撬动金融资本和社会帮扶资金投入扶贫开发，提高资金使用精准度和效益，确保如期完成脱贫攻坚任务。从原则来看：坚持"渠道不变，充分授权"、"省负总责，强化监督"、"县抓落实，权责匹配"、"精准发力，注重实效"等原则。

2016年7月，为贯彻落实国办发〔2016〕22号文件精神，贵州省人民政府办公厅出台《贵州省人民政府办公厅关于贵州省支持贫困县开展统筹整合使用财政涉农资金试点工作方案的通知》（黔府办发〔2016〕24号）。该文件对整合资金范围、下放项目审批权限、预算执行与绩效考核等配套保障措施等方面作了明确规定。该文件要求，紧紧围绕精准扶贫、精准脱贫基本方略，采取有效措施，优化财政涉农资金供给机制，统筹整合安排财政涉农资金。

同时，该文件强调充分放权、突出县级主体地位，指出"中央、省和市（州）纳入统筹整合的专项资金项目审批权限全部下放到县，允许试点县根据脱贫攻坚规划改变专项资金用途"。该文件还明确划分省、市（州）、县三级主体权责，指出："省级扶贫开发领导小组对试点工作负总责，坚持管总量不管结构、管任务不管项目、管监督不管实施；市（州）做好上下衔接、组织协调、指导督促；试点县作为实施主体，承担资金使用效益和脱贫攻坚成效的主体责任，享有与主体责任相对应的项目审批、资金安排等充分自主权。"在资金使用精准方面，试点县应找准脱贫攻坚的关键节点、薄弱环节和重点领域，瞄准解决建档立卡贫困人口脱贫问题，统筹整合使用财政涉农资金，积极探索提高资金使用效益的有效方式，大胆开展产业扶贫、资产收益扶贫等改革创新试点，突出脱贫实效。

为进一步贯彻落实国务院办公厅《关于支持贫困县开展统筹整合使用财政涉农资金试点的意见》（国办发〔2016〕22号）和《贵州省人民政府办公厅关于贵州省支持贫困县开展统筹整合使用财政涉农资金试点工作方案的通知》（黔府办发〔2016〕24号），贵州省江口县人民政府印发《江口县财政扶贫资金项目先建后补以奖代补实施方案》（江府办发〔2016〕53号），在创新财政扶贫资金和项目管理方式上，为进一步提升财政扶贫资金使用效益，发挥财政扶贫资金的引导和杠杆作用，鼓励项目单位加大项目建设资金投入，探索出"先建后补"和"以奖代补"两种方案。

"先建后补"，即实行财政扶贫资金"后补助"的资金安排方式，项目单位按照项目实施方案批复文件，用自筹资金先行建设项目并在规定期限内完工，经项目实施单位初步验收合格后，对所建项目或建设内容按照扶贫资金补助标准进行补助。"以奖代补"，即实行财政扶贫资金"奖补"的资金安排方式，项目经营主体用自筹资金先行建设的项目，经项目单位实地绩效考评，覆盖贫困户收益面广、收益效果好的项目，根据建设内容编制项目申报书和实施方案报县级立项、批复，经项目单位初步验收合格后，对所建项目内容按照财政扶贫资金补助标准给予奖励补助。

该方案严格按照项目管理的原则，以财政扶贫资金投入为导向，以项目实施单位投入为主体，鼓励项目单位加大项目建设资金投入力度。项目单位需根据项目覆盖贫困群众情况和投资额度择优选项，资金跟着项目走。而财政扶贫资金项目补助总额度以项目实施方案批复文件为准，不得突破，单项补助额度根据项目建设内容的性质分类确定。

该方案的适用对象主要是新型农业经营主体，主要包括农业产业化扶贫龙头企业、农民专业合作社、种养大户、建档立卡贫困户、家庭农场等作为项目实施主体实施的农业产业化种养殖项目、100万元以下小型公益性基础设施建设项目。

该方案对扶贫项目和扶贫资金的管理分别进行了规定。"先建后补、以奖代补"项目按照"资源申报、评审立项、审核审批、自主建设、竣工验收、信息公开"的要求管理。"先建后补、以奖代补"资金按照"先验后拨、乡级报账"的要求管理。

为贯彻落实2017年中央1号文件和国办发〔2016〕22号文件精神，在全面总结2016年整合试点的基础上，财政部、国务院扶贫办印发《关于做好2017年贫困县涉农资金整合试点工作的通知》（财农〔2017〕4号）。该通知要求将试点范围推开到全部832个国家扶贫开发工作重点县和连片特困地区县，要求试点贫困县要依据县级脱贫攻坚规划科学编制资金统筹整合使用方案，着力提高方案编制的合理性和操作性。方案应一年一编，在县级扶贫开发领导小组的统一领导下，实事求是地确定本年度计划整合的资金规模和对应的建设任务，并落实到具体项目上，避免大而化之或设定不切实际的目标。每个具体项目应至少包括实施地点、资金规模、建设任务、进度计划、责任单位等基础信息。

《中央财政专项扶贫资金管理办法》进一步强调了要将中央财政专项扶贫资金项目审批权限下放到县级，强化地方对中央财政专项扶贫资金的管理责任。该办法要求各省要充分发挥中央财政专项扶贫资金的引导作用，以脱贫成效为导向，以脱贫攻坚规划为引领，统筹整合使用相关财政涉农资金，提高资金使用精准度和效益。为贯彻落实统筹整合财政涉农资金，贵州省财政厅、扶贫办印发《关于做好2017年贫困县统筹整合使用财政涉农资金试点工作的通知》（黔财农〔2017〕27号）。该通知要求将2017年贫困县统筹整合使用财政涉农资金试点范围推广到全省66个国家扶贫开发工作重点县和连片特困地区县。要求试点贫困县依据县级脱贫攻坚规划科学编制资金统筹整合使用方案，着力提高方案编制的合理性和操作性，且规定每个具体项目应至少包括实施地点、资金规模、建设任务、进度计划、责任单位等基础信息。该通知按照各类资金在"大类间打通"、"跨类别使用"的标准，要求扶贫资金一律"切块下达"，不制定具体项目或提出与脱贫攻坚无关紧要的任务要求。

但在实地调研中，我们发现扶贫资金整合中仍然存在以下问题和困难。

一是扶贫整合资金分布在农村基础设施、产业扶贫、生态移民搬迁扶贫、教育扶贫和社会帮扶等层面，涉及面广、项目多、布局分散。各部门资金"戴帽"整合，但在项目立项选择、资金投向类别上仍以部门工作职责任务与意图为出发点，存在各部门各自为政现象，对于财政涉农资金整合，部分部门没有按因素法分配，有的项目立项存在"撒胡椒面"现象，扶贫项目资金存在浪费现象，资金整合战略流于形式主义，致使扶贫资金难以发挥应有的效益。因此需对各部门、各类扶贫资金、扶贫项目实施有效整合，将有限的财政扶贫资金与农业、国土、交通、水利、林业等专款中具有相同建设内容的项目资金相互配套、相互补充，这样既可集中资金实施优势项目，充分发挥资金效益，又可以解决缺乏统一规划、"条条"管理、"资"出多门、项目资金量小、扶贫重点不突出、重复建设、难以形成扶贫资金集中使用合力等问题，从而形成"多个龙头蓄水，一个龙头出水"，发挥资金整合规模效应。

二是除省扶贫办资金使用和分配全部直接下放到县扶贫办外，贵州省厅其他相关部门仍然掌握项目和资金决策权，以项目为依托进行资金整合，基层对上级资金的依附性依托在项目之上，资金使用以项目的审批为准，基层不可改变资金使用用途、性质和方向，资金使用灵活性较差，存在资金无法被分配到最需要的项目或项目最需要的环节上。仅以贵州省生态农业扶贫中的猕猴桃产业和中药材产业项目为例，省厅部门财政资金投向的农业项目季节性强，且资金项目更多集中于前期投入（以扩大种植面积为衡量标准，导致前期投入通常主要用于苗木购买和新增亩数的开垦种植），忽视对劳动密集型产业的生态农业在后期维护管理阶段的投入。以项目为中心的扶贫资金使用不精准，导致原本前期收益较低的生态农业产业发展面临融资困难，资金压力过大，威胁生态农业项目的可持续发展。

三是精准扶贫整合资金来源渠道众多，在资金使用管理上存在多头管理、部门障碍等诸多问题，监管难度大，因此难以形成基于脱贫攻坚项目规划的合力，资金整合程序复杂、周期长，延误基层扶贫资金使用和项目实施进度。建议县扶贫系统具有资金分配和项目审批权，省级财政涉农资金的其他部门逐步全面下放资金的管理、使用、分配和监管权限，从而节省管理成本和提升资金使用效益。

四是资金审计权限尚未下放，审计的标准依然按照省级标准，资金使用绩效考核验收通常为一年期，但对于前期投入较大但收益较低的生态农业项目（如核桃、猕猴桃和中药材产业），基层干部反映即使投入大量时间和精力，其资金使用效益因其项目性质本身或生态条件所限依然较低，导致基层干部在使用扶贫资金层面积极主动性不够，重申报轻管理，导致有些扶贫项目没有及时启动或完全搁置、县级扶贫资金长期滞留等现象。

（二）资金分配

要实施精准扶贫，实现对扶贫对象的精确识别、精确帮扶、精确管理，就必须管好用好扶贫资金，扶贫资金使用精准的重要环节之一在于资金分配。目前《中央专项扶贫资金管理办法》规定中央财政专项扶贫资金主要按照因素法进行分配，资金分配的因素主要包括贫困状况、政策任务和脱贫成效等。经过实地调研，我们发现贵州省扶贫资金分配存在的主要问题体现在以下几个方面。

一是资金分配中的"平均主义"问题。单个贫困户缺乏资金承载能力，而带动者缺乏、农村公共性衰落（如"邻帮邻，穷帮穷"传统的丧失）等原因导致农户（尤其是贫困户）间合作困难，客观上促进了扶贫资金在基层的平均分配；基层扶贫主体追求"群众满意度"指标达标的主观意图，也推动了"雨露均沾"分配方式在基层的出现。但在实际执行中，根据因素法，贫困识别以人为单位核准，对以户为单位的项目进行扶持，基层扶贫资金管理部门将上级拨付的扶贫资金以贫困状况为标准，按照贫困户或贫困家庭户籍人口平均分配给贫困村或分散给当地贫困对象，而缺乏对扶贫资金是否能够切实提升贫困户自身发展能力的帮扶制度，导致扶贫资金如撒胡椒面般分配到贫困村或农户家，无法从根本上解决贫困问题，扶贫工作难见成效，贫困地区的经济得不到发展，返贫率居高不下。基层扶贫资金分配倾向于平均主义，没有能够建立并实行相应的按需分配机制，从而制约了扶贫资金在解决贫困问题方面的效力。

二是扶贫资金分配必须准确辨别扶贫对象，确保扶贫资金精准拨付、及时拨付，使有限的资金用到刀刃上。按照扶贫资金使用方案，扶贫资金分配必须要符合政策任务，必须专款专用，只能用于贫困地区和贫困群众，并严格按照财政扶贫资金管理办法及相关法律法规要求运作，对应该实行招投标的建设项目，必须严格按照相关程序操作。但在实际执行中，项目资金分配使用灵活性较差，资金没有被分配到最需要的项目上（扶贫系统是"切块到县"，基层乡镇和村不具备资金分配与项目审批权），有的扶贫项目没有及时启动，造成县级扶贫资金长期滞留。

三是按照因素法，根据资金使用绩效考评和脱贫成效来进行资金分配，在实际执行中同样存在问题和困难，尤其是资金使用绩效考核和脱贫成效验收通常为一年期，对于某些贫困地区适于发展的生态农业项目（比如核桃、猕猴桃、中药材和茶叶等产业），因前期投入时间较长，但几年后尚可收获见效益，即使前期投入大量时间和精力，但其资金使用效益因其项目性质本身或生态条件所限依然较低。同时，调研发现，生态农业项目（以茶产业、中药材产业为例）通常将新增种植面积作为资金使用绩效和脱贫成效考核的标准，仅仅依靠数字化扶贫来实现数字化脱贫，资金分配未涉及后期管护费用（人工费用），使得相关产业扶贫项目后续发展资金压力非常之大，从而导致根据因素法实施的扶贫资金分配可能无法有效促进上述产业的长期健康可持续发展。

四是目前扶贫资金分配从省级到地方大多采用因素法，没有科学的分配依据。在实际操作过程中，资金分配与贫困程度、脱贫任务往往脱节。更为严重的是由于因素法一般与项目结合，项目本身需要走村入户深入贫困户家中，调查核实他们到底需要什么，政府则要解决贫困户所面临的贫困问题，急他们之所需。但在项目制定和审批过程中，往往是泛泛地根据一组数据来制定，而未能真正做到因户制策、因户施策、一村一产业地实施精准扶贫。

（三）资金使用

《中共中央国务院关于打赢脱贫攻坚战的决定》提出要积极探索资产收益扶贫，在不改变用途的情况下，财政专项扶贫资金和其他涉农资金，重点投入设施农业、养殖、光伏、水电、乡村旅游等项目，具备条件的可折股量化给贫困村和贫困户，尤其是丧失劳动能力的贫困户。

贵州省创新金融扶贫模式，放大财政专项扶贫资金使用效益，充发挥财政专项扶贫资金的杠杆撬动作用,建立"四平台一协会"(管理平台、统贷平台、担保平台、公示平台和信用协会),推动小额信用贷款;创设"特惠贷"财政金融产品,由财政资金建立贴息和风险补偿基金,由农村信用社对建档立卡贫困户提供"5万元以下,3年期以内,免除担保抵押、扶贫贴息的小额信用(特惠)贷款",帮助建档立卡贫困农户"换穷业"。

但在实地调研中,我们发现扶贫资金使用精准中存在以下问题与困难:一是"资金跟着项目走,项目跟着穷人走"的扶贫资金使用要求,使基层扶贫主体对资金的态度由原来的"跑"资金转为现在的"躲"资金、"怕"资金。二是贫困户自我发展能力较低,选择、经营项目能力有限,难以独立承接扶贫资金用于产业项目发展。三是自上而下的产业项目选择机制,使得上级规划项目与基层自然条件不适应,导致项目发展失败、扶贫资金被浪费(然而,上级对项目发展低效归因为下级认识不足、推广不力、农户经营管理不善等)。农业产业自身生产周期性与农产品市场变动性存在不同频的风险,直接影响农户种植业经济收益。因此,在"扶产业才是扶根本"的同时,应最大程度上避免因"发展失败"而加深贫困、重返贫困。四是基层扶贫主体畏惧风险、怕担责任,从而将扶贫资金以"撒胡椒面"的形式分散到户,表面上增强了贫困户对基层精准扶贫工作的满意度,但事实上难以帮贫困户搭建起长效发展平台,扶贫没有扶到"根"上。五是"精扶贷"(一种小额贷款形式)存在被浪费、被挥霍的现象。有些贫困户以假意、虚假的项目发展规划,套取精准扶贫"精扶贷"资金(一般是5万元以下、3年期以内),到手后却并非用于产业发展,而另作他用,比如建房、吃喝等(这涉及精准扶贫小额信贷资金发放程序与标准问题,需要建立在对贫困户的发展意愿与发展能力的真实了解基础上)。六是基层畏难情绪明显,在产业发展上缺乏探索创新动力,将扶贫资金大量用于基础设施建设,导致产业发展资金不足。有基层扶贫干部认为,有市场、有发展潜力的产业项目早就被市场选完了,政府能做的就是为这些市场主体做好服务，需要修路的修路，需要送水的送水。贫困户自主发展产业项目不太现实，最好的方式是让贫困户用小额信贷资金、土地等资产入股发展较好的市场主体，利用资产收益的方式实现脱贫。七是严格的资金使用监管在某种程度上限制了资金使用方式的创新空间，对基层创新方式缺乏及时的正向激励与引导，削弱了基层资金使用方式的探索与创新。

贵州省将农村经营体制改革与资产收益扶贫相结合，以农村"三变"改革推动贫困户与村集体通过资产增收。贵州省委、省政府出台《关于在全省开展农村资源变资产资金变股金农民变股东改革试点工作方案》，明确在坚持土地共有性质不改变、耕地红线不突破、农民利益不受损的前提下，开展"资源变股权、资金变股金、农民变股东"改革试点，将农村集体资源性资产和经营性资产作价入股；将财政投入农村的生产发展类、扶持类资金，在不改变使用性质和用途的前提下量化为村集体经济组织或农民的股金；将农民的土地承包经营权、住房财产权以及农资、实物、技术、劳动力等生产要素入股农业产业化龙头企业、农民合作社等新型农业经营主体，促进农业适度规模经营，增强农村集体经济实力，拓展农民增收致富渠道，以有效促进农业增效、农民增收、农村繁荣。"三变"改革对农村扶贫开发的意义重点在于：一是创新扶贫资金使用方式，提升资金使用效益；二是盘活农村土地资源，增加农户土地增收能力；三是产业培育和引进，为贫困户提供就业机会，保障贫困户稳定增收；四是促进农村土地适度规模经营，推动向现代农业转型。

但"三变"改革实施中存在以下问题与风险：一是龙头企业引进和培育的困难，有意愿与贫困户利益联结的企业，往往是市场竞争力较弱的企业；二是对经营主体财务监督难度较大，尤其是获得政府扶贫资金资助的企业主体，规模相对较小，财务信息不够公开、透明，且企业经营者诚信信息系统不完善，贫困户自身风险承担意识和能力较低，无法获得企业经营状态的有效信息；三是土地流转后的使用用途、性质被改变，如转为发展一体化的生态农业和旅游业，部分耕地在土地流转后，未经合法的审批手续，转化为商铺、酒店、度假村等商业用地，但已经被变更土地性质的商业用地无法获得国土资源部的审批，导致投资建造的店面商铺、酒店、度假村等商业设施为非法建筑，无抵押资质，无法从银行获得企业运转所需要的流动资金；四是"公司－村集体－贫困户"间利益联结机制中存在断裂风险；五是在实际运作过程中大部分贫困户实质上只能简单获得贫困资金转为股金后由公司提供的"兜底分红"，无法从根本上提升自身的发展能力。

（四）资金监管

贵州省在扶贫资金监管方式创新方面做了许多有益尝试。《关于改革创新财政专项扶贫资金管理的指导意见》明确指出，要明确监管职责、创新监管手段、强化绩效管理与严肃纪律要求。第一，除了各级财政、扶贫部门对资金和项目的管理负有日常监管责任；还要充分发挥驻村工作队、第一书记、审计、监察、人大、政协、新闻媒体和群众的监督作用，构建行业监督、专门监督与社会监督相结合的全方位监督体系。第二，突出"大数据"对"大扶贫"的服务功能，在"扶贫云"上统一开发、运用扶贫资金管理动态监测系统模板，项目、资金管理信息及时录入、实时监督。第三，通过日常监管、检查审计、年终考核相结合，进行量化评分，客观公正地反映扶贫资金管理使用绩效，并将考评结果作为各级领导干部工作实绩和绩效考核的重要依据。第四，明确要求各级严格执行《预算法》和《财政违法行为处罚处分条例》，依法依规、科学合理地管理使用扶贫资金，严明财经纪律，严格查处违规、违纪、违法行为。第五，成立扶贫资金专户，通过专户上的资金流水账一方面可以监管资金是否到贫困户账上，另一方面也可监管项目实施进度情况。

资金监管存在以下问题和困难：一是资金监督管理机制不健全。由于基层政府管理部门自身资金不足，基础设施建设、扶贫项目等投入都依赖于上级财力，部分单位想方设法争取项目，取得资金。一旦获得项目资金，就挤占、挪用资金来弥补其他经费，导致项目资金使用出现问题。因此，扶贫资金要做到专款专用，完善资金调配制度，做到扶贫资金精准到户。二是，加强了对基层干部对涉农资金项目的管理，使得挪用资金问题大为减少，但基层延迟启动项目或不使用项目资金，造成资金闲置、搁置，以及资金浪费现象。三是，尽管加强了对基层干部对涉农资金项目的管理，但资金管理使用中违法违纪问题时有发生，对此，我们建议对各县扶贫资金滞留、闲置情况进行摸底，严格审批监管，积极探索引入第三方评价机制。

五 小结与讨论

资金使用精准，需改革扶贫资金管理体制，并进一步加强资金的整合力度。要满足千差万别的扶贫到户的需要，就必须给予对贫困户情况更了解的地方政府在资金使用上更多的自主权。比如，扶贫资金的管理应该进一步下放到县级政府，扶贫项目和扶贫方式由县乡政府根据实际情况自主确定。中央和省级政府负责监督、检查、考核和评估，重点放在扶贫的实际效果和资金是否滥用等方面。根据国务院扶贫办的统计，目前已有80%的专项扶贫资金管理权下放到县一级，但其他行业部门的资金管理方式变化不大，只有进一步下放资金管理权，才可能做到扶贫资金的基层整合，提高资金使用的针对性和效果。

财政专项扶贫资金是国家财政专门安排用于贫困地区改善贫困群众基本生产生活条件、提高贫困农民收入水平、增强自我发展能力、加快贫困地区经济和社会全面发展、促进消除农村贫困现象的专项资金。在管理与使用实践中，要强调扶贫资金使用精准，要实事求是，因地制宜，要切实做到资金有效整合，合理分配，精准使用和动态监管，从而确保扶贫资金真正落到实处，使得贫困村、贫困户和贫困人口获得切实收益。

第五章 措施到户精准

扶贫、脱贫的措施和工作一定要精准，要因户施策、因人施策，扶到点上、扶到根上，不能大而化之。

——习近平

一 扶贫政策落地问题

从我国扶贫开发的发展历程来看，扶贫单位逐步缩小、精细，从贫困县、革命老区、连片特困地区，到贫困村，再到贫困户，瞄准对象从贫困区域逐渐向贫困个体转变。从我国扶贫开发的实施方式和政策工具来看，以经济发展促进和带动扶贫脱贫日益弱化，经济发展的"涓流效应"的政策机制退居其次，而以贫困人口为中心、以贫困村和贫困县为关照的更直接的专项扶持政策成为常规性的手段和工具。从更细微的角度来说，从"输血式"扶贫转向"造血式"扶贫，从"大水漫灌式"扶贫迈入"精准滴灌式"扶贫，构建以贫困人口为主位、以需求为导向的政策框架，是当前和今后扶贫脱贫的基本走向和路径。

在政策执行的视角下，扶贫政策、措施、资金、项目等如何有效及时地进入贫困地区、到达贫困人口，建立畅通、高效的扶贫受益机制，是衡量扶贫工作成效高低的核心标尺之一。在精准扶贫的政策框架和话语下，扶贫政策、措施、资金、项目等是否以及在多大程度上精准瞄准并受惠于贫困群体，将成为脱贫攻坚进程中最核心、基本的政策目标。当然，在政策的具体实践层面，由于政策执行链条过长、相关利益主体的约束机制不健全以及缺乏贫困人口的公共参与和政策反馈等因素，扶贫政策"悬浮"于中上层，抑或为现有的治理体系所消解而出现象征性执行、选择性执行、替换性执行、观望性执行、规避性执行等政策异化与变通；基于政策设计不合理或监管体系缺失、不完备乃至失效，扶贫资金、项目等资源为政治社会精英所"俘获"，"漏出"现象显现；鉴于贫困瞄准机制与扶贫资源配置体系等层面的困境和难题，各项具体扶贫政策实践中的"扶富不扶穷"、"搬富不搬穷"、对贫困人口的"门槛效应"等现象屡见不鲜，所有这些都将成为"措施到户精准"这一精准扶贫的关键环节中所面临的主要挑战。在扶贫资源配置过程中，除了扶贫资金被挤占挪用等违法违规现象之外，最主要的难题和困境就是扶贫政策落地问题，也就是扶贫资源能否以及在多大程度上瞄准并到达贫困户的问题。汪三贵研究发现，1993 年，财政拨付扶贫资金 55.4 亿元，占国内总扶贫资金的 1/2，然而财政拨款的 75.2% 用在贫困县财政补贴以维持行政事业费开支和人员工资，即将近 1/3 的总扶贫资金没有直接到达贫困户、增加农户收入或提升农户的生产能力。① 扶贫项目在具体实施中存在资金配套要求和技术要求，这就易于排斥穷人受益而鼓励富人参与，造成扶贫资源在目标群体瞄准上的偏离。李小云等通过对到村扶贫项目的受益群体分布进行统计分析，发现扶贫项目对贫困群体的覆盖率只有 16%，而对中等户与富裕户的覆盖率分别为 51% 和 33%，扶贫资源的贫困瞄准率较低。② 杨浩、汪三贵研究发现，精准扶贫除了会存在"精英俘获"之外，也有可能出现"大众俘获"。通过对 29 个建档立卡贫困村脱贫帮扶情况进行数据分析，杨浩、汪三贵发现，脱贫帮扶偏误率均在 70% 以上，其主要原因是帮扶资源流向了非贫困户。③

---

① 汪三贵：《扶贫投资效率的提高需要制度创新》，《农业经济问题》1997 年第 10 期。
② 李小云、唐丽霞、张雪梅：《我国财政扶贫资金投入机制分析》，《农业经济问题》2007 年第 10 期。
③ 杨浩、汪三贵：《"大众俘获"视角下贫困地区脱贫帮扶精准度研究》，《农村经济》2016 年第 7 期。

在这一意义上,"措施到户精准"这项政策体系的提出,意味着我们应当从政策过程和公共治理的双重视角来看待贫困问题、探寻贫困的应对之道并构建贫困的解释路径,很大程度上也因应了贫困政策运行过程的纵横贯通性、主客体互动性、制定—执行—评估联动性以及贫困治理的复杂性、艰巨性、变动性、持久性。作为"六个精准"之一,"措施到户精准"的基本政策意涵在于,鉴于贫困人口致贫因素的多样性、复杂性、动态性,针对贫困人口的扶持政策和措施也应具有差别化、类型化、变动性,因村因户因人施策,即根据不同农户的致贫原因,采取不同的扶贫措施,根据农户不同的贫困程度和深度,实行不同的扶持策略。

本章以精准扶贫精准脱贫"六个精准"中的"措施到户精准"为研究主题,运用公共政策学的政策过程理论资源和分析视角,以各级党政部门的政策体系、具体措施和实际行动为分析线索,结合重庆等地的实践,探讨"措施到户精准"的政策起源、顶层设计、转化与落实、实施效果与存在问题,并提出若干理论思考与政策建议。

二 措施到户精准的顶层设计

本研究所探讨的精准扶贫政策体系中的"六个精准"实质上是精准扶贫战略提出并不断深化后在政策执行层面的体现,属于精准扶贫精准脱贫的基本要求与主要途径范畴。与改革开放以来中国公共政策的一般性形成机理相一致,精准扶贫及其操作化的政策措施——"六个精准"基本上都是对基层扶贫脱贫实践中带有普适性、代表性的创新性做法和经验进行提炼并概念化、系统化,进而提升到整体层次和国家层面。

其实,从政策起因和渊源上看,"六个精准"尤其是"措施到户精准"在广东省于2009年开始实施的"规划到户、责任到人"扶贫开发"双到"模式中已初见端倪,堪称精准扶贫的先行探索。2009年6月22日,在前期实地调研、政策论证和决策讨论的基础上,广东省委省政府联合印发了《关于我省扶贫开发"规划到户责任到人"工作的实施意见》，并于25日召开了全省扶贫开发"规划到户、责任到人"工作会议，正式启动实施扶贫开发"双到"工作。该项扶贫探索提出，在3年时间内，对全省3407个贫困村36.7万户158.6万贫困人口通过实施扶贫开发"双到"责任制，实施"靶向疗法"，采取"一村一策、一户一法"等综合扶贫措施，确保被帮扶的贫困人口实现稳定脱贫，80%以上被帮扶的贫困人口年人均纯收入达到2500元以上，被帮扶的贫困村基本改变落后面貌。在"措施到户精准"的研究视阈下，广东省扶贫开发"双到"模式在实现扶贫措施精准到村到户到人方面主要有以下做法：①在瞄准贫困对象上，通过工作重心下移和管理技术创新，有效解决了"扶持谁"的问题，提升了贫困对象识别的精准度和高效性。各帮扶单位干部和村干部一起进村入户调查摸底，充分了解和掌握贫困村、贫困户致贫原因和脱贫愿望，对贫困户和贫困人口建立信息化管理档案和帮扶工作档案，即实行村内公示、登记造册、建档立卡、分类录入、电脑动态管理，实现了户有卡、村有表、镇有簿、县有网、省市有数据库。省、市、县（市、区）和乡镇可以实时联网到村，查阅每个贫困村、每户贫困户的基本情况和帮扶进展。②在明确帮扶责任上，通过对口帮扶、挂点帮扶、驻村帮扶等方式，有效解决了"谁来扶"的问题，强化了帮扶单位、工作队和干部的责任意识。在第一轮扶贫"双到"工作中，珠三角7个市与11个经济欠发达地区实施对口帮扶，省直单位、中直驻粤单位与贫困村挂点帮扶，粤东西北14个市及下属单位与本地贫困户直接帮扶，11524名干部组成3541个扶贫工作组下乡扶贫，全省贫困村全部实现定点对接。2013年第二轮扶贫"双到"工作启动时，3765名干部进驻2571个重点帮扶村。各帮扶市还派出了驻市、驻县工作队，对口协调帮扶工作。在被列入扶贫"双到"工作的贫困村里，均立着一块公示牌，上面写着对口帮扶单位的每一位干部需要帮扶的每一户贫困户户主姓名。广东省委组织部还牵头制定了一系列驻村干部管理制度，严格落实驻村干部选派、管理和作用制度，鼓励和选派优秀年轻干部驻村。③在扶持措施落实上,通过工作思路调整和扶贫方式创新,有效解决了"怎么扶"的问题,激发了贫困人口的自我发展动力和农村发展活力。因地制宜,分类指导,根据贫困村的资源禀赋和贫困户的致贫原因,实行"一村一策、一户一法",逐村制定规划和年度计划,逐户制定有针对性的帮扶措施,着力解决贫困村、贫困户脱贫中的突出问题。同时,实施整村推进扶贫开发,综合运用产业扶贫、教育扶贫、金融扶贫等"造血式"扶贫方式,改善贫困地区的生产生活条件,增强农村发展内生动力和活力。①

在2013年底"精准扶贫精准脱贫"基本方略正式提出以后,各地开始在精准扶贫精准脱贫的政策操作与实践上进行试点、示范与探索,中央和国家高层也对地方和基层的实践开展调研、总结与提炼,并逐步将精准扶贫的实施环节和要点具体化、操作化、体系化。扶贫脱贫工作是当前执政党和政府部门的中心工作,习近平总书记针对精准扶贫精准脱贫的重要讲话和指示为精准扶贫精准脱贫政策体系的顶层设计指明了方向,作出了总体规划。为此,我们应当首先对这些重要表述进行系统梳理,理清发展脉络,归纳核心观点。2013年11月,习近平在湘西考察时指出,"贫困地区要从实际出发,因地制宜,把种什么、养什么、从哪里增收想明白,帮助乡亲们寻找脱贫致富的好路子"。2015年1月,习近平总书记在云南考察时指出,"要以更加明确的目标、更加有力的举措、更加有效的行动,深入实施精准扶贫、精准脱贫,项目安排和资金使用都要提高精准度,扶到点上、根上,让贫困群众真正得到实惠"。② 2015年6月,习近平总书记在贵州考察期间明确提出了"六个

---

① 《以清晰的问责制度推动扶贫工作——广东省扶贫开发"双到"模式案例报告》,载于国务院扶贫办编《中国社会扶贫创新行动优秀案例集》,中共中央党校出版社,2013,第62—79页;唐园结:《"精准扶贫"的广东先行探索》,《农民日报》2014年6月25日,第1版。

② 《习近平在云南考察工作时强调:坚决打好扶贫开发攻坚战 加快民族地区经济社会发展》,《人民日报》2015年1月22日,第1版。

精准"的要求,即"扶持对象要精准、项目安排要精准、资金使用要精准、措施到位要精准、因村派人要精准、脱贫成效要精准"。① 2015年10月召开的十八届五中全会对"十三五"脱贫攻坚作出了明确部署,厘清了"六个精准"与脱贫攻坚政策体系中的"一个目标"、"两个确保"、"五个一批"、"四个问题"等核心内容之间的关系,并将"六个精准"的内涵最终界定为"扶持对象精准、项目安排精准、资金使用精准、措施到户精准、因村派人精准、脱贫成效精准"。在2015年中央扶贫开发工作会议上,习近平总书记强调,要解决好"扶持谁"的问题,确保把真正的贫困人口弄清楚,把贫困人口、贫困程度、致贫原因等搞清楚,以便做到因户施策、因人施策。2016年2月,习近平总书记春节前夕在江西看望慰问干部群众时指出,"扶贫、脱贫的措施和工作一定要精准,要因户施策、因人施策,扶到点上、扶到根上,不能大而化之"。②

由于措施到户精准等"六个精准"与其他专门性的政策体系不同,一般是作为工作原则和政策要求等层面来进行论述的,所以在中央和国家层次的政策文本中往往篇幅不大。我们在此着重对党的十八大以来有关精准扶贫精准脱贫的重要政策文本中涉及措施到户精准的表述进行梳理。2014年1月,中共中央办公厅、国务院办公厅印发《关于创新机制扎实推进农村扶贫开发工作的意见》(中办发〔2013〕25号),要求建立精准扶贫工作机制,并提出"专项扶贫措施要与贫困识别结果相衔接,深入分析致贫原因,逐村逐户制定帮扶措施,集中力量予以扶持,切实做到扶真贫、真扶贫,确保在规定时间内达到稳定脱贫目标"③。2014年5月12日,国务院扶贫办印发《建立精准扶贫工作机制

---

① 邹一南:《贯彻六个精准提高脱贫成效》,新华网,http://news.xinhuanet.com/comments/2016-10/11/c_1119696774.htm,2016年10月11日。
② 曹艳春:《四个"精准"是落实习近平扶贫思想的重要法宝》,光明网,http://theory.gmw.cn/2016-02/06/content_18816499.htm,2016年2月6日。
③ 《关于创新机制扎实推进农村扶贫开发工作的意见》,《老区建设》2014年第1期。

实施方案》（国开办发〔2014〕30号），在目标任务一节中指出，"通过对贫困户和贫困村精准识别、精准帮扶、精准管理和精准考核，引导各类扶贫资源优化配置，实现扶贫到村到户，逐步构建精准扶贫工作长效机制，为科学扶贫奠定坚实基础"，"精准帮扶是指对识别出来的贫困户和贫困村，深入分析致贫原因，落实帮扶责任人，逐村逐户制定帮扶计划，集中力量予以扶持"。① 2015年11月29日，中共中央、国务院联合下发《关于打赢脱贫攻坚战的决定》，在"健全精准扶贫工作机制"中指出，"根据致贫原因和脱贫需求，对贫困人口实行分类扶持"。② 2016年11月23日，国务院印发《"十三五"脱贫攻坚规划》（国发〔2016〕64号），要求"坚持以'六个精准'统领贫困地区脱贫攻坚工作，精确瞄准、因地制宜、分类施策，大力实施扶贫脱贫工程，变'大水漫灌'为'精准滴灌'，做到真扶贫、扶真贫、真脱贫"，"健全精准施策机制，切实做到项目安排精准、资金使用精准、措施到户精准"。③

总而言之，措施到户精准的顶层设计主要有以下几个核心要点。

第一，摸准贫困户的现实境况和脱贫需求。措施到户精准与扶持对象精准是环环相扣的，需建立在精准识别贫困对象的基础上，而且要与贫困识别结果有机衔接。措施到户精准的首要前提或工作事项就是在贫困识别过程中深入调查与切实明确贫困户的致贫原因、贫困深度和程度、脱贫需求以及贫困村的贫困人口、资源禀赋、扶贫需求等关键信息，对贫困户和贫困村进行优劣势分析，为帮扶措施的制定提供技术支撑和信息资源。

---

① 《关于印发〈建立精准扶贫工作机制实施方案〉的通知》，国务院扶贫开发领导小组办公室，http://www.cpad.gov.cn/art/2014/5/26/art_50_23765.html，2014年5月26日。
② 《中共中央国务院关于打赢脱贫攻坚战的决定》，《中华人民共和国国务院公报》2015年第35期。
③ 《国务院关于印发"十三五"脱贫攻坚规划的通知》，《中华人民共和国国务院公报》2016年第35期。

第二,创新扶贫脱贫方式,实行类型化、差别化的贫困治理。一是改变以前粗放式的"撒胡椒面式"、"高射炮打蚊子式"、"大水漫灌式"的扶贫方式,实行更科学、合理的"精准滴灌式"的精准脱贫方式,杜绝一刀切和平均用力等现象。二是立足于上述贫困分析,制定出有针对性、差异性的帮扶计划和措施,实现因村因户因人施策,将措施到户精准与"五个一批"等扶贫脱贫行动有机结合起来。

第三,构建精准扶贫精准脱贫工作长效机制,实现可持续减贫。精准扶贫精准脱贫关键还在于建立一套兼顾短期目标与长远计划,贯穿历史、现实与未来的长效机制。这套机制应具有较强的前瞻性和导向性,不依帮扶责任人的调整而变化,不依基层组织负责人的换届而变化,从而有利于实现贫困人口和贫困地区的可持续减贫与发展。

三 措施到户精准的转化与落实

我们着重以重庆市的具体实践和代表性做法来解读与分析措施到户精准的政策实践过程与机制,考察措施到户精准是如何从中央和国家层面的顶层设计转化和落实到各级地方治理层级的。

对于重庆市来说,直辖市层面首先对国家宏观的顶层设计进行了政策细化和操作化,以利于措施到户精准从政策设计层面进入政策执行和实施层面。2014年3月12日,中共重庆市委、重庆市政府印发《关于集中力量开展精准脱贫的实施意见》(渝委发〔2014〕9号),要求"制定完善农村扶贫对象精准识别办法,对贫困村、贫困户建档立卡,逐村逐户制定帮扶措施"。2015年4月27日,重庆市扶贫开发办公室印发《关于实施到村到户精准扶贫的意见》(渝扶办发〔2015〕58号),指出了到村到户精准扶贫的实施对象和内容,从全面覆盖政策、分轮覆盖政策、特殊覆盖政策三个层面构建了到村到户精准扶贫的政策体系。其中,全面覆盖政策有5项,分别为人身意外保险、农房保险、大病医疗补充保险、节日慰问、社会帮扶;分轮覆盖政策有5项,分别为产业发展补贴、支持高山生态扶贫搬迁、支持开展农产品和乡村旅游产品网上销售、支持基础设施建设、支持建档立卡贫困户接受高等和职业教育；特殊覆盖政策有5项，分别为开展扶贫培训、开展人才培养、实施贫困大学生救助、支持小额贷款、实施贷款贴息。

以这项中观层面的政策体系为指引，以武陵山区、秦巴山区为中心，各县（市、区）探索出了一些具有普适性、推广性的机制，主要有：①规划到户，以户为单位建立制度体系，包括规划体系、政策体系和考核体系；②补贴到户，以户为单位实行差异化扶持，包括对贫困户的专项政策和对贫困户进行重点倾斜政策两大类；③股份到户，以户为单位组建农民股份合作社；④金融到户，以户为对象实施小额信贷扶贫，主要有互助资金到户、小额信贷贴息到户和针对贫困地区农户的小额信贷扶贫试点；⑤产业到户，以户为单位发展特色产业，探索建立了"政府主导、企业主体、农民主角、科技支撑、金融支持"的发展模式；⑥搬迁到户，以户为单位实施高山生态扶贫搬迁，探索了"农企联建"模式；⑦培训到户，以户为对象开展人力资源培训，支持贫困农户参加农村实用技术培训、外出务工技能培训、扶贫创业培训以及支持贫困户子女就读中职、高职和普通大学；⑧合作到户，以户为单位探索"三专两合作"模式，即把兼业农户培养成"专业户"、贫困村建设成"专业村"，组建"专业合作社"，合作社与资金互助社和企业进行合作；⑨营销到户，以户为单位开展市场对接；⑩建设到户，以户为单位建设小型基础设施；⑪帮扶到户，以户为单元开展社会帮扶活动，即建立党员干部、社会爱心人士与贫困户"一对一"结对帮扶机制。①

在具体实践层面，各县（市、区）根据自身的贫困状况、资源禀赋、工作重心等开展了一系列具有较强创新性的行动。丰都县、黔江

---

① 重庆市扶贫办产业处：《重庆市积极创新到户到人扶贫的模式》，http://www.cqfp.gov.cn/contents/120/46895.html，2013年8月5日；李继安：《加大扶贫"到人到户"力度 推进贫困人口脱贫进程——重庆市开县扶贫实证考察》，《重庆行政（公共论坛）》2014年第5期。

区、武隆县根据贫困人口的不同致贫原因实施因户施策、因人而定、"一对一"的脱贫规划、增收措施和帮扶机制。①其中，丰都县的实际举措有：①针对因学致贫户，建立从学前教育到高等教育的教育资助政策体系；②针对因病致贫户，全面实行"三专三免"、每人一份家庭医生签约服务；③针对就业困难致贫户，创新实施"劳务转移一批、创业带动一批、政策安置一批"就业创业精准脱贫工作；④针对住房困难户，免费为贫困户提供住房商业保险、农村住房保险；⑤针对缺资金贫困户，建立"政府＋银行＋担保＋保险"互联融合发展模式，针对不同扶持需求的贫困户分别推出"住房贷"、"助学贷"、"产业贷"，落实小额信贷，建立村级扶贫互助协会。

黔江区、丰都县还在高山生态扶贫搬迁方面进行了一些创新性探索。②如黔江区探索了四个层面的政策举措：①统筹搬迁对象，确保贫困人口"愿意搬、搬得准"。精准锁定搬迁对象，即居住在深山峡谷、边远高寒、环境恶劣地区以及其他生活艰难地区的农户；重点搬迁贫困人口，即居住在边远高寒山区的农村建档立卡贫困户、低保户和D级危房户；重点对25个生存条件恶劣、生态环境脆弱地区的贫困村组实施整体搬迁；重点对有意愿却没有搬迁能力的深度贫困户实行"兜底搬迁"。②统筹规划安置，确保贫困群众"搬得出、搬得动"。对搬迁集中安置点统一规划设计、统一材料采购、统一施工监管、统一竣工验收、统一后续管理的"五统一"建设；根据搬迁对象的收入和安置条件的不同，制定重点向贫困户倾斜的差异化建房补助政策；围绕基础设施"六通六有"和公共服务"六个配套"要求，统筹实施集中安置点

---

① 《丰都县扶贫坚持因户施策分类扶持》，http://www.cqfp.gov.cn/contents/1322/98569.html，2017年2月24日；《重庆市黔江区扶贫政策到户到人有新成效》，http://www.agri.cn/V20/zx/qgxxlb_1/cq/201607/t20160729_5222151.htm，2016年7月29日；重庆市扶贫办：《武隆县精准发力推动脱贫攻坚》，《重庆扶贫专报》2016年第23期。

② 重庆市扶贫办：《重庆黔江区"四个统筹"推进高山生态扶贫搬迁》，《重庆扶贫专报》2016年第48期；重庆市扶贫办：《重庆丰都："456"科学推进高山生态扶贫搬迁》，《重庆扶贫专报》2016年第54期。

道路、供水管网、供电线路等基础设施建设。③统筹产业发展,确保搬迁群众"稳得住、能致富"。推动人口下山,鼓励居民自主创业。靠近城镇鼓励经商,靠近园区鼓励务工,靠近景区鼓励发展乡村旅游,靠近集镇鼓励发展现代农业;拉动产业上山,以产业化、规模化、公司化运作方式构建畜牧养殖基地、瓜果蔬菜种植基地、中草药种植基地;吸引游客进山,发展文化、民俗、生态特色旅游及休闲农业;带动产品出山,通过举办农产品展销会、组织龙头企业和农民合作社走出去、发展农超对接和配送直销、网上销售等多种渠道,帮助农民销售农产品,发展农产品产地加工、地方特色产品加工和商贸流通。④统筹工作力量,确保搬迁工作"搬得顺、搬得稳"。建立组织保障机制,落实区、乡镇(街道)、村(社区)三级工作责任,形成"区级统筹、部门负责、乡抓落实、任务到村、搬迁到人"的组织保障体系;建立结对帮扶机制,帮扶集团、驻村工作队结对帮扶贫困村,每名区级领导、每个区级部门和重点企业分别帮扶搬迁1户和1—2户兜底搬迁深度贫困户;建立限时完成机制,控制进场施工、基础完工、主体完工、搬迁入住等环节,锁定时间节点;建立督查考核机制,出台高山生态扶贫搬迁工作考核办法,将高山生态扶贫搬迁工作列入乡镇街道和部门年度综合目标考核,以月通报、季督查、年考核的方式进行定期督查通报。

针对因病致贫返贫等难题,巫山县、彭水县通过帮扶部门捐资救助和医务工作者义务诊疗,实施免费治疗,推行精准医疗健康扶贫。① 巫山县的政策亮点主要是"五个全覆盖"工程:①村卫生室全覆盖。2016年新建101个标准化贫困村卫生室,实现贫困村标准化卫生室全覆盖,同步配备健康一体机等基本医疗设备,配齐配强乡村医生。②体检筛查全覆盖。组织医疗救治专家组、乡镇医务人员和乡村医生对15517名建档立卡患者进行信息采集、常规体检和疾病筛查。③巡回

---

① 重庆市扶贫办:《重庆市巫山县实施精准医疗扶贫化解因病致贫难题》,《重庆扶贫专报》2016年第47期;重庆市扶贫办:《重庆彭水:"出良方"破解贫困户因病致贫返贫难题》,《重庆扶贫专报》2016年第32期。

义诊全覆盖。组织医疗专家进驻120个贫困村开展巡回义诊23085次，发放宣传袋7000个、宣传资料2.1万份。④签约服务全覆盖。乡村医生签约建档立卡贫困户4509户，制定医疗救助"一帮一"规程，负责健康指导、治疗联系、跟踪随访。⑤药品发放全覆盖。免费提供饮用水消毒片、肠道杀虫剂、常用非处方药品和避孕药具等。

四 措施到户精准的实施效果与挑战

从实际成效来看，在精准扶贫到村上，针对基础设施建设滞后、发展要素匮乏、产业培育薄弱等不同类型的贫困村，分类推进交通、水利、文化、金融、科技、环境改善、电商、乡村旅游、就业培训、村企结对等十大行业精准扶贫行动。2015年至2017年5月，完成村通畅工程1.7万公里，实现行政村通畅率100%；完成山坪塘整理4.25万口，受益贫困人口近56万；完成村级基层综合文化服务中心示范点建设188个；在贫困区县建成国家农业特色科技园区7个，为贫困村全覆盖派驻科技特派员；强化脱贫攻坚用地保障，每年为每个贫困区县新增建设用地600亩；实施特色村镇保护和发展项目94个，农村环境连片整治350个村，建设美丽宜居村庄100个，完成贫困户危房改造2.83万户。

在精准扶贫到户上，针对贫困群众不同致贫原因，因户实施产业带动、搬迁安置、转移就业、教育资助、医疗救助、低保保障"六个一批"精准帮扶措施。2015年至2017年5月，安排现代特色效益农业资金19.1亿元，推动七大特色产业链向贫困地区延伸，在贫困村实施林果药桑菜鸡牛羊兔蜂和电商、乡村旅游"10+2"特色扶贫产业，累计建成乡村旅游扶贫村201个、建立"网上村庄"电商扶贫服务站91个、培育市级以上龙头企业422家、发展农民专业合作社6721个，覆盖带动贫困人口62.7万人；围绕国家下达的3年搬迁25万贫困人口计划，建立财政资金、专项资金、地方债、政策性贷款、群众自筹"五位一体"搬迁融资模式,按每人6万元的搬迁资金需求,筹集资金150亿元,分年度下发到区县,目前已完成贫困人口搬迁安置15.39万人;借助市级扶贫集团、区县对口帮扶、东西扶贫协作等平台,建立劳务对接机制,累计培训贫困人口21.9万人,实现贫困人口转移就业18.7万人,针对贫困人口开发公益新岗位3.3万个;健全完善从学前教育到高等教育全覆盖资助政策,统筹实施贫困大学生"雨露计划",资助贫困学生38万人次;完善贫困人口城乡居民合作医疗、大病医疗保险、补充商业保险、大病医疗救助相衔接的医疗救助体系,投入市级医疗救助资金2.3亿元,为贫困群众提供医疗帮扶59万余人次;落实低保标准与扶贫标准"两线合一",建立与经济社会发展和居民收入相适应的增长机制,按照"就高不就低"原则,将农村居民低保标准提高至每人3600元/年,对符合条件的20.7万名贫困人口纳入低保保障。

当然,在措施到户精准的实施过程中,也面临诸多困境和挑战,归纳起来主要有以下几点。

1. 对帮扶措施中整体性与个体性之间的区分和衔接关照不够

对于贫困户而言,其致贫因素既有区域性、整体性的,如地理区位偏僻、自然资源匮乏、基础设施落后、公共服务滞后等,也有个体性、家庭性的,如因病因学因灾及其他个体或家庭层面的因素。同时,贫困不是一维的,而是多维的,贫困往往是多重因素叠加和共同作用的结果。因此,在制定帮扶措施时就应充分考量贫困的多维性和贫困户致贫因素的复杂性。然而,不少地方鉴于脱贫攻坚时间紧、任务重等境况,没有充分认识到贫困户的差异性和个体性,没有对每个贫困户进行分门别类的分析,并据此制定相应的帮扶措施;同时,没有有效关照整体性的帮扶措施与个体性的帮扶措施之间的衔接,而是沿袭整村推进、整乡推进的脱贫思路甚至构建更大范围内的区域性脱贫政策体系,通过区域脱贫带动个体脱贫,通过解决区域性整体贫困缓解个体和家庭贫困。

2. 致贫原因和贫困状况与帮扶措施之间的衔接不够

各地帮扶措施一般有两种类型：一类是普适性的政策措施，对贫困人口具有普惠性，往往采用覆盖所有贫困户的实施方式；另一类是针对不同贫困户的致贫原因和贫困状况实施不同的特殊性措施。尽管很多地方在政策文本上基本上都会对帮扶措施作出类型化、差别化处理，但是在实际操作层面往往会考虑政策实施成本、风险和绩效，因户因人施策的执行力度和效果会大打折扣。对于因病因学因灾致贫的贫困户来说，采取相应的医疗、教育和救灾或社保帮扶措施，实施起来较为简便，效果也较好。不过，对于缺技术、缺劳力、缺生产资料、自身发展动力不足的贫困户而言，很多地方可能就没有采取有针对性、个别化的帮扶方案和措施，而是实行统一的产业脱贫项目、乡村旅游项目等。

3. 贫困户的脱贫需求表达不够，参与帮扶措施制定过程不足

尽管在精准扶贫精准脱贫的导向下帮扶措施本身的到户情况有所改观，但是在帮扶措施的制定过程中贫困户的需求表达和公共参与不够充分，帮扶措施基本上都是在基层政府的主导下自上而下制定和实施的，即使在村庄层面，贫困户的话语权和实际需求也没有得到有效重视，基本上处于被动接受的状态，其有限度的参与往往也是在村干部的动员下的非自主性参与，而且带有明显的形式化和仪式化色彩。这一方面对帮扶措施的针对性、实效性构成不利影响，另一方面也不利于调动贫困人口的主体性和自主性，不利于激发贫困人口的内生动力。

五 小结与讨论

在本章，我们着重对"六个精准"中的"措施到户精准"这一政策体系进行了梳理、解读与分析，并结合重庆等地的政策实践实证考察了"措施到户精准"是如何从高层的顶层设计逐步进入地方和基层的实践过程中，如何进村入户对贫困人口的日常生活形成较明显的影响和支

持,从而实现精准扶贫精准脱贫政策体系的"落地"和"在地化"。

改革以来,由于我国扶贫开发战略与政策体系基本上是以开发式扶贫为主,并以贫困地区、贫困县、贫困村为扶持对象,贫困农民本身反而不是扶贫的直接对象。尽管扶贫脱贫政策关照对象逐渐从贫困县和连片特困地区不断缩小为贫困村乃至贫困户和贫困人口,但是从扶贫脱贫政策的顶层设计以及扶贫脱贫项目安排、资金使用、措施落实等资源配置来看,扶贫脱贫政策运行过程仍然以执行链条的中间层为中心,扶贫脱贫绩效很大程度上也为较长的政策执行链条所消解或弱化。对于贫困村尤其是贫困户和贫困人口等扶贫脱贫政策的终端主体而言,鉴于扶贫脱贫政策网络和过程中的某些体制性障碍与机制性欠缺,往往被"客位化"抑或对政策形成、执行、评估、反馈等诸多环节缺乏有效的话语权和影响力,从而导致扶贫脱贫政策在实施过程中出现诸多难题和困境。在学术研究层面,基于贫困、扶贫脱贫研究领域具有较强的政策性和实践性,较多地受制于政策本身的问题指向和实践导向,研究者们也往往倾向于将贫困地区尤其是贫困县和贫困村作为研究中心,并将其作为实证研究、政策分析和学理解释的基本单位与对象,贫困农民本身反而不是关注的中心。在当前精准扶贫的政策和话语体系下,亟须对以前的政策取向和研究取向作出调整。在政策取向上,应更加突出人的要素,更加重视贫困农民的主体地位,充分发掘贫困农民的主观能动性[①],将贫困农民作为扶贫脱贫政策形成的基本信息源和意志主体,作为扶贫脱贫政策执行的关键环节,作为扶贫脱贫政策评估和反馈的核心变量。而在研究取向上,应将贫困人口重新拉回学术研究的中心,更深入广泛地发掘贫困农民的主观能动性,高度关注贫困农民的流动性,紧紧围绕贫困农民社会群体的生存发展现状与需求等核心问题探寻扶贫脱贫政策体系并开展实地调研和学理解释。

---

① 李海金、罗忆源:《连片特困地区扶贫开发的战略创新——以武陵山区为例》,《中州学刊》2015年第12期。

结合前文的实证调查、政策分析和反思，我们就措施到户精准的政策完善做一些讨论。

1. 帮扶措施应兼顾共性与个性并保持一定的政策张力

贫困户的致贫原因是多样的、复杂的，帮扶措施自然也应注重综合性、系统性，兼顾惠及所有贫困户的共性措施与瞄准部分贫困户的个性措施，使脱贫政策和帮扶措施保持一定程度的灵活性。在帮扶措施的制定过程中兼顾共性与个性，保持帮扶措施一定程度的灵活性。在操作层面，应根据贫困发生率、贫困人口数量、贫困人口分布和致贫原因等状况提升帮扶措施的精准度。对于贫困发生率较低、贫困人口零散分布、自然地理条件较好的地区，应切实实施措施到户，一村一策、一户一策制定帮扶措施。对于贫困状况严重、贫困人口集中连片分布、自然地理条件恶劣的地区，应在找准贫困户致贫的个性和共性原因的基础上，集中力量实施片区脱贫，着力建立脱贫产业的支撑体系，改善阻碍区域发展的生产生活条件。

2. 进一步提升贫困户的致贫原因、脱贫需求与帮扶措施之间的衔接程度

注重需求导向，实现贫困户需求与政策供给之间的有机衔接和良性平衡，是衡量措施到户精准度的关键指标。在措施到户实施中能够清晰地意识到贫困户的现实困难和实际需求时，帮扶措施的实施进展往往比较顺利，而且会达成预期目标。而当帮扶措施未能积极回应贫困户的实际需求、缺乏贫困户的广泛参与和主动支持时，政策推进往往举步维艰，甚至对更大范围的政策落实都产生负面的扩散效应。因此，在帮扶措施的实施中，应进一步强化基层政府和村庄组织的主体责任，切实开展深入、细致的进村入户调查研究，加大政策措施的执行力度，提升贫困户的致贫原因、脱贫需求与帮扶措施之间的衔接程度。

3. 健全贫困户的需求表达机制和公共参与机制

对于贫困户来说，能否以及在多大程度上参与到帮扶措施的制定和实施过程中，其致贫因素和脱贫需求是否被有效吸纳到帮扶方案和措施中,是脱贫攻坚工作绩效高低的重要衡量指标。在措施到户精准实施中,应依托现有的村庄自治组织,进一步畅通村民尤其是贫困户的利益表达渠道和公共参与平台,提升贫困户的需求表达能力和公共参与能力。同时,可以考虑引导志愿者组织、NGO组织、社会工作组织等社会组织参与到贫困村的脱贫治理中,利用这些组织的专业优势,创新脱贫工作理念和方法,应对贫困人口的权利和能力不足等困境。

第六章　因村派人精准

　　选派扶贫工作队是加强基层扶贫工作的有效组织措施，要做到每个贫困村都有驻村工作队，每个贫困户都有帮扶责任人。工作队和驻村干部要一心扑在扶贫开发工作上，有效发挥作用。

——习近平

一　因村派人精准的政策背景

　　反贫困是一项长期、复杂且需要投入大量人力和物力的宏大事业。为了实现到 2020 年全面建成小康社会的目标，党的十八大以来我国实施了精准扶贫、精准脱贫方略。精准扶贫、精准脱贫方略的实施意味着要在较短的时间内完成设定的脱贫攻坚任务，这就需要动员与脱贫任务相匹配的人力、物力以及财力等资源。然而，贫困村普遍存在干部能力弱、外出务工人口多以及村级治理能力提升难度大等问题，这些问题严重制约着贫困村庄和贫困人口短期内脱贫，要完成脱贫攻坚任务，需要外部力量的扶持与推动。与此同时，我国长期扶贫开发过程中初步形成了政府、企业以及社会团体等对口帮扶贫困地区的组织实践基础，而且中国共产党有选派工作队推动农村政治动员工作的历史传统[①]，由此，在新一轮扶贫攻坚进程中，驻村帮扶干部被党和国家赋予精准扶贫、精准脱贫的新使命，"因村派人精准"成为短期内提升贫困村贫困治理能力、推动贫困村和贫困人口精准脱贫的一项重要的顶层制度设计内容。

---

① 王晓毅：《精准扶贫与驻村帮扶》，《国家行政学院学报》2016 年第 3 期。

在中央因村派人精准扶贫政策体系下,地方各级党委和政府、帮扶单位、驻村工作队以及帮扶责任人等也投入精准扶贫工作之中。截至2015年底,我国已有48万干部被派驻到贫困村,99%的贫困村选派有驻村第一书记。[①]

为充分把握因村派人精准扶贫的顶层设计与地方实践经验,厘清现阶段因村派人精准扶贫工作的成效与问题,提升因村派人精准扶贫工作效益,本研究以安徽省因村派人精准扶贫实践为例,通过实地调查与走访,综合运用文献法、访谈法和观察法收集资料,并对资料进行整理与分析,最后撰写研究报告。调研过程中,围绕研究主题,调研组收集了中央、安徽省、岳西县以及利辛县等政府部门出台的因村派人相关政策文件以及驻村扶贫工作队的工作日志、总结等文献资料;对省扶贫办、县扶贫办、扶贫工作队(尤其是驻村第一书记)、乡村干部以及村民(已脱贫户、未脱贫户以及非贫困户)等利益相关者进行了访谈;结合安徽省的实际,分别根据区域(平原和山区)、贫困村出列与否和驻村工作队特征(行政层级、属地或垂直管理单位以及企事业单位)等维度具体选择了5个村进行实地走访,其中皖南大别山区选择1个村,皖北平原地区选择了4个村(见表6-1)。走访过程中,调研组还注意观察了解案例村的自然地理特点、风土人情以及农户生产生活等方面的状况。

表6-1 5个案例村的基本情况

村庄		特点	驻村工作队	扶贫措施	脱贫成效
皖南	梓树村	连片特困地区,大别山腹地,山大人稀,交通不便,长江流域,多维约束	省委办公厅(省直职能机关,资源动员、整合能力强)	修路;发展产业(种养殖、旅游);家庭农场;合作社;光伏扶贫	已精准脱贫227户730人,贫困发生率降至1.23%,人均可支配收入突破9000元,村集体经济收入稳定在20万元以上,已出列

---

① 新华社记者2015年10月18—19日在安徽潜山全国干部驻村帮扶现场会了解到的消息。

续表

村庄		特点	驻村工作队	扶贫措施	脱贫成效
皖北	陈营村	黄淮平原，打工经济，留守村落，因病、因残、因学致贫	合肥工业大学（高校）	光伏扶贫；大棚（家庭农场）；讲座；修建学校、卫生室	已精准脱贫78户，贫困发生率降至1.97%；集体经济收入稳定在6万元以上，已出列
	东风村	黄淮平原，城边村，老弱为主，文化贫困，老年人（病、残等）贫困问题突出	市国税局（垂管单位）	光伏扶贫；引进资本发展产业；文化大舞台；微信扶贫公益群	已精准脱贫164户287人；贫困发生率降至1.67%；集体经济收入稳定在6.5万元，已出列
	代郢村	艾滋病集中村落，因病致贫	省公安厅（双管单位）	光伏扶贫；教育宣传与安全培训；环境改善	各项扶贫政策已经初步落实到位，尚未出列
	刘圩村	西淝河沿岸，打工经济，因病、因残、因学致贫，缺信息、缺产业	省移动公司（企业）	光伏扶贫；家庭农场；农家乐；蓝天卫士；信息扶贫	2016年脱贫107户，村集体收入6万元，贫困人口发生率降至1.87%，已出列

二 因村派人精准的顶层设计

"因村派人"是推动精准扶贫的一项重要举措。自实施精准扶贫、精准脱贫方略以来，习近平总书记多次强调在驻村干部的选派方面"因村派人要精准"。与此同时，中共中央、国务院等相关部门颁布实施的一系列政策措施也涉及因村派人精准扶贫工作的安排与部署。

一是提出因村派人精准扶贫的人选要求。2013年12月，中共中央办公厅、国务院办公厅《关于创新机制扎实推进农村扶贫开发工作的意见》将健全干部驻村机制作为六项扶贫开发工作机制创新之一，要求"各省（自治区、直辖市）现有工作基础上，普遍建立驻村工作队（组）制度……确保每个贫困村都有驻村工作队（组），每个贫困户都有帮扶责任人"。2015年4月，中共中央组织部、中央农村工作领导小组办公室、国务院扶贫开发领导小组办公室发布的《关于做好选派机关优秀干部到村任第一书记工作的通知》指出：第一书记人选的基本条件是"政治素质好，坚决贯彻执行党的路线方针政策，热爱农村工作；有较强工作能力，敢于担当，善于做群众工作，开拓创新意识强；有两年以上工作经历，事业心和责任感强，作风扎实，不怕吃苦，甘于奉献；具有正常履行职责的身体条件……主要从各级机关优秀年轻干部、后备干部，国有企业、事业单位的优秀人员和以往因年龄原因从领导岗位上调整下来、尚未退休的干部中选派，有农村工作经验或涉农方面专业技术特长的优先"。2015年11月，《中共中央国务院关于打赢脱贫攻坚战的决定》进一步强调要"注重选派思想好、作风正、能力强的优秀年轻干部到贫困地区驻村"。

二是设定因村派人精准扶贫的目标靶向。《关于做好选派机关优秀干部到村任第一书记工作的通知》就驻村第一书记的选派范围、工作职责等方面提出具体要求，从而设定了因村派人精准扶贫的目标靶向。从选派范围看，《关于做好选派机关优秀干部到村任第一书记工作的通知》要求选派驻村第一书记对党组织软弱涣散村和建档立卡贫困村（重点区域是14个连片特困地区和国家扶贫开发工作重点县）实现全覆盖，对革命老区、边疆民族地区以及灾后重建地区要做到应派尽派，对其他类型村根据实际选派。同时，明确了驻村第一书记推动精准扶贫工作的职责：重点是大力宣传党的扶贫开发和强农惠农富农政策，深入推动政策落实；带领派驻村开展贫困户识别和建档立卡工作，帮助村"两委"制定和实施脱贫计划；组织落实扶贫项目，参与整合涉农资金，积极引导社会资金，促进贫困村、贫困户脱贫致富；帮助选准发展路子，培育农民合作社，增加村集体收入，增强"造血"功能。第一书记推动精准扶贫的职责其实是党和国家对因村派人精准扶贫设定的预期目标。

三是制定因村派人精准扶贫的管理考核办法。为了保证因村派人精准扶贫目标的实现,中共中央、国务院等相关部门制定了相关的管理考核办法。

从因村派人精准扶贫管理方面看,《关于做好选派机关优秀干部到村任第一书记工作的通知》对第一书记的任期、人事关系以及工资待遇等方面提出了原则性要求:第一书记任期一般为1至3年,不占村"两委"班子职数,不参加换届选举。坚持驻村工作服务,任职期间,原则上不承担派出单位工作,原人事关系、工资和福利待遇不变,党组织关系转到村……第一书记由县(市、区、旗)党委组织部、乡镇党委和派出单位共同管理。县(市、区、旗)党委组织部和乡镇党委要切实担负起直接管理责任,经常了解驻村工作情况、廉洁自律表现等。派出单位定期听取第一书记工作汇报,适时到村调研,指导促进工作。与此同时,在第一书记工作经费方面,《关于做好选派机关优秀干部到村任第一书记工作的通知》指出,"要保证第一书记工作经费,具体由各地财政统筹安排,各地扶贫部门要从扶贫资金中专项安排帮扶经费。派出单位要与第一书记联村,加大支持帮扶力度"。

从因村派人精准扶贫考核方面看,既有对驻村干部的专项考核,也有对精准扶贫成效的考核。

首先,对驻村干部的专项考核。《关于做好选派机关优秀干部到村任第一书记工作的通知》要求:第一书记参加派出单位年度考核,由所在县(市、区、旗)党委组织部提出意见。任职期满,派出单位会同县(市、区、旗)党委组织部进行考察,考核结果作为评选先进、提拔使用、晋升职级的重要依据。对任职期间表现优秀的,在同等条件下优先使用。对工作不认真、不负责任的,给予批评教育,造成不良后果的,及时调整和处理。《中共中央国务院关于打赢脱贫攻坚战的决定》强调:"加大驻村干部考核力度,不稳定脱贫不撤队伍。对在基层一线干出成绩、群众欢迎的驻村干部,要重点培养使用。"

其次,对精准扶贫成效的考核。2016年中共中央办公厅、国务院办公厅印发了《省级党委和政府扶贫开发工作成效考核办法》,考核内容(见表6-2)主要包括减贫成效(建档立卡贫困人口减少、贫困县退出和贫困地区农村居民收入增长)、精准识别(贫困人口识别、贫困人口退出)、精准帮扶(因村因户帮扶工作)和扶贫资金(使用管理成效),其中精准帮扶和精准识别都是新增内容,且都与干部驻村帮扶工作紧密相关。

表6-2 省级党委和政府扶贫开发工作成效考核指标

考核内容		考核指标	数据来源	完成情况
减贫成效	建档立卡贫困人口减少	计划完成情况	扶贫开发信息系统	
	贫困县退出	计划完成情况	各省提供(退出计划、完成情况)	
	贫困地区农村居民收入增长	贫困地区农村居民人均可支配收入增长率(%)	全国农村贫困监测	
精准识别	贫困人口识别	准确率(%)	第三方评估	
	贫困人口退出		第三方评估	
精准帮扶	因村因户帮扶工作	群众满意度(%)	第三方评估	
扶贫资金	使用管理成效	绩效考评结果	财政部、扶贫办	

与2012年国务院扶贫办出台的《扶贫开发工作考核办法(试行)》相比,2016年的考核办法有四方面调整:一是增加了对驻村帮扶工作的考核内容;二是将群众满意度主观指标纳入考核维度,是对客观指标考核的有益补充;三是在考核过程中引入第三方评估机制,试图打破中央政府与地方政府间的信息不对称,治理地方政府间"共谋"所产生的信息隐匿行为,从而保证了信息的客观性;四是强调考核结果的运用,尤其是对考核不合格或存在严重问题的省的责任追究更为严格,"由国务院扶贫开发领导小组对省级党委、政府主要负责人进行约谈,提出限期整改要求;情节严重、造成不良影响的,实行责任追究"。

综上所述,中央试图通过选派集政治、品行、廉政以及能力于一体的优秀干部到贫困地区开展驻村帮扶工作，扭转贫困地区尤其是贫困村干部能力弱、人力资源匮乏以及贫困治理能力不足的局面，从而在短期内实现贫困人口和贫困村脱贫目标。同时，为了保障精准脱贫目标的实现，中央通过规定驻村干部工作职责，设置并强化相关的目标责任考核体系，以期压实因村派人精准扶贫工作。

三　因村派人精准的地方实践

（一）安徽省精准扶贫概况

安徽是我国扶贫开发任务较重的省份，有31个扶贫开发工作重点县（含片区县，其中19个县为国家级扶贫开发工作重点县），有3000个贫困村。同时，一些国家级扶贫开发工作重点县又位于大别山集中连片特困地区，脱贫攻坚难度大。党的十八大以来，安徽省坚持精准扶贫、精准脱贫基本方略，扶贫开发成效显著。自2011年至2015年，安徽省贫困人口从790.2万人下降到309万人，减少了481.2万人，贫困发生率由14.7%下降到5.72%。[①] 贫困人口生产生活条件得到明显改善，贫困地区水、电、路等基础设施和教育、医疗以及文化等公共服务水平得到明显提升。"十三五"脱贫攻坚期间，安徽省出台了《中共安徽省委、安徽省人民政府关于坚决打赢脱贫攻坚战的决定》，进一步明确了脱贫攻坚目标，即：到2018年全省总体达到脱贫标准；到2020年现行标准下的农村贫困人口全部脱贫，实现"两不愁、三保障"；贫困村集体经济经济收入力争达到5万元；贫困县全部摘帽，解决区域性整体贫困。围绕《中共安徽省委、安徽省人民政府关于坚决打赢脱贫攻坚战的决定》提出的目标，安徽省出台了20份脱贫攻坚配套文件，实施了产业脱贫、光伏脱贫、乡村旅游扶贫等十大脱贫攻坚工程。

---

① 《安徽省脱贫攻坚工作报告》，2016年12月15日。

（二）省级层面因村派人精准扶贫基本政策和主要做法

安徽省有选派干部到农村驻村帮扶的传统。2001年4月，安徽省委办公厅、省人民政府办公厅转发了《省委组织部、省人事厅、省财政厅、省农委关于从市、县直机关和事业单位选派优秀年轻干部到贫困村、后进村任职的意见》，后来又出台了《安徽省选派到村任职干部管理暂行办法》、《全省选派干部管理实施办法》等文件，在全省建立了干部驻村帮扶的工作机制。至2014年初，安徽省已经选派了五批优秀党员干部开展驻村帮扶工作。这一时期的驻村帮扶工作主要由安徽省委、省政府自上而下地组织、推动和实施。

2013年底，中共中央办公厅、国务院办公厅印发了《关于创新机制扎实推进农村扶贫开发工作的意见》，指出"要健全干部驻村帮扶机制"。由此，安徽省驻村帮扶工作进入由顶层设计到地方实践的新阶段。在此阶段，安徽省出台了因村派人精准扶贫新政策，因村派人工作力度也不断加强。

1. 省级层面因村派人精准扶贫基本政策的建构与变迁

为贯彻落实《关于创新机制扎实推进农村扶贫开发工作的意见》文件精神，2014年4月，安徽省结合省情印发了《中共安徽省委办公厅、安徽省人民政府办公厅〈关于创新机制扎实推进农村扶贫开发工作的实施意见〉》。该意见指出，要建立"单位包村、干部包户"制度，向贫困村派驻帮扶工作队，每批任期为3年。随后，安徽省党委和政府有关部门又相继印发了《安徽省扶贫开发领导小组中共安徽省委组织部关于建立"单位包村、干部包户"定点帮扶制度的实施意见》、《关于做好选派第六批优秀年轻党员干部到村任职工作的通知》、《安徽省驻村扶贫工作队管理办法》、《安徽省扶贫开发领导小组办公室关于印发省直单位包村帮扶及驻村帮扶干部名单的通知》等系列文件。

驻村扶贫工作队到任后，针对检查中发现的一些问题，2015年3月，安徽省扶贫办又印发了《安徽省扶贫办关于切实加强驻村扶贫工作队管理工作的通知》。与此同时，安徽省扶贫开发领导小组、安徽省委组织部联合印发了《安徽省扶贫开发工作考核实施细则（修订）》。

2015年6月，为贯彻落实中共中央组织部、中央农村工作领导小组办公室和国务院扶贫开发领导小组办公室《关于做好选派机关优秀干部到村任第一书记工作的通知》文件精神，安徽省结合第六批选派和驻村扶贫工作要求，将是党员的扶贫工作队队长改任为第一书记，纳入第六批选派干部管理范畴，按照《安徽省驻村扶贫工作队管理办法》规定进行管理。

2016年4月，安徽省人民政府办公厅又根据调研督查和明察暗访发现的问题，印发了《关于开展驻村扶贫工作队履职情况检查的通知》。

2016年8月，中共安徽省委办公厅、安徽省人民政府办公厅印发了《市县党政领导班子和主要负责同志脱贫攻坚工作成效考核办法》等四个脱贫攻坚配套文件，精准帮扶就是其中一项重要内容，考核涉及"单位包村、干部包户"和驻村扶贫工作队工作开展及管理情况。

2017年1月，安徽省扶贫开发领导小组办公室印发了《安徽省省直定点帮扶单位脱贫攻坚帮扶工作成效考核办法（试行）》，对省直帮扶工作成效和帮扶工作满意度进行考核。

2017年4月，中共安徽省委组织部、安徽省扶贫开发领导小组办公室联合下发了《关于进一步加强省直和中央驻皖单位选派帮扶干部工作的通知》，进一步完善驻村帮扶工作机制。

2017年7月，中共安徽省委组织部、安徽省扶贫开发领导小组办公室、安徽省财政厅、安徽省人力资源和社会保障厅联合印发了《安徽省选派干部管理办法的通知》，进一步加大驻村帮扶工作力度。

2. 省级层面因村派人精准扶贫主要做法

在中央因村派人精准扶贫政策框架下，安徽省党委和政府结合省情，主要从驻村干部选派、日常管理、考核和奖惩以及保障措施等方面着手增强驻村帮扶力度，进而推动因村派人精准扶贫工作。

从驻村干部选派方面看，首先，选派干部数量增加，由1人增加到3人。2014年《安徽省驻村扶贫工作队管理办法》指出"驻村工作队由包村帮扶单位派驻的驻村帮扶干部、联系贫困村的乡（镇）干部以及所在村的大学生村官和'三支一扶'有关人员组成，队长由驻村干部担任"。2017年，中共安徽省委组织部、安徽省扶贫开发办领导小组办公室印发《关于进一步加强省直和中央驻皖单位选派帮扶干部工作的通知》，明确要求"每个扶贫工作队由第一书记（扶贫工作队队长）、副队长、扶贫专干3人组成"。其次，选派干部职级提高。2014年7月，安徽省扶贫开发领导小组、中共安徽省委组织部印发的《关于建立"单位包村、干部包户"定点扶贫制度的实施意见》指出，"选派的干部具体条件是：中共党员、3年以上工作经历、大专以上学历、年龄一般在40周岁以下，提倡市、县选派县处级、科级后备干部"。2017年，中共安徽省委组织部、安徽省扶贫开发办领导小组办公室印发的《关于进一步加强省直和中央驻皖单位选派帮扶干部工作的通知》明确要求"第一书记由副县级以上（含副县级）党员干部或企业中层以上党员管理人员担任"。选派人数增加和第一书记职级的提升一方面提升了扶贫工作队的人力资本和工作能力，另一方面有助于为贫困村动员更多的扶贫资源。

此外，在选派干部的过程中，安徽省还注重将一些帮扶能力强的单位与贫困程度比较深、脱贫难度比较大的村庄相匹配，将行业部门与特殊类型困难村庄相匹配，使选派干部能够借助派出单位的优势资源，促进贫困村、贫困人口脱贫。

从日常管理方面看，2014年《安徽省驻村扶贫工作队管理办法》指出："日常管理工作由乡（镇）党委具体负责，各级扶贫部门加强督查和工作指导，包村单位协助做好相关工作。""驻村工作队队长要吃住在村，每年在岗时间不少于220天（含因公出差、开会和培训）；离岗时要履行请假手续，离岗一周以内的，要经乡（镇）批准；离岗一周以上的，经乡（镇）批准，报县级扶贫部门备案。驻村工作队队长请假期满后，要及时向准假的单位销假，准假单位要将上述请销假情况记录备案。市、县扶贫部门要定期或不定期对驻村工作队队长在岗情况进行检查，包村单位不得无故抽调其承担其他工作。""每年培训1—2次，培训时间累积不少于4天。"

2015年，安徽省扶贫办印发的《关于切实加强驻村扶贫工作队管理工作的通知》指出：要建立查岗制度，进行定期不定期查岗制度，县扶贫办定期查岗每月不少于一次；查岗情况将作为驻村干部尤其是驻村工作队队长年度考评的重要依据；严格请销假制度；建立工作例会制度，县、乡部门定期听取扶贫工作队队长工作汇报。

从保障措施方面看，在生活补贴和工作经费方面，2014年驻村干部生活费补贴为600元/人/月，工作经费为5000元/年，同时保持原单位福利不变。到2015年，驻村干部生活费补贴调整为800元/人/月。至2017年7月，驻村干部生活费补贴增加至1500元/人/月，扶贫工作队办公经费调整为3万元。在扶贫资金和项目管理方面，2014年安徽省财政安排5万元专项资金用于发展集体经济。31个重点县资金集中安排到贫困村，非重点县全部安排到贫困村，驻村干部和村"两委"干部组织村民代表共同参与确定扶贫项目。2017年7月，安徽省财政为每个贫困村扶贫工作队安排了10万元专项资金用于发展集体经济。

从考核和奖惩方面看，安徽省适时调整驻村帮扶工作奖惩考核方案，以期压实省直单位、市、县驻村帮扶责任。2014年《安徽省驻村扶贫工作队管理办法》要求：第一，限定优秀名额总数不超过驻村工作队总数的35%。第二，将驻村工作队考核等次视同包村单位年度考核等次，促进帮扶单位加大帮扶力度。第三，对考核结果进行通报，考核不称职的及时调整。第四，将驻村干部考核情况作为干部培养和使用的重要依据，对驻村期间工作特别优秀、帮扶成效特别明显的驻村干部，包村单位应优先提拔使用。

2015年3月，安徽省扶贫开发领导小组、安徽省委组织部联合印发了《安徽省扶贫开发工作考核实施细则（修订）》，将"单位包村、干部包户"以及驻村扶贫干部派驻落实情况等纳入省直帮扶单位、各市扶贫开发领导小组以及县级党委和政府考核体系之中,进行专项考核。

2016年8月,根据《中共中央办公厅、国务院办公厅印发〈省级党委和政府扶贫开发工作成效考核办法〉的通知》文件精神,安徽省出台了《市县党政领导班子和主要负责同志脱贫攻坚工作成效考核办法》,在考核内容、方式以及结果运用等方面进行改革,以精准考核促进驻村帮扶工作。从考核内容看,引入了扶贫对象满意度主观指标,将主观指标和客观指标相结合,考核驻村帮扶情况;从考核方式看,除了专项调查、抽样调查、实地核查、随机走访、暗访外,还引入了第三方评估机制,方式更加多样化;从考核结果应用看,一是将考核结果与市县主要负责同志任用挂钩;二是对未能完成年度扶贫开发目标的县(市、区),按中央有关规定执行,并一律实行"一票否决",对其党政主要负责同志进行约谈,且不予评先评优,奖惩力度更大。

2017年1月,《安徽省省直定点帮扶单位脱贫攻坚帮扶工作成效考核办法(试行)》以帮扶成效为导向,将帮扶单位职责履行情况、"双包"落实情况、帮扶成效和帮扶工作满意度作为主要指标,对省直定点帮扶单位帮扶成效进行考核。在考核结果运用方面,省直定点帮扶单位中,被纳入省直效能考核单位的,将考核结果提交省直机关工委作为效能考核的重要依据;中央驻皖单位和未纳入省直效能考核的单位,将考核结果通报其主管部门。

不难发现,为贯彻落实中央因村派人精准扶贫的总体要求、目标责任,以脱贫绩效考核为导向,安徽省委和省政府不断调整因村派人精准扶贫政策,加强驻村帮扶工作人力、物力以及财力等方面的建设,同时通过考核和奖惩激励机制的调整压实驻村帮扶责任。

(三) 市县乡层面因村派人精准扶贫基本政策和主要做法

在因村派人精准扶贫实践中,市、县两级党委和政府也有选派驻村干部和帮扶责任人的任务。在中央、省级层面的政策框架下，市、县两级也会根据市、县实际制定地方性的政策对因村派人精准扶贫行动进行管理和规范。市、县两级层面的因村派人精准扶贫政策是对中央、省级政策的进一步细化，以确保因村派人政策能够有效落实并达到预期目标。

以 2017 年 5 月利辛县扶贫开发领导小组印发的《利辛县驻村扶贫工作队管理细则》为例，《利辛县驻村扶贫工作队管理细则》对驻村扶贫工作队、驻村扶贫工作队队长（驻村第一书记）以及选派单位的职责、工作制度（包括管理考核制度、在岗工作制度、请销假制度、实地督查制度、安全工作制度、选派人员调整制度、教育培训制度、廉洁自律制度和选派人员召回制度）、奖惩措施以及保障措施都做出了细致的规定和要求。尤其在对驻村干部的管理考核方面，《利辛县驻村扶贫工作队管理细则》要求驻村干部做到一天两报岗（运用手机 APP 进行报岗）、一周一通报、一月一汇报、工作双月报、一季度一例会、半年一报告和一年一考核，同时将日常督查结果作为年度考核和效能将发放的重要依据。对履职不到位的，予以全县通报批评，责令限期整改，整改不到位的，取消其年度效能奖，干部年度考核定位基本称职以下等次，脱贫攻坚期间不得提拔重用和评先评优。

在乡（镇）层面，乡（镇）党委、政府主要负责履行具体的管理职责，听取驻村干部的工作汇报，帮助解决驻村干部工作和生活过程中遇到的困难和问题。乡（镇）党委、政府能够为驻村干部实施的扶贫项目进行把关、提供信息以及链接资源等多方面服务，使扶贫项目推动更加顺畅高效。例如，合肥工业大学向利辛县城北镇陈营村捐赠了 25 万元产业发展资金用于发展村级集体经济，但是陈营村没有合适的产业扶贫项目。与城北镇政府工作人员沟通后，城北镇政府帮合肥工业大学派驻的第一书记联系了当地一家省级专业合作社，利用 25 万元捐赠资金入股专业合作社，推动了陈营村集体经济的发展。

（四）帮扶主体的帮扶行动

因村派人精准扶贫政策框架下，帮扶主体主要是指驻村工作队（或驻村第一书记）、与贫困户结对的帮扶责任人。

1. 驻村工作队的帮扶行动

根据驻村帮扶工作职责要求，驻村工作队的帮扶行动可分为两部分内容：一是与村"两委"干部协作完成政府部门安排的扶贫任务，比如宣传并落实党的扶贫开发政策、开展精准识别和建档立卡工作以及配合落实政府实施的扶贫项目等工作，这类工作可归纳到政府扶贫范畴之内；二是驻村工作队利用单位或社会资源主动开展的帮扶工作，如：根据贫困村、贫困户致贫原因和脱贫需求制定并落实脱贫计划，整合政府或社会资金开展扶贫项目以及培育扶贫合作组织等工作，这类工作可归纳到社会扶贫范畴之内。在实地调研的五个村庄中，五个驻村工作队（第一书记）都参与了政府扶贫范畴的帮扶工作。在社会扶贫范畴的驻村帮扶工作方面，五个驻村工作队主要结合自身（单位）优势和村庄贫困状况开展了相应的帮扶工作，如：2015年，安徽省委办公厅驻村第一书记通过省委办公厅协调交通厅帮扶资金450万元对梓树村至头陀镇12公里的道路进行改造，解决了梓树村、石盆村2个贫困村3700名群众去头陀镇行路难的问题；安徽省委办公厅还直接出资解决贫困家庭子女上学、镇村防汛救灾等问题；合肥工业大学驻陈营村第一书记向本单位申请25万元用于陈营村集体经济发展项目；亳州市国税局驻利辛县东风村第一书记利用微信扶贫公益平台募集9万余元，帮助因病因残致贫的农户；安徽省移动分公司派驻刘圩村第一书记协调本单位资源为全体村民提供免费网络，方便村民获取政策、市场以及就业等信息。同时，针对村庄留守所隐藏的社会治安风险，刘圩村第一书记借助公司的信息技术优势和平台优势，在村庄的信号塔顶端装备了高倍摄像头（"蓝天卫士"），可以实施对全村的农田、道路交通等安全方面的监控。

2. 结对贫困户的帮扶责任人的帮扶行动

按照"单位包村、干部包户"要求，包村帮扶单位负责组织本单位干部职工进行结对帮扶，对包村帮扶单位人员编制少，不能完全帮扶贫困户的，由所在乡（镇）、村干部负责联系。调查发现，帮扶责任人对贫困户的帮扶方式主要是通过走访慰问、捐款捐物以及志愿服务等形式开展，主要采取的是一种救济性帮扶措施。例如：2016年合肥工业大学帮扶责任人对陈营村123户建档立卡贫困户发放慰问金2.46万元；中国移动安徽分公司于2015年和2016年连续两年向刘圩村75户特困户累计发放慰问金8.35万元。

四 因村派人精准的成效与问题①

（一）因村派人精准扶贫的成效

自精准扶贫以来，安徽省因村派人精准扶贫实践取得的成效体现在以下几个方面。

一是精准识别出贫困户并进行了规范的建档立卡工作，为精准帮扶奠定了基础。案例村驻村扶贫工作队均对帮扶村庄贫困户状况进行了摸排，找到了真正的扶贫对象，通过致贫原因和脱贫需求分析，为实施具体的帮扶措施奠定了良好的基础。刘圩村第一书记工作总结时述及：

> 驻村工作队入户走访，共走访173户贫困户。采取过'筛子'的方式，一户一户搞清致贫原因，完善建档立卡工作。本次调查利辛分公司共派出干部14名，新增贫困户27名，不符合要求删去2户（其中，退休教师1人，村干部1人）。

---

① 由于实地调研时间是2017年5月，2017年安徽省实施的一系列因村派人精准扶贫政策成效与问题都尚未显现，因此此处的因村派人精准扶贫成效与问题主要是对2016年（含2016年）之前因村派人精准扶贫成效与问题的归纳与总结。

二是通过多元化的帮扶措施，促进了建档立卡贫困户增收脱贫。首先，驻村扶贫工作队（第一书记）通过利用5万元集体经济发展专项资金和帮扶单位资金发展光伏扶贫项目，实现了贫困村集体经济"零"的突破。同时，发展集体经济的收入以股份形式量化给建档立卡贫困户，进而实现了建档立卡贫困户增收。如：至2016年底，岳西县梓树村光伏扶贫项目已经累计收入34万元，建档立卡贫困户年均增收达到3000元。其次，通过产业扶贫资金入股合作社或企业促进建档立卡贫困户获得分红收入，同时贫困户还能通过流转土地、打工等方式获得收益。再次，扶持有劳动能力的建档立卡贫困户发展特色产业增收。2016年，梓树村驻村第一书记引导5户建档立卡贫困户养殖土鸡1万余只，当年共创收100万元，使他们实现了稳定脱贫，同时还起到了引领示范效应，带动了其他建档立卡贫困户脱贫。

三是促进派驻贫困村贫困治理水平短期内得到较大提升。驻村工作队尤其是第一书记的到任，给贫困村带来了人力、物力以及财力等方面的支持，在一定程度上缓解了贫困村年轻人外流、村干部贫困治理能力弱等不利于脱贫的局面，使贫困村的贫困治理能力能够在短期内获得较大幅度提升，有利于贫困村、贫困人口脱贫。梓树村的一位村干部谈道：

> 如果不是省委办公厅派驻干部到我们村，我们是不可能获得上千万的扶贫项目的，这两年梓树村确实是发生了翻天覆地的变化……郭书记（省委办公厅派驻梓树村第一书记）眼界开阔，工作有思路，还给我们村制定了长远发展规划。

（二）因村派人精准扶贫存在的问题

在因村派人精准扶贫从顶层设计到地方实践过程中主要存在以下问题。

一是以村庄为贫困治理单元的驻村帮扶行动与以建档立卡贫困户为

治理目标的精准扶贫要求存在张力。驻村帮扶是促进建档立卡贫困户短期脱贫的有效实现形式，但是因村派人精准扶贫主要瞄准的是贫困村和软弱涣散村，向贫困村投入大量扶贫资源，促进贫困村及其建档立卡贫困户短期内实现了脱贫，但对于非贫困村的建档立卡贫困户尚缺乏有力的帮扶措施。调研人员了解到，安徽省大约60%的建档立卡贫困户分布在非贫困村，驻村帮扶行动无法惠及这些建档立卡贫困人口。

二是驻村扶贫工作队（尤其是第一书记）制度化帮扶资源不足。驻村工作队整合扶贫资源的能力与帮扶单位资源和第一书记社会资本状况呈正相关。一些资源丰富的帮扶单位派出的驻村工作队能够协调到大量扶贫资源，安徽省委办公厅就是这种类型的帮扶单位，扶贫工作队整合了大量扶贫资源，由此，梓树村在短期内从一个贫困程度深、扶贫难度大的偏远闭塞山区村实现了脱贫。但是，对于一些资源动员能力较弱的帮扶单位而言，驻村扶贫工作队尤其是第一书记则面临"巧妇难为无米之炊"的局面，这会影响驻村帮扶减贫效果。调研过程中，安徽省扶贫部门也意识到了这方面的问题，2017年7月出台的《安徽省选派帮扶干部管理办法》给每位第一书记安排了10万元集体经济发展专项资金，并将扶贫工作队工作经费增加到3万元。

三是贫困村对驻村扶贫工作队（第一书记）有依赖心理，内生脱贫动力有待进一步激发。一方面，尽管扶贫工作队意识到提升村干部贫困治理能力的重要性，但是由于精准扶贫时间紧、任务重，扶贫工作队主导了一些扶贫项目，客观上使村干部或村民对扶贫工作队产生依赖心理。另一方面，扶贫工作队针对建档立卡贫困户实施的一些增收项目（如光伏扶贫、以帮扶资金入股新型农业经营主体等）能够促进贫困人口增收，但是贫困户多是被动参与，难以激发他们的内生脱贫动力，对于提升他们的自身发展能力效果甚微，甚至还滋生了一些农户的"等、靠、要"思想。

四是结对帮扶责任人帮扶责任落实不到位或帮扶举措欠佳。一方面，存在结对帮扶责任人帮扶责任落实不到位现象。如：利辛县东风村是亳州市国税局、亳州市调查队和亳州市火车站三家单位联合帮扶的村庄，但是亳州市火车站没有采取帮扶措施，没有提供帮扶资源，帮扶责任人没有参与到精准帮扶工作中来。另一方面，当前结对帮扶责任人主要以现金、生活用品以及慰问方式等开展救济式帮扶行动，尽管贫困人口在此过程中得到关心和慰问，但是救济式的帮扶方式对于激发贫困人口内生发展动力和提升脱贫能力效果欠佳。

五 小结与讨论

本章以安徽省因村派人精准扶贫实践为例，通过对因村派人精准扶贫从中央顶层设计到地方实践的基本政策和做法进行归纳和阐述，探讨了现阶段因村派人精准扶贫工作的成效和问题，得出以下简要结论与政策启示。

（一）简要结论

1. 目标管理责任制是因村派人精准扶贫从中央顶层设计到地方实践的转换机制

为了实现到2020年全面建成小康社会的宏伟目标，党的十八大以来，中共中央和国务院确立了精准扶贫、精准脱贫方略。2015年《中共中央国务院关于打赢脱贫攻坚战的决定》明确了各级政府在脱贫攻坚中的职责，要求层层签订脱贫攻坚责任书，层层立下扶贫军令状，层层落实责任制，将精准扶贫作为一项政治任务和中心工作来抓。因村派人精准是精准扶贫的重要举措之一。围绕因村派人精准扶贫，中央确定了因村派人精准扶贫的顶层政策体系，明确了因村派人精准扶贫的目标责任，并设定新的管理考核要求，以精准管理考核压实目标责任。具体而言，在考核目标指标设置方面，2016年中央对地方精准扶贫工作的考核目标不仅加入了精准识别和精准帮扶内容，而且在精准帮扶考核环节加入群众满意度主观指标。在考核方式方面，中央政府还引入第三方评估、暗访等方式,试图实现精准考核,同时强化责任追究,甚至在扶贫开发领域实行"一票否决"制。在中央顶层设计框架下,地方政府因村派人精准扶贫实践转换为完成中央考核方式下的一系列预期脱贫指标。循此逻辑,因村派人精准目标责任层层分解,考核压力层层传递,因村派人地方实践力度逐渐增加,进而推动精准帮扶。质言之,因村派人精准扶贫从中央顶层制度设计转变为地方实践是通过对目标指标体系和考核方式的变革与管理来实现的,即所谓的目标管理责任制。

2. 干部驻村帮扶是推动精准扶贫的有效组织形式,能够发挥政府科层制扶贫和社会扶贫双重功能

干部驻村帮扶是我国传统农村工作方法之一。新一轮脱贫攻坚中,干部驻村帮扶被赋予精准扶贫、精准脱贫的重要使命。实践表明,扶贫工作队不仅是政府扶贫政策、项目以及资金落实到贫困村庄和贫困人口的重要抓手,而且能够利用派出单位和个人社会网络资源对贫困村、贫困人口开展细腻的社会扶贫服务。干部驻村帮扶推动了精准识别和建档立卡工作,使扶贫对象更加精准,为精准帮扶奠定了基础。同时,扶贫工作队实施了一系列帮扶举措,促进了农户增收脱贫和贫困村庄贫困治理能力短期内快速提升,是推动精准扶贫的有效组织形式。

(二)政策启示

1. 从顶层设计到地方实践要关注非贫困村的建档立卡贫困户

当前因村派人精准扶贫的顶层制度设计将目标靶向定位为贫困村、软弱涣散村以及一些革命老区和灾后重建村,向这些村选派驻村第一书记或扶贫工作队,投入较多扶贫资源,帮助这些村庄及其贫困人口短期内脱贫。而针对非贫困村的建档立卡贫困户主要靠结对帮扶责任人进行帮扶,多以救济式的扶贫方式开展工作,效果欠佳。安徽省约60%的贫困人口分布在非贫困村的事实表明,因村派人精准扶贫政策从顶层设计到地方实践要进一步关注到非贫困村的建档立卡贫困户的脱贫问题。从顶层设计到地方实践,因村派人精准扶贫工作要兼顾非建档立卡贫困村的利益，在有条件的地方应派尽派干部驻村。同时，要加强对结对帮扶责任人扶贫工作的督查，将帮扶责任人的考核与派出单位考核主要负责人考核挂钩，压实帮扶责任人的扶贫责任，注重提升贫困人口的脱贫能力。

2. 要以制度化的形式提升驻村扶贫工作队的贫困治理能力

在人员选派方面，要增加选派人员数量，提高选派干部的职级，以动员更多的扶贫资源。同时，能力强的帮扶单位可以适当增加驻村干部，并选派干部到贫困程度深、脱贫难度大的村庄开展帮扶工作。对于一些特殊原因致贫的村庄，可以选择相应的行业部门进行帮扶。从帮扶资金安排看，要拿出一部分财政资金作为第一书记专项扶贫资金，并且加强对这部分资金使用情况的督查工作。与此同时，要为驻村扶贫工作队安排相应的工作经费。从帮扶干部能力看，要加强对第一书记或驻村扶贫工作队的培训、交流与学习，提高第一书记或驻村扶贫工作队的贫困治理能力。

3. 要激发贫困人口的内生脱贫动力，提升贫困人口脱贫能力

因村派人精准扶贫的关键在于激发贫困人口内生脱贫动力，提升贫困人口的脱贫能力。在驻村帮扶工作过程中，要坚持以思想引导为关键，"扶贫先扶志"，加强舆论宣传引导，注重宣传方式方法，切实转变贫困户的观念，破除"等、靠、要"贫困心理，引导群众"愿脱贫"；要以能力发展为根本，提升贫困群众的文化素质，加强实用技能培训，把一些扶贫政策和贫困群众参与情况挂钩，提高脱贫项目群众参与度，夯实贫困主体的发展基础，支撑群众"能脱贫"；要梳理标杆、典型引路，发挥能人大户的示范带动作用，开展脱贫示范户创建活动，推动群众"敢脱贫"；要以路径创新为重点，因户施策，量身定制脱贫措施，分类开展产业扶贫，扎实推进就业脱贫，强力推进扶贫小额信贷，确保群众"会脱贫"。

第七章 脱贫成效精准

> 要防止形式主义,扶真贫、真扶贫,扶贫工作必须务实,脱贫过程必须扎实,脱贫结果必须真实,让脱贫成效真正获得群众认可、经得起实践和历史检验。
>
> ——习近平

一 脱贫成效精准:解决"如何退"的问题

坚持精准扶贫、精准脱贫,重在提高脱贫攻坚成效。实效是检验的标尺。脱贫成效精准,是精准扶贫的落脚点。作为"六个精准"之一,脱贫成效精准对精准脱贫的成效提出了要求,不仅是"成绩榜",也是"指挥棒"。脱贫成效精准,通俗地说,就是要检验脱贫效果如何,是解决"如何退"的问题。

自精准扶贫思想提出以来,针对"脱贫成效精准",中央先后制定和颁布了一系列顶层设计文件,各地也相应出台和实施了一系列相关政策。本章首先回顾中央关于脱贫成效精准的相关顶层设计文件,再以湖北省为例追踪其关于脱贫成效精准的相关政策措施,继而以湖北省贫困县的实践为例,试图就地方实践与顶层设计的匹配情况加以分析,总结经验、发现问题,从而服务于精准扶贫伟大实践的进一步深入推进。

二 脱贫成效精准的顶层设计

消除贫困、改善民生、逐步实现共同富裕,是社会主义的本质要求;确保到 2020 年农村贫困人口实现脱贫,是全面建成小康社会最艰巨的任务。这与"六个精准"中实现脱贫成效精准的关键——解决如何"退"的问题一脉相承。精准退出是脱贫攻坚的成效体现,建立合理的退出机制,从而让扶贫对象真正"流动"起来,是精准扶贫精准脱贫实现"扶真贫、真扶贫"的必然要求。随着中央关于精准扶贫思想的发展,关于脱贫成效精准的顶层设计逐步走向完善。

(一)脱贫攻坚,贵在精准,重在实效

2013 年 11 月,习近平总书记在湖南湘西花垣县十八洞村考察时首次提出了"精准扶贫",强调扶贫要实事求是,因地制宜。2014 年 4 月,国务院扶贫办印发《扶贫开发建档立卡工作方案》①,要求在 2014 年底前,在全国范围内建立贫困户、贫困村、贫困县和连片特困地区电子信息档案,构建全国扶贫信息网络系统,为精准扶贫工作奠定基础。2015 年 6 月,习近平总书记在贵州召开部分省区市党委主要负责同志座谈会时强调,扶贫要"做到对症下药、精准滴灌、靶向治疗,不搞大水漫灌、走马观花、大而化之";明确提出"六个精准",即扶持对象精准、项目安排精准、资金使用精准、措施到户精准、因村派人精准、脱贫成效精准。其中,脱贫成效精准是脱贫攻坚的目标和靶向。

2015 年 10 月 16 日,习近平总书记在"2015 减贫与发展高层论坛"上强调,中国扶贫攻坚工作实施精准扶贫方略,增加扶贫投入,出台优惠政策措施,坚持中国制度优势,注重六个精准,坚持分类施策,因人因地施策,因贫困原因施策,因贫困类型施策,通过扶持生产和就业发展一批,通过易地搬迁安置一批,通过生态保护脱贫一批,通过教育扶贫脱贫一批,通过低保政策兜底一批,广泛动员全社

---

① 国务院扶贫办:《国务院扶贫办关于印发〈扶贫开发建档立卡工作方案〉的通知》(国开办发〔2014〕24 号),2014 年 4 月 2 日印发。

会力量参与扶贫。"五个一批"扶贫攻坚行动计划的提出基于"六个精准",是精准扶贫思想指导下分类施策,达成精准脱贫成效的关键行动和方法。

党的十八大以来,中共中央把扶贫开发工作纳入"四个全面"战略布局,作为实现第一个百年奋斗目标的重点工作,不断丰富和拓展中国特色扶贫开发道路,不断开创扶贫开发事业新局面。经过不断的探索和完善,目前扶贫工作已由"大水漫灌"转向"精准滴灌",由偏重"输血"转向注重"造血",由侧重考核地区总产值转向主要考核脱贫成效。

(二) 健全精准扶贫工作机制,标尺是脱贫成效精准

脱贫成效始终是检验扶贫开发工作的标尺。自"脱贫成效精准"的思想提出以来,考核脱贫成效、实现脱贫成效精准就成为健全精准扶贫工作机制的关键之一。建立健全考核机制、贫困退出机制和第三方评估机制,是脱贫成效精准的三种主要路径,为精准扶贫工作的推进提供体制机制保障。

就扶贫成效评估的内容而言,2015年11月29日发布的《中共中央国务院关于打赢脱贫攻坚战的决定》(中发〔2015〕34号)指出,要把精准扶贫、精准脱贫作为基本方略,坚持精准帮扶与集中连片特殊困难地区开发紧密结合,解决好扶持谁、谁来扶、怎么扶的问题,明确对脱贫成效进行评估的方向,做到扶真贫、真扶贫,在保证脱贫的质量的同时加快贫困人口精准脱贫的速度。该决定明确指出,要从健全扶贫工作机制、发展特色产业、引导劳务输出、实施易地搬迁、结合生态保护发展、加强教育、开展医疗保险和医疗救助、实行农村最低生活保障制度、增加资产收益以及健全"三留守"关爱服务体系等方面对扶贫成效进行评估。加强社会监督和扶贫群众对扶贫工作的满意度调查,明确要求采取第三方评估机制对脱贫成效进行评估,并杜绝类似"数字脱贫"等弄虚作假现象的发生。加强对扶贫工作绩效的社会监督,开

展贫困地区群众扶贫满意度调查,建立对扶贫政策落实情况和扶贫成效的第三方评估机制,是落实精准脱贫的重要工作。评价精准扶贫成效,减贫数量和脱贫质量并重。

为了确保到2020年现行标准下农村贫困人口实现脱贫,贫困县全部摘帽,解决区域性整体贫困,根据《中共中央国务院关于打赢脱贫攻坚战的决定》,2016年2月,中共中央办公厅、国务院办公厅印发《省级党委和政府扶贫开发工作成效考核办法》[①]。考核工作围绕落实精准扶贫、精准脱贫基本方略,坚持立足实际、突出重点,针对主要目标任务设置考核指标,注重考核工作成效;坚持客观公正、群众认可,规范考核方式和程序,充分发挥社会监督作用;坚持结果导向、奖罚分明,实行正向激励,落实责任追究,促使省级党委和政府切实履职尽责,改进工作,坚决打赢脱贫攻坚战。

考核工作从2016年到2020年,每年开展一次,由国务院扶贫开发领导小组组织进行,具体工作由国务院扶贫办、中央组织部牵头,会同国务院扶贫开发领导小组成员单位组织实施。考核内容包括四个方面:①减贫成效。考核建档立卡贫困人口数量减少、贫困县退出、贫困地区农村居民收入增长情况。②精准识别。考核建档立卡贫困人口识别、退出精准度。③精准帮扶。考核当地群众对驻村工作队和帮扶责任人帮扶工作的满意度。④扶贫资金。依据财政专项扶贫资金绩效考评办法,重点考核各省(自治区、直辖市)扶贫资金安排、使用、监管和成效等。

考核工作包括五个步骤:①省级总结。各省(自治区、直辖市)党委和政府对照国务院扶贫开发领导小组审定的年度减贫计划,就工作进展情况和取得成效形成总结报告,报送国务院扶贫开发领导小组。②第三方评估。国务院扶贫开发领导小组委托有关科研机构和社会组织,采取专项调查、抽样调查和实地核查等方式,对相关考核指标进行

---

① 中共中央办公厅、国务院办公厅:《省级党委和政府扶贫开发工作成效考核办法》(厅字〔2016〕6号),2016年2月9日起实施。

评估。③数据汇总。国务院扶贫办会同有关部门对建档立卡动态监测数据、国家农村贫困监测调查数据、第三方评估和财政专项扶贫资金绩效考评情况等进行汇总整理。④综合评价。国务院扶贫办会同有关部门对汇总整理的数据和各省（自治区、直辖市）的总结报告进行综合分析，形成考核报告。考核报告应当反映基本情况、指标分析、存在问题等，作出综合评价，提出处理建议，经国务院扶贫开发领导小组审议后，报党中央、国务院审定。⑤沟通反馈。国务院扶贫开发领导小组向各省（自治区、直辖市）专题反馈考核结果，并提出改进工作的意见建议。

2016年3月，十二届全国人大四次会议通过的《中华人民共和国国民经济和社会发展第十三个五年规划纲要》[①]强调，要全力实施脱贫攻坚。全面做好精准识别、贫困户建档立卡工作；加强贫困人口动态统计监测，建立精准扶贫台账，加强定期核查和有进有出动态管理；建立贫困户脱贫认定机制，制定严格规范透明的贫困县退出标准、程序、核查办法，建立扶贫政策落实情况跟踪审计和扶贫成效第三方评估机制是对扶贫工作和脱贫程序的重要要求。

为贯彻落实《中共中央国务院关于打赢脱贫攻坚战的决定》和中央扶贫开发工作会议精神，切实提高扶贫工作的针对性、有效性，2016年4月28日，中共中央办公厅、国务院办公厅《印发〈关于建立贫困退出机制的意见〉的通知》[②]明确指出，要深入实施精准扶贫、精准脱贫，以脱贫实效为依据，以群众认可为标准，建立严格、规范、透明的贫困退出机制，促进贫困人口、贫困村、贫困县在2020年以前有序退出，确保如期实现脱贫攻坚目标。①贫困人口退出。贫困人口退出以户为单位，主要衡量标准是该户年人均纯收入稳定超过国家扶贫标准且吃穿不愁，义务教育、基本医疗、住房安全有保障。贫困户退出，由村

---

① 《中华人民共和国国民经济和社会发展第十三个五年规划纲要》，新华网，http://news.xinhuanet.com/politics/2016lh/2016-03/17/c_1118366322.htm，2016年3月17日。

② 中央办公厅、国务院办公厅：《印发〈关于建立贫困退出机制的意见〉的通知》（厅字〔2016〕16号），2016年4月28日发布。

"两委"组织民主评议后提出,经村"两委"和驻村工作队核实、拟退出贫困户认可,在村内公示无异议后,公告退出,并在建档立卡贫困人口中销号。②贫困村退出。贫困村退出以贫困发生率为主要衡量标准,统筹考虑村内基础设施、基本公共服务、产业发展、集体经济收入等综合因素。原则上贫困村贫困发生率降至2%以下(西部地区降至3%以下),在乡镇内公示无异议后,公告退出。③贫困县退出。贫困县包括国家扶贫开发工作重点县和集中连片特困地区县。贫困县退出以贫困发生率为主要衡量标准。原则上贫困县贫困发生率降至2%以下(西部地区降至3%以下),由县级扶贫开发领导小组提出退出,市级扶贫开发领导小组初审,省级扶贫开发领导小组核查,确定退出名单后,向社会公示征求意见。公示无异议的,由各省(自治区、直辖市)扶贫开发领导小组审定后向国务院扶贫开发领导小组报告。国务院扶贫开发领导小组组织中央和国家机关有关部门及相关力量对地方退出情况进行专项评估检查。对不符合条件或未完整履行退出程序的,责成相关地方进行核查处理。对符合退出条件的贫困县,由省级政府正式批准退出。

《省级党委和政府扶贫开发工作成效考核办法》明确指出,考核结果作为对省级党委、政府主要负责人和领导班子综合考核评价的重要依据。因此,地方党政领导干部"官帽"戴得稳不稳,或许将与脱贫成效息息相关。考核办法的出台明确了脱贫成效考核的指挥棒作用;《关于建立贫困退出机制的意见》是解决"如何退"的指导性文件,是地方政府彰显脱贫成效的重要依据。

三 脱贫成效精准的在地化政策与实践

(一)脱贫成效精准的在地化政策

改革开放以来,湖北省的扶贫开发工作取得了一定的成效,贫困地区的面貌也发生了显著变化，5年间减贫人数达到411万人，但是扶贫开发任务仍然艰巨而繁重。本着"精准扶贫、不落一人"的总体要求，湖北省从省情出发并以连片特困地区作为扶贫攻坚战的主战场，以开发扶贫与社会保障两轮驱动、片区攻坚与精准扶贫同步推进、政府市场社会"三位一体"的原则扎实推进精准扶贫和精准脱贫工作。

2014年5月，湖北省出台了《关于创新机制扎实推进湖北农村扶贫开发工作的实施意见》[1]，强调要推进扶贫开发重点领域的改革，提出把提高贫困人口生活水平和减少贫困人口数量作为重点县考核主要指标，对限制开发区域和生态脆弱的重点县取消地区生产总值考核，对其他重点县降低地区生产总值考核权重，引导重点县党政领导班子和领导干部把工作重点放在扶贫开发上；完善地方党政主要负责同志扶贫工作责任制考核办法，建立扶贫开发效果评估体系，研究重点县退出机制。

在深入推进扶贫开发项目建设的基础上，湖北省逐步形成对贫困村和贫困户进行考核和评估的相关管理办法和规定，并在实践过程中逐步完善。2014年11月，湖北省扶贫办颁布了《关于印发〈湖北省干部驻村帮扶贫困村和贫困户工作考核办法〉的通知》[2]，对全省驻村帮扶的单位及责任人进行考核，强化组织领导力量，落实扶贫开发责任。其中，对帮扶成效的考核主要从干部驻村帮扶工作队协助村"两委"核实贫困对象，制定村发展规划、帮扶贫困村方案和贫困户脱贫计划，推动经济发展、改善民生、完善基础设施、加强基层组织建设等重点工作情况出发，实行百分制计分式考核，进而强化主体责任，确保贫困地区脱贫目标任务如期实现。

2015年9月，中共湖北省委十届六次全体（扩大）会议上通过了

---

[1] 中共湖北省委、湖北省人民政府：《关于创新机制扎实推进湖北农村扶贫开发工作的实施意见》（鄂发〔2014〕12号），2014年5月15日发布。

[2] 湖北省扶贫办：《关于印发〈湖北省干部驻村帮扶贫困村和贫困户工作考核办法〉的通知》（鄂政扶发〔2014〕24号），2014年11月12日发布。

《中共湖北省委、湖北省人民政府关于全力推进精准扶贫精准脱贫的决定》①，强调以生产生活条件的改善和公共服务均等化来提供保障、以产业扶贫等方式增加农民的收入并推进贫困户自主发展。同时，对贫困人口脱贫、贫困村出列以及贫困县"摘帽"的标准分别做了相关规定。贫困人口脱贫主要从生产和就业发展、移民搬迁、低保政策以及医疗救助四个方面进行评估：①在生产和就业方面要求贫困户年人均可支配收入增幅高于全省农村居民人均可支配收入增幅，收入水平超过同期国家扶贫标准并力争达到所在县农村居民人均可支配收入的70%以上；贫困户自我发展能力全面提升，每一户都有一项以上增收致富的主业，掌握一门以上就业创业技能；基本公共服务主要指标达到小康水平，贫困代际传递得到有效阻断。②在移民搬迁安置方面，要求贫困户人均有20平方米以上的安全保障房，就近调配必需的生产用地。③在低保政策兜底方面，要求低保户和五保户每人每年保障性收入超过同期国家扶贫标准，基本公共服务主要指标达到小康水平。④在医疗救助扶持方面，要求新农合参与率达到98%以上，贫困户参与新农合就医报销比例提高20%，降低贫困户大病保险起付线，提高大病保险报销比例，加大医疗救助力度，提高医疗救助标准，贫困人口享有更加均等的公共卫生和基本医疗服务。贫困村出列的标准为贫困户全部脱贫、居民人均可支配收入达到全省平均水平的70%以上、村集体经济收入达到5万元以上，村基础设施较为完善，生产生活条件得到显著改善，村基本公共服务主要指标达到全省平均水平。贫困县"摘帽"的主要标准为贫困县贫困发生率、农村居民人均可支配收入、人均地方公共财政预算收入等需达到国家规定标准。该决定对脱贫成效考核的验收标准和程序提出了明确的要求和规定，对全省实现精准脱贫具有指导性的意义。

在对脱贫成效的相关考核标准进行明确规定后，为加强对扶贫对象

---

① 中共湖北省委、湖北省人民政府：《中共湖北省委、湖北省人民政府关于全力推进精准扶贫精准脱贫的决定》（鄂发〔2015〕19号），2015年9月28日发布。

的退出管理和确保全省如期全面建成小康社会,湖北省委、省政府于2015年8月联合出台《关于建立精准脱贫激励机制的实施意见》(鄂办发〔2015〕39号),对相关的脱贫程序和脱贫标准进一步规范和完善。为激励提前脱贫,该文件明确规定,到2020年,扶持政策不变、投入力度不减、对口帮扶单位不撤并对按期或提前脱贫的贫困户予以慰问,对贫困村、县的党政领导班子和干部给予一定的嘉奖并作为提拔和重用的依据。

2016年4月,为认真贯彻实施《中共中央国务院关于打赢脱贫攻坚战的决定》和《中共湖北省委、湖北省人民政府关于全力推进精准扶贫精准脱贫的决定》,中共湖北省委、湖北省人民政府出台了《中共湖北省委湖北省人民政府关于贯彻实施〈中共中央国务院关于打赢脱贫攻坚战的决定〉的意见》,要求实行网格化管理,并认真做好建档立卡"回头看"工作,落实精准扶贫方略,确保精准脱贫到户到人;建立贫困户脱贫认定机制和后续扶持机制并使已脱贫农户在一定时期内能够继续享受扶贫相关政策。

由于各地在组织开展扶贫对象退出验收时,出现了对政策理解不一致、验收主体不明确以及基本程序不到位等问题,湖北省扶贫攻坚领导小组于2016年4月就准确把握验收标准出台了《省扶贫攻坚领导小组关于扶贫对象退出验收的指导意见》[①](鄂扶组发〔2016〕7号),要求各地在具体执行中可根据脱贫标准,细化、量化验收指标,形成验收评分体系。对贫困人口开展脱贫验收时要在算好贫困人口收入账的同时,更加突出"有稳定的收入来源,不愁吃、不愁穿,义务教育、基本医疗、住房和养老"这些贫困人口脱贫的条件,着眼于贫困人口自我发展能力的提升。对贫困村出列验收时要把贫困人口全部脱贫作为判定贫困村能否出列的首要依据;在注重贫困村居民人均可支配收入、贫困村

---

① 《省扶贫攻坚领导小组关于扶贫对象退出验收的指导意见》(鄂扶组发〔2016〕7号),2016年4月。

集体经济收入的同时，兼顾均衡发展并达到省委、省政府决定中规定的"九有"标准，确保贫困村全体村民共享扶贫成果。对于贫困县"摘帽"的验收要把贫困人口全部脱贫、贫困村全部出列作为判定贫困县"摘帽"的主要依据。具体的退出程序采取扶贫对象申请、数据采集、民主评议、公示公告、退出销号等来进行严格管理；验收程序则按照一定的比例实行"一普查二抽查三核查"的原则，建立验收责任体系并开展第三方评估，重点对退出程序的规范性、脱贫数据的准确性和脱贫结果的群众认可度进行考察。

为提升扶贫的针对性和脱贫的实效性，助力减贫治理科学化和现代化，建立有效的外部监督制衡机制，湖北省组织第三方开展减贫脱贫成效评估。2016年4月，出台了《省扶贫攻坚领导小组关于组织第三方力量开展减贫脱贫成效评估的意见》（鄂扶组发〔2016〕8号），明确提出，全省有扶贫开发工作任务的市（州）、县（市、区）、乡（镇）和贫困村、贫困户是第三方评估的基本对象，评估的主要内容包括扶贫政策落实、扶贫任务完成、扶贫工作满意度等情况。扶贫政策落实情况重点评估贫困人口识别准确率和扶贫政策落实情况；扶贫任务完成情况重点评估贫困人口退出准确率和精准扶贫财政投入落实情况；扶贫工作满意度情况重点评估精准帮扶、因村因户施策的情况。组织开展评估的基本程序应当包括确定评估机构、审议评估方案以及上报评估报告，在不干预第三方独立开展工作的前提下积极配合并建立相应的监督机制。

以建立严格、规范、透明的贫困退出机制为目的，如期实现脱贫攻坚为目标，湖北省政府办公厅于2016年12月印发了《省扶贫攻坚领导小组关于印发〈湖北省贫困人口脱贫、贫困村出列、贫困县"摘帽"实施办法〉的通知》（鄂扶组发〔2016〕26号）要求切实做到应进则进、应扶则扶、应退则退，同时对退出标准进一步细化、对退出程序进一步规范、对脱贫出列档案进一步梳理。贫困人口退出以"一有两不愁四保障"为标准。"一有"指有稳定的收入来源，收入水平超过同期国家扶贫标准，有劳动力的贫困户年人均可支配收入增幅高于全省农村居民人均可支配收入平均增幅；"两不愁"指不愁吃与不愁穿；"四保障"指贫困户的教育、医疗、住房以及养老均可得到救助和保障。对贫困村出列，要求村贫困户全部脱贫、农村居民人均可支配收入达到全省平均水平的70%以上、村集体经济收入达到5万元以上，以上三条实行"一票否决"，另外，贫困村的基础设施要完善且基本公共服务主要指标达到全省平均水平。在退出程序上，贫困户的退出要遵循民主评议、核实认定、公示公告的步骤，贫困户退出档案要包括退出确认书、家庭可支配收入清单、精准脱贫评估验收表以及民主评议会议记录等；贫困村出列要依据调查核实、予以公示、公告出列，对贫困村出列实行逐级验收且采取百分制打分的方式，具体评分细则由各地依据贫困村出列的五项标准制定，贫困村出列的档案应有村出列申请、村统计年报、村精准扶贫政策清单等"十有"。同时，第三方评估的内容要包括年度减贫目标任务完成情况、脱贫真实性、群众满意度情况的考察，各地可适时调整。

（二）脱贫成效精准的地方实践

围绕全面建成小康社会的奋斗目标，深入贯彻落实党的十八大精神和习近平总书记关于扶贫开发系列重要讲话精神，领悟省委、省政府关于扶贫开发工作的相关重要指示，湖北省各贫困县针对自身县域概况对评估和考核进行了落实并制定了相应的措施。

湖北省作为一个拥有5851万（2017年）人口的大省，其贫困人口的数量是巨大的，在5年间取得减贫411万贫困人口的佳绩的同时，仍有400万建档立卡贫困户，这与湖北省特殊的地理位置和自然环境有关。湖北省全省划为武陵山区、大别山区、幕阜山区以及秦巴山区四个扶贫攻坚片区，全省有30个左右贫困县，其中包括25个国家级贫困县以及部分省定贫困县。其中，武陵山片区主要有巴东县、建始县、利川市、恩施市、宣恩县等；幕阜山片区主要有阳新县、通山县、通城县、崇阳县等；大别山片区主要有英山县、罗田县、麻城市等；秦巴山片区主要有郧西县、竹山县、丹江口市、房县、保康县等。

在脱贫成效精准方面，各县依据中央和省委的指示以及本县的实际情况，出台了相关的文件并采取了一定的措施。各县结合中央和省委的领导以及自身的实际将相关的脱贫标准进行了分类和细化，并力求如期完成脱贫。利川市在2016年7月出台的《中共利川市委利川市人民政府关于打赢脱贫攻坚战的决定》中要求以突出旅游扶贫为重点、以电子商务为对接，带动贫困户多元化增收，全市农民人均可支配收入要比2010年翻一番以上，贫困户年人均可支配收入增幅高于全省农村居民人均可支配收入增幅且收入水平超过同期国家扶贫标准，并力争达到全市农村居民人均可支配收入的70%以上；贫困村居民人均可支配收入达到全省平均水平的70%以上，集体经济收入达到5万元以上；全市贫困发生率、农村居民人均可支配收入、人均地方公共财政预算收入等达到国家规定标准。阳新县是国家级贫困县，县政府于2015年12月出台了《阳新县精准扶贫全面脱贫实施方案》，对贫困户实行"四看"标准，确保达到"四个看不到"目标是脱贫的基本条件。"四个看不到"即"看不到有人住土坯房"，"看不到简陋厨房和茅房"，"看不到无收入家庭和无技能劳动力"，"看不到贫困户上不起学、看不起病、养不了老"。阳新县通过发展产业以及旅游等，推动贫困户增收。英山县于2016年11月出台《关于印发〈英山县农村贫困对象脱贫验收暂行办法〉通知》（英扶组发〔2016〕31号）。文件规定，贫困人口脱贫的验收标准包括有劳动力的贫困户人均可支配收入增幅高于全省可支配收入增幅且收入水平超过同期国家扶贫标准、基本公共服务主要指标达到小康水平等，给予如期完成村出列、户脱贫任务的乡镇一定的奖励。

宜昌兴山县是宜昌市A等级贫困县之一，因其是王昭君故里而闻名，然而，多种因素造成兴山部分地区的贫穷和落后。建档立卡初期，经过评选、摸排、核查以及公示，兴山县共计13个贫困村20867户贫困户。兴山县扶贫办把贫困户的名单、财政扶贫资金的调拨与分配、生态移民等各项工作公开在扶贫网站上，对脱贫、销户的贫困村和贫困户名单都公示在网络上,接受反馈和监督。2016年,兴山县对全县8个乡镇96个村进行了再次大核查和全面摸排,剔除不符合条件的贫困人口,对因灾致贫、因灾返贫及其他当时漏录的贫困人口予以补录,并填补了全国扶贫开发信息系统中扶贫对象空值数据。同时,加强了县内精准扶贫信息化建设,完成精准扶贫导航到户地理信息采集,开展了精准扶贫网格化管理,建立了信息完整、数据规范的建档立卡数据,"硬伤户"基本清除。2016年8月,国务院扶贫办推介了兴山扶贫经验,兴山出台的产业扶贫精准增收、教育扶贫全面兴智、社会保障分类解忧的方式成功减贫2.47万人的经验得到推广。2017年3月,兴山县扶贫攻坚工作领导小组印发的《〈兴山县2017年脱贫攻坚工作要点〉的通知》(兴扶组办〔2017〕1号)强调了"五个一批"的重点要求和实施基础设施建设的重要性,以光伏发电等项目促进村集体增收并加大对产业发展的奖补力度;以电视专栏、微信公众号等方式加强对扶贫工作的宣传并建立县、乡、村"三级帮扶"机制。通过不断的"回头看"和摸排,完成对贫困户地理信息导航和建立动态的建档立卡数据库,建立以产业、教育以及医疗为主的扶贫长效机制,带动贫困户增收致富,并对其基本生活实现较为完善的保障体系,走农户申报、开会评议、入户核实、公示公告的程序实现脱贫户的销号,公示的名单不仅在村公示栏进行公示,也在县扶贫办网站上进行长期公示,以接受社会各界人士的监督和实时反馈。

保康县位于秦巴山片区腹地,是湖北省脱贫奔小康试点县和省定贫困县之一,也是襄阳市唯一被全山区包围的县。全县建档立卡贫困村共计65个,在2012年至2016年完成了31个贫困村出列并计划于2019年整县脱贫摘帽。根据中共中央和湖北省委关于精准扶贫建档立卡的相关要求,保康县于2014年4月制定了《关于印发〈保康县农村扶贫开发建档立卡工作方案〉的通知》(保政扶组发〔2014〕10号)。文件规定:以2013年农民年人均纯收入2736元的国家农村扶贫标准作为县扶贫对象的识别标准;由村委会、驻村工作队以及大学生志愿者对已确定的贫困户填写《扶贫手册》；实行村委会、乡镇政府、县扶贫办三级核实的模式。村纳入时以无集体经济收入和贫困发生率最高为标准，在实行规模分解后由乡镇和县扶贫办审核并公示公告。

在2016年实行建档立卡"回头看"时发现存在不合规之处，并出台《关于印发〈保康县贫困人口精准识别专题审计整改工作方案〉的通知》（保扶指办发〔2016〕15号），要求解决结对帮扶过程中出现的"空白"区域以及贫困信息差漏问题，对贫困户户籍属性变更仍居住在农村的不应剔除，确立九项贫困人口识别负面清单。在贫困人口退出方面，采用"该户年人均可支配收入"＋"有产业、不愁吃、不愁穿，义务教育、基本医疗、住房安全、养老有保障"的多维核定标准，"有稳定的收入来源"指每户有一项以上增收致富的主业和一门以上就业创业的技能。脱贫考核主要从脱贫要件、脱贫程序以及脱贫档案三个方面进行。脱贫要件指享受过扶贫政策，观念有所转变且发展能力有所提高，有稳定的收入和增收渠道；脱贫程序包括村小组提名、代表大会评议、形成初步名单、村委会和驻村工作队核实、村支书和工作队以及贫困户三方签字，并形成名单公示和上报。

在精准脱贫上，实行"难易搭配"即根据乡镇和贫困村的现状和发展情况，选择条件较好的村适当靠前安排，条件较差的村适当靠后安排，贫困村较多的乡镇按照脱贫的难易程度进行搭配，贫困人口以梯次安排的方式实现脱贫；制定了《贫困人口脱贫验收办法》，对贫困人口脱贫提出了明确的量化评分标准，诸如对个体收入的核算包括农家乐、小卖部等，做到"有进有出"。实行对标管理，对照脱贫村、贫困人口脱贫标准实行差什么补什么的方式，对照标准抓落实；对具体存在的问题实行目标化、路径化管理；在扶贫政策宣传方面，采取和县级主流媒体相配合的形式，编制全县精准扶贫政策"一卡通"；在核查方面，实行"三级验收"和湖北文理学院第三方评估机构相结合的形式。另外，注重对已脱贫人员的"回头看"，对所有已脱贫对象仍逐村逐户地开展问题排查并明确责任人员以巩固脱贫成果。

值得强调的是，脱贫成效重在精准脱贫，但也是多方协作、综合发力的结果。保康县在评估"有稳定收入来源"这项指标时强调农户有一项以上的增收产业和一门以上的技能，通过农商行给予贷款、加大奖补力度和提供保险的方式促使贫困户增强自身发展产业的意愿和能力；通过易地搬迁和风情小镇、美丽乡村建设相结合的方式，配套完善安置点的基础设施，同步完善公共服务，确保搬迁户的需求得到切实保障，以企业带动、资产收益以及直补到户的方式促进搬迁户的发展和增收。通过多方力量的整合和协作，通力解决由于全山区包围的特殊地理环境而造成的与外界道路不畅、信息不通、销路不广、搬迁少地等问题，进而在合力带动和保障下推进农户自身发展意愿的增强和自身发展能力的增强，以"精神扶贫"助推"精准扶贫"，促进农户增收并顺利脱贫。

四 小结与讨论

自1986年我国认定国家级贫困县以来，贫困县名单虽历经多次调整，但贫困县退出机制问题并未得到讨论。这在一定程度上造成了一些地方为获得国家扶贫优惠政策及扶贫资金而怠于脱贫。戴着"贫困县"的帽子，意味着享有特殊的国家优惠待遇。而精准扶贫、精准脱贫基本方略则在精准识别和精准帮扶的基础上给贫困县设定到2020年贫困县脱贫摘帽、贫困村出列、贫困户退出的目标，从而促使地方政府有动力脱贫。这是在当前历史条件下达至全面建成小康社会的必然要求，也是减贫理论与实践的新发展。

为达到脱贫成效精准，全国各地均比照中央贫困退出政策，以国家扶贫战略为依据，根据各地实际情况制定贫困退出标准、退出程序、退出方法。其基本特点是以人均收入水平为核心，按照县乡村户逐级分解任务；以既定时间节点为基准，分阶段分步骤逐渐实现脱贫摘帽；以激发贫困对象主动性为原则，形成倒逼机制，采取"摘帽不摘政策"；以适度的奖惩为补充，重视进退结合、奖惩结合；以创新和科学为指导，不断创新工作方式，科学高效推进减贫工作。同时各地的扶贫退出机制又表现出一定的差异性，推进速度和程度不同，退出标准不尽相同，实施思路和内容也有所差异。① 这就在内涵上进一步彰显了精准的要义。

贫困考核机制和贫困退出机制的建立，在制度上保障了脱贫成效的精准，但是在实践中仍然存在一些问题与风险。②

第一，贫困考核机制和贫困退出机制可能存在不公平性风险。在贫困考核机制指挥棒作用下，地方政府受到激励，从而加强对扶贫的投入，但是考核机制更多考虑脱贫成效，在一定程度上忽视了不同地区脱贫难度和脱贫成本的差异性。自然条件恶劣、发展资源匮乏、区位处于劣势的深度贫困地区可能会面临更大的挑战。基于脱贫成效的绩效考核可能会存在公平性风险。

第二，贫困进入机制可能存在自动关闭风险。贫困考核机制虽然也提到贫困进入机制，即考虑了因灾返贫、因病返贫的风险，但是在以脱贫人口数量和速度为重的整体考核指标的指引下，在明确的贫困退出时间的推动下，扶贫效果的不确定性风险可能被忽略，贫困的进入机制存在自动关闭风险，返贫人口的扶持可能存在被忽视的风险。

第三，脱贫成效可能存在不可持续性风险。在贫困考核机制指挥下，各地政府的工作重心均集中于精准扶贫，各项资金也整合聚集，各扶贫主体"众人拾柴火焰高"，脱贫成效立竿见影。但是在当前宏观经济环境面临下行压力，产业结构调整导致劳动力密集型产业发展增速放缓等客观发展环境下，扶贫效果的可持续性可能面临风险。

---

① 张琦：《贫困退出机制的现实操作：冀黔甘三省实践与启示》，《重庆社会科学》2016年第12期。
② 唐丽霞：《精准扶贫机制的实现——基于各地的政策实践》，《贵州社会科学》2017年第1期。

第三篇
"五个一批"的顶层设计与具体实践

篇首语　落实五个一批，坚持分类施策

随着中国农村减贫形势的变动，一般性的制度改革、经济增长和政策干预的减贫效应逐渐衰弱，增强各类政策资源对贫困人口减贫与发展实际需求的衔接与匹配，是打赢新形势下脱贫攻坚战的必然要求。党的十八大以来，在习近平扶贫开发战略思想的指引下，以精准扶贫、精准脱贫为理念基石，中国国家减贫治理体系不断在创新中完善。中央层面高位谋划、顶层设计，出台了一揽子政策和改革举措，着力提升国家减贫行动对贫困人口差异化、多元化需求的回应能力，其中，坚持"五个一批"的分类施策原则是解答"怎么扶"这一精准扶贫核心问题的钥匙。

一　"五个一批"的由来

长期以来，底数不清、情况不明，是制约国家减贫干预取得实效的主要原因之一。2014年，被誉为精准扶贫"一号工程"的建档立卡工作在全国范围铺开，各省密集推进，在当年10月实现了数据全国并网。此后，经历了多轮"精准扶贫回头看"以后，建档立卡数据的精度大幅提升。建档立卡的"减贫大数据"不仅找准了贫困人口，解决了"扶持谁"的问题，也为回答"怎么扶"的问题提供了坚实的基础信息。从建档立卡数据的分析来看，新时期中国农村贫困人口致贫因素非常多元，相应地，减贫政策需求的异质性也非常强，难以通过单项的政策干预实现有效减贫，而是需要更加多元化的政策工具组合，来响应其实际需求，切实解决好"怎么扶"的问题。

为此，习近平总书记提出了"五个一批"的减贫方略，具体包括：①发展生产脱贫一批。引导和支持所有有劳动能力的人依靠自己的双手开创美好明天，立足当地资源，实现就地脱贫。②易地搬迁脱贫一批。贫困人口很难实现就地脱贫的要实施易地搬迁，按规划、分年度、有计划组织实施，确保搬得出、稳得住、能致富。③生态补偿脱贫一批。加大贫困地区生态保护修复力度，增加重点生态功能区转移支付，扩大政策实施范围，让有劳动能力的贫困人口就地转成护林员等生态保护人员。④发展教育脱贫一批。治贫先治愚，扶贫先扶智，国家教育经费要继续向贫困地区倾斜、向基础教育倾斜、向职业教育倾斜，帮助贫困地区改善办学条件，对农村贫困家庭幼儿特别是留守儿童给予特殊关爱。⑤社会保障兜底一批。对贫困人口中完全或部分丧失劳动能力的人，由社会保障来兜底，统筹协调农村扶贫标准和农村低保标准，加大其他形式的社会救助力度。要加强医疗保险和医疗救助，新型农村合作医疗和大病保险政策要对贫困人口倾斜。要高度重视革命老区脱贫攻坚工作。需要注意的是，习近平总书记提出的"五个一批"是重要思想，并不仅仅就是数字"五"的限制，致贫原因千差万别，脱贫路径显然也会是多种多样，不仅仅就是这五种办法。不能形而上学地理解。

二　"五个一批"的顶层设计

"五个一批"涵盖了发展生产、扶持就业、易地搬迁、教育、医疗、住房安全等各项内容，是实现"两不愁、三保障"目标的具体办法。学理层面来讲，贫困的成因是多维的，并且在区域层面、社区层面、个体层面，致贫因素组合以及潜在的资源禀赋往往是有差异的。因此，"找准发展路子"就成为有效贫困治理的关键所在。同时还应看到，上述"五个一批"每一个方面的内容，均涉及大量的配套改革和政策安排。以"发展生产脱贫一批"为例，在新时期中国农村减贫与发展的现实语境中，"发展生产脱贫一批"需要置于农业现代化、农业供给侧结构性改革的整体背景下考量。一方面，更好地发挥政府作用，通过政策、金融、保险等多种制度安排，"让市场运转起来"，通过市场机制，推进农业产业化发展，释放发展红利；另一方面，要推进各项改革，构建好的体制机制，增强贫困人口参与发展，分享发展红利的能力，如建立利益联结机制、有序推进经营制度改革、能力建设等。

可以说，贯彻落实"五个一批"的减贫方略，需要坚持问题导向，以系统思维、辩证思维的方法，统筹谋划、高位推动。2015年11月29日，中共中央、国务院印发了《关于打赢脱贫攻坚战的决定》，明确了"五个一批"各项工作的要求和推进路径。各部委结合部门工作，出台了一揽子政策文件，贯彻落实《关于打赢脱贫攻坚战决定》的各项要求。如农业部等9个部委联合印发了《贫困地区发展特色产业促进精准脱贫指导意见》，卫计委等15个部委联合印发了《关于实施健康扶贫工程的指导意见》，教育部等7个部委加大力度继续实施《关于实施教育扶贫工程的意见》，等等。这些政策体系共同构筑起"五个一批"的顶层设计，为各行业部门参与脱贫攻坚提供了行动指南，有效凝聚了"行业扶贫"的合力。

三 "五个一批"的地方实践

在"中央统筹、省负总责、市县抓落实"的扶贫开发管理体制中，党中央、国务院主要负责统筹制定扶贫开发大政方针，出台重大政策举措，规划重大工程项目。省（自治区、直辖市）党委和政府对扶贫开发工作负总责，结合省情，抓好目标确定、项目下达、资金投放、组织动员、监督考核等工作。市（县）党委和政府主要职责在于做好上下衔接、域内协调、督促检查工作，把精力集中在贫困县如期摘帽上。县级党委和政府承担主体责任，书记和县长是第一责任人，需要结合县域实际，做好进度安排、项目落地、资金使用、人力调配、推进实施等工作。

"五个一批"的顶层设计指明了各项政策安排、改革举措的推进方向和路径，而省、市、县等行政层级需要根据当地贫困问题实际和贫困治理需求，合理确定目标、明确政策细则，形成契合实际的"操作文本"，并保障各项政策能"落地"，转化为贫困人口实实在在的"获得感"，帮助其实现"稳定脱贫"。全国范围来看，各省都出台了省级"1+N"的文件体系，总体谋划省域脱贫攻坚的工作全局，各地在具体落实的过程中，有很多创新的做法，例如在产业扶贫方面，贵州形成了"三变经验"，不仅最大限度地激活了农村沉睡的生产要素，也保障了贫困农户参与并分享发展红利的权益。当然也应看到，局部仍然存在认识不到位、政策不到位、落实不到位的现象，存在以行政思维代替发展思维、以指标管理代替贫困治理的现象，形式主义的问题在一定范围内还较为突出，各项政策的具体落实效能仍有待提升，配套的体制机制改革仍有待深入推进。

在接下来的几个章节里面，我们将以"五个一批"为序，按照"顶层设计"、"地方实践"和"启示与政策建议"的形式，呈现调研组基于实践的一些发现。一方面梳理各地贯彻落实"五个一批"减贫方略形成的经验，另一方面为政策的进一步优化提供参考。

第八章 特色产业扶贫

发展生产脱贫一批，引导和支持所有有劳动能力的人依靠自己的双手开创美好明天，立足当地资源，实现就地脱贫。

——习近平

一 特色产业扶贫的提出背景

授人以鱼，不如授人以渔。帮助贫困人口通过发展农业生产提高收入，摆脱贫困，是全球反贫困理论与实践的核心议题，也是我国开发式扶贫的基本路径。改革开放之初，我国农村居民处于普遍贫困状态，正是通过实施家庭承包经营责任制等改革措施释放农户发展生产的积极性、主动性，农村经济才得以快速发展，农村扶贫开发短期内即取得全球瞩目的辉煌成效。实践证明，发展农业生产促进脱贫，是我国农村扶贫开发的一条基本经验。

经过30多年的发展，我国平原地区绝大多数人口已经摆脱贫困，剩余贫困人口主要集中于山区、高海拔地区。这些地区种植水稻、小麦等大宗农产品面临诸多劣势，但其资源环境的独特性常常为发展水果、茶叶、中药材、木本油料、特色养殖等特色产业提供了有利条件。随着经济发展和生活水平的提高，我国农产品消费市场发生了巨大变化，城乡居民对水果等特色农产品的需求不断增加，为山区、高海拔地区发展特色产业提供了日益扩展的市场空间。在这种背景下，中央结合宏观经济结构性调整的总体部署，将"发展特色产业脱贫"摆在"五个一批"的首位，做出顶层设计，出台系列支持政策，推动全国产业扶贫实践迈上一个新台阶。

本章在阐述中央政府特色产业扶贫政策设计的基础上,以贵州、湖北、宁夏等地为例,分析当前产业扶贫政策重点、成效与问题,提出相关对策建议。扶贫特色产业的种类很多,本研究仅讨论特色种养业及其衍生出来的相关加工业、服务业,不讨论乡村旅游等其他扶贫特色产业。

二 特色产业扶贫的顶层设计

《中共中央国务院关于打赢脱贫战的决定》、《"十三五"脱贫攻坚规划》均对发展特色产业促进脱贫进行了部署,《贫困地区发展特色产业促进精准脱贫指导意见》进一步做出了较为细致的安排,提出了比较系统的政策措施。①

(一) 选好选准特色产业

正确选择特色产业体现了产业项目安排上的精准要求,也是产业扶贫工作成功的关键。在我国产业扶贫实践的过程中,有不少失败的案例,产业选择不当是一个主要因素。《中共中央国务院关于打赢脱贫攻坚战的决定》提出:要重点支持贫困村、贫困户因地制宜发展种养业等;实施贫困村"一村一品"产业推进行动,扶持建设一批贫困人口参与度高的特色农业基地。《贫困地区发展特色产业促进精准脱贫指导意见》指出:要科学确定特色产业,科学分析贫困县资源禀赋、产业现状、市场空间、环境容量、新型主体带动能力和产业覆盖面,选准适合自身发展的特色产业;要积极发展特色产品加工,促进一、二、三产业融合发展,拓宽贫困户就业增收渠道。

---

① 《中共中央国务院关于打赢脱贫攻坚战的决定》(中发〔2015〕34号),2015年11月29日;《国务院关于印发"十三五"脱贫攻坚规划的通知》国发〔2016〕64号,2016年11月23日;《贫困地区发展特色产业促进精准脱贫指导意见》(农计发〔2016〕59号),2016年4月19日。

总而言之，产业发展助推精准脱贫的关键在于产业的选择，并以提升贫困地区及贫困人口的内生动力为主要目标。

（二）发挥新型经营主体的带动作用

贫困户自身的脱贫能力比较薄弱，在发展产业方面思路较窄、开拓能力不足、缺乏作出正确经营发展决策的能力，且在市场信息获得方面处于弱势地位，因而要借助市场力量带动贫困户发展，形成脱贫增收的合力，提高扶贫效益。《中共中央国务院关于打赢脱贫攻坚战的决定》提出：要加强贫困地区农民合作社和龙头企业培育，发挥其对贫困人口的组织和带动作用，强化其与贫困户的利益联结机制。农民合作社和龙头企业等是连接贫困农户和市场的桥梁，也是健全并完善产业价值链的主体力量。《贫困地区发展特色产业促进精准脱贫指导意见》也强调：要发挥新型经营主体的带动作用，培育壮大贫困地区种养大户、农民合作社、龙头企业等新型经营主体，支持通过土地托管、牲畜托养、吸收农民土地经营权入股等途径，与贫困户建立稳定的带动关系，带动贫困户增收；支持新型经营主体向贫困户提供全产业链服务，切实提高产业增值能力和吸纳贫困劳动力就业能力。

（三）强化产业扶贫的支持政策

1. 财政金融领域的支持

《贫困地区发展特色产业促进精准脱贫指导意见》提出：鼓励金融机构创新符合贫困地区特色产业发展特点的金融产品和服务方式，鼓励地方积极创新金融扶贫模式；积极发展特色产品保险，探索开展价格保险试点，鼓励保险机构和贫困地区开展特色产品保险和扶贫小额贷款保证保险。《关于加大贫困地区项目资金倾斜支持力度促进特色产业精准扶贫的意见》提出：允许国家级贫困县以主导产业为依托，打捆申报项目，促进涉农资金在贫困县整合，为产业精准扶贫提供强有力的资金支持。《关于金融助推脱贫攻坚的实施意见》指出：各金融机构要立足贫困地区资源禀赋、产业特色，积极支持能吸收贫困人口就业、带动贫困人口增收的绿色生态种养业、经济林产业、林下经济等特色产业发展；支持带动贫困人口致富成效明显的新型农业经营主体。①

2. 科技与人才领域的支持

《中共中央国务院关于打赢脱贫攻坚战的决定》提出：要加大科技扶贫力度，深入推行科技特派员制度，强化贫困地区基层农技推广体系建设，加强新型职业农民培训；积极推进贫困村创业致富带头人培训工程。《贫困地区发展特色产业促进精准脱贫指导意见》提出：要健全科技和人才支撑服务体系；加大贫困地区新型职业农民培育和农村实用人才带头人培养力度。

3. 电子商务和流通领域的支持

《贫困地区发展特色产业促进精准脱贫指导意见》指出：要改善流通基础设施，大力发展电子商务，建立农产品网上销售、流通追溯和运输配送体系。《关于促进电商精准扶贫的指导意见》提出：要推动"名特优新"、"三品一标"、"一村一品"农产品和休闲农业上网营销；制定适应电子商务的农产品质量、分等分级、产品包装、业务规范等标准，推进扶贫产业标准化、规模化、品牌化。②

三 特色产业扶贫的在地化政策与实践

出台产业扶贫实施意见、编制实施产业扶贫规划、细化产业扶贫政策措施是省级以下地方政府贯彻中央政府顶层设计的具体途径。

（一）因地制宜出台产业扶贫实施意见或编制产业扶贫规划

贵州省《关于扶持生产和就业推进精准扶贫的实施意见》提出：

---

① 《关于金融助推脱贫攻坚的实施意见》（银发〔2016〕84号），2016年3月16日。
② 《关于促进电商精准扶贫的指导意见》（国开办发〔2016〕40号），2016年11月4日。

要大力发展现代山地特色高效农业,发展农业优势产业和二、三产业,促进产业链增值收益更多留在产地、留给农民。① 《湖北省"十三五"产业精准扶贫规划(2016—2020年)》提出:大别山区、武陵山区、秦巴山区、幕府山区等贫困片区要从本地资源环境条件出发,大力发展本地特色优势产业,实现区域扶贫与产业精准扶贫"两轮驱动"。② 《自治区农牧厅、自治区扶贫办培育特色产业精准扶贫实施意见》提出:要依托自然资源和产业特点,因地制宜发展特色种养业,重点发展草畜、蔬菜、马铃薯、枸杞、酿酒葡萄、中药材、苗木、特色经果林、小杂粮等产业。③ 表8-1简单胪列了贵州、湖北、宁夏三省区的产业扶贫措施。

表8-1 贵州、湖北、宁夏产业扶贫规划与方案

贵州	水城县	以猕猴桃产业为例。着力打造从猴场乡阿志河大桥起,沿水黄路至玉马线至勺米镇坡脚村止的100公里猕猴桃长廊,实现该产业示范带种植无缝闭合,同时积极引导其他适宜区域加快发展的原则进行布局。做大做强全县猕猴桃产业,实现"十三五"期间猕猴桃面积达15万亩目标。 资料来源:《水城县2015年度猕猴桃种植工作方案》(水府办发〔2015〕212号),2015年10月19日。
	平塘县	以茶产业为例。遵循"相对集中连片"的原则,总体规划面积20万亩,即在现有6.03万亩茶园的基础上,新增茶园14万亩。坚持走"公司+基地+农户"产供销一体化的发展模式,重点支持"都匀毛尖"为主的"毛尖"系列产品,健全茶叶生产技术标准,完善茶叶质量检测体系,强化营销政策,打造品牌,促进以"都匀毛尖"为主的"毛尖"系列产品走向国内外市场。 资料来源:《平塘县茶产业发展规划(2013—2016年)》,茶叶产业化发展管理办公室,2013年12月25日。

---

① 《关于扶持生产和就业推进精准扶贫的实施意见》(黔党办发〔2015〕40号),2015年10月16日。
② 《湖北省"十三五"产业精准扶贫规划(2016—2020年)》,2017年1月19日。
③ 《自治区农牧厅、自治区扶贫办培育特色产业精准扶贫实施意见》〔宁农(产)发〔2016〕2号〕,2016年4月14日。

		续表
湖北	罗田县	以中药材产业为例。针对全县具有一定产业基础的贫困户，实施中药材产业精准扶贫"33521工程"（利用3年时间，向具有中药材种植意愿和条件的贫困户户均提供3万元担保贴息贷款和5000元扶持补贴资金，支持2000户贫困户发展中药材产业，力争实现贫困户户均增收过1万元）。到2017年，实现中药材种植面积20万亩，产量8万吨，总产值8亿元；到2020年，中药材产业发展成群众奔小康的支柱产业之一。 资料来源：《关于印发罗田县精准扶贫"三个一批"实施方案的通知》（罗办文〔2015〕31号），2015年8月15日。
	英山县	以茶产业为例。以推进精准扶贫为目标，以茶产业市场主体、自强互助扶贫合作社帮扶为动力，以科技为支撑，以金融支持为保障，实施茶产业精准扶贫，建立"政府+金融+茶产业市场主体+自强互助扶贫合作+贫困户"五位一体茶产业精准扶贫模式，完成茶产业精准扶贫任务。到2020年，帮扶100个村级自强互助脱贫合作社年平均收入达10万元以上。 资料来源：《英山县茶产业精准扶贫规划》，茶叶产业化办公室，2016年11月18日。
宁夏	原州区姚磨村	以冷凉蔬菜产业为例。建立土地股份制合作社，发展"村集体+土地股份合作社+农户"模式。以蔬菜产业为主导，集体统筹，集约发展，打造品牌效应，形成"一村一品"的产业聚集模式。以村集体为主体，将现有土地信托合作社改制为姚磨村兴民土地股份合作社，依托土地资源开展蔬菜种植，统一组织和经营管理，拓展广州、深圳、西安、兰州等大中型城市蔬菜市场。 资料来源：《宁夏回族自治区原州区姚磨村发展壮大村集体经济试点指导方案》，中国农业科学院农业资源与农业区划研究所，2016年11月。
	隆德县清凉村	以休闲农业为例。成立隆德县清凉林下产业专业合作社，由中国农业发展银行宁夏区分行投入资金11万元帮扶基础设施建设并作为村集体股份，村民自愿入股10万元。在清凉村花土湾建设隆德县清凉林下产业生态科技示范园，划分为畜禽养殖区、林花种植区和果林采摘休闲区。延长林下经济发展产业链，发展农家乐、休闲观光、亲子采摘、乡村旅游，促进村集体经济发展壮大。 资料来源：《陈靳乡清凉村休闲农业发展规划》，陈靳乡清凉村村民委员会、隆德县清凉林下产业合作社，2015年8月。

（二）健全新型市场经营主体的带动机制

贵州省《关于扶持生产和就业推进精准扶贫的实施意见》提出：要大力发展农村股份合作，积极培育新型农业经营主体，大力推进农业适度规模经营，引导贫困农户依法自愿有偿流转土地经营权，以土地和农业设施、机械、扶贫到户资金项目等资产作价入股，按股分享经营收益，提高贫困农户财产性收入。《湖北省"十三五"产业精准扶贫规划（2016—2020年）》指出：要积极培育专业合作社和家庭农场等新型市场主体，充分发挥专业合作社外联市场、内接农户的优势，将千家万户分散种植有机地统一起来，对农户统一品种、统一培训、统一销售；发挥龙头企业优势，带动贫困户实现稳定增收；支持龙头企业发展企业订单模式。《宁夏特色产业精准扶贫规划（2016—2020年）》指出：要培育壮大贫困地区农民合作社、家庭农场、种养大户、龙头企业等新型经营主体，支持新型经营主体通过土地托管、牲畜托养、吸收农民土地经营权入股等途径，与贫困户建立稳定的带动关系，带动贫困户增收；加快贫困县区农村产权制度改革，积极培育和发展农村产权流转服务中心，开展农村土地经营权、林权、"四荒"使用权、农村集体经营性资产、农业生产设施设备等农村产权流转交易；引导贫困户以土地入股等方式组建土地股份合作社，发展规模经营，从股权分红中稳定提高收入。表8-2介绍了贵州、湖北、宁夏三省区县、镇、村庄等不同层次的产业带动模式和利益联结机制。

表8-2　贵州、湖北、宁夏产业带动模式和利益联结机制

贵州	水城县猕猴桃产业	以"三变"（资源变股权、资金变股金、农民变股民）为抓手，按照"政府+农户"或"政府+民营公司（合作社）+农户"的"1+N"发展模式，以财政资金投入带动社会资本投资、农户土地资源入股，实现各方利益共享。在猕猴桃产业基地建设中，以两种方式建立企业和农户的利益联结机制：一是以土地承包经营权入股，按一定的递增方式让农民获得保底分红；二是农民以技术及劳动力入股，形成"务工工资+管理地块股权分红"模式。 资料来源：《水城县2015年度猕猴桃种植工作方案》（水府办发〔2015〕212号），2015年10月19日。
	平塘县茶产业	鼓励茶叶龙头企业通过合同订单、保护价收购、吸收基地农户参股等形式，保护农民利益，提高农民收益。引导农民在自愿的前提下，发展股份制和股份合作制经营，着力构建"公司+合作社+基地+农户"的产业化经营模式。逐步形成统一指导协调、统一规划实施、统一技术标准、统一育苗供苗、统一防治病虫、统一包装规格、统一质量检测、统一打造品牌、统一参评表彰、统一宣传运作的"十统一"管理机制，逐步形成目标一致、风险共担、利益共享、合力参与市场竞争的经济利益共同体。 资料来源：《平塘县茶产业发展规划（2013—2016年）》，茶叶产业化发展管理办公室，2013年12月25日。

续表

湖北	罗田县九资河镇中药材产业	中药材产业中市场经营主体主要通过三种模式对接贫困户：一是"公司（合作社）+贫困户"（包保脱贫模式），公司直接与贫困户对点帮扶，包括为贫困户提供中药材种子、技术服务、市场回收等，让贫困户在公司的直接帮助和扶持下硬脱贫；二是"公司+合作社+贫困户"（自主脱贫），公司为龙头，与合作社签订合作协议，为实力较差但社员较多的合作社提供资金、技术和市场支持，通过合作社这个纽带对贫困户实现扶持，帮助其脱贫；三是"公司（合作社）+基地+贫困户"（股份合作脱贫），公司出资金技术、群众出地出工作股份入股建基地，在确保群众收入底线的基础上，通过股份分红帮助群众脱贫致富。 资料来源：《关于打造"华中药都——湖北九资河"的报告》，九资河镇镇政府，2015年10月12日。
	英山县茶产业	重点支持"七送四高"的合作方式：送政策、送订单、送技术、送信息、送种苗、送农资、送股份；土地高于市场价流转、产品高于市场价收购、劳务高于市场价招聘、分红高于企业盈利水平。依托茶叶生产经营市场主体带动贫困户脱贫致富，大力推行龙头企业带动型（带动发展一批、流转茶园一批、转岗就业一批）、大户帮扶型（茶叶加工大户、产销大户对贫困户的鲜叶及产品优先实行保护价收购，并通过加工增值和扩大销售等途径提高贫困户的生产收入）、自产自销增收型（对有产业基础、有生产技术的贫困户实行结对帮扶，跟踪服务，由贫困户自主选择经营模式，实现增收脱贫）等产业扶贫模式。 资料来源：《英山县茶产业精准扶贫规划》，茶叶产业化办公室，2016年11月18日。
宁夏	原州区姚磨村冷凉蔬菜产业	以村集体为主体，将现有土地信托合作社改制为姚磨村兴民土地股份合作社，依托土地资源开展蔬菜种植，统一组织和经营管理，合作社每年从纯利润中提取10%公益基金、10%合作社发展基金和10%利益分配基金之后，剩余的70%用于社员分红。结合姚磨村冷凉蔬菜产业在加工外销环节出现运输包装箱严重缺乏问题，由村集体牵头，与瑞丰蔬菜合作社合作建立姚磨村蔬菜泡沫包装箱制造厂，合作社每年从纯利润中提取15%的资金作为风险提留金，用于每年股东红利的保底发放，保证股东的基本收入；另10%用于合作社发展基金，75%用于股东分红。 资料来源：《宁夏回族自治区原州区姚磨村发展壮大村集体经济试点指导方案》，中国农业科学院农业资源与农业区划研究所，2016年11月。
	隆德县清凉村林下经济	由村集体股和村民自愿入股成立清凉山林下产业专业合作社，建立林下产业科技示范园，实行按股分红、企业化管理的运作模式。通过"土地保底租金+按股分红+务工收入"带动脱贫：农户按入股土地面积获得保底租金；按土地承包经营权入股分红；通过参加合作社生产经营获得务工收入。村集体经济实行"村财乡管"，每年测算分配基数与净收入，提取20%公益金、20%公积金和20%风险基金之后，40%用于土地合作社股民分红。 资料来源：《宁夏回族自治区隆德县清凉村发展壮大村集体经济试点实施方案》，宁夏回族自治区财政厅、中国农业科学院农业资源与农业区划研究所，2016年10月。

(三) 强化产业扶贫的保障措施

《贵州脱贫攻坚投资基金扶贫产业子基金管理办法（试行）》显示，贵州省设立了1200亿元规模的产业基金，通过股权投资支持扶贫产业发展。《湖北省"十三五"产业精准扶贫规划（2016—2020年）》提出：强化产业扶贫投入保障机制，以财政资金统筹为主体，引导金融资金和社会资金等各种资金参与；大力实施扶贫小额信贷工程，鼓励有条件的县市统筹资金，建立风险补偿机制，对有发展意愿、有资金需求的贫困户实现"10万元以内、三年期限、无担保、免抵押、全贴息"基准利率的信用贷款全覆盖。宁夏回族自治区《关于创新财政支农方式加快发展农业特色优势产业的意见》提出：要从加强风险防控、加大涉农资金整合力度、创新财政支农方式、建立推荐审核机制等方面推进财政支农方式改革；支持开展关键技术攻关和实用技术推广、推进农业机械全程全面应用和加大农机农艺融合；强化农业信息服务。[①] 宁夏回族自治区农牧厅、财政厅还专门出台了《关于创新财政支农方式加快发展农业特色优势产业的扶持政策暨实施办法》，对财政资金支持特色产业进行了具体安排。表8-3列举了贵州、湖北、宁夏三省区县以下政府支持特色产业扶贫的相关措施。

表8-3　贵州、湖北、宁夏特色产业扶贫的保障措施

贵州水城县猕猴桃产业	水城县猕猴桃产业园区管委会负责制定全县猕猴桃产业技术标准；抓好猕猴桃产业技术创新；建立投融资平台，成立农业投资公司，对融资困难的实施主体进行扶持，按小额信贷的运作模式收取资金占用费；设立猕猴桃产业发展基金，进一步引导社会资金和促进融资，保障猕猴桃产业健康持续发展；组建技术服务体系，采取"送出去、请进来"等方式，为猕猴桃种植、加工等关键环节提供技术支撑。 资料来源：《水城县进一步加强猕猴桃产业发展实施意见》（水府办发〔2015〕12号），2015年1月29日。

[①] 《自治区人民政府关于创新财政支农方式加快发展农业特色优势产业的意见》（宁政发〔2016〕27号），2016年2月3日。

续表

贵州	平塘县茶产业	由政府牵头、组织相关部门，在农经网上开设茶叶专业网及时收集和发布茶叶产业相关信息。按照县委、县政府出台的茶产业发展意见精神，每年县财政安排1000万元资金作为茶业生产发展基金，用于茶产业发展的品牌建设、市场开拓、企业技改、新建茶园等。实施新建茶园补助政策，龙头企业、专业合作组织奖励扶持政策，茶叶销售市场扶持政策及其他贴息补助政策。 资料来源：《平塘县2016年茶产业发展报告》，平塘县茶办，2016年11月18日。
湖北	罗田县九资河镇中药材产业	引导支持金融机构与带动贫困户种植中药材的龙头企业（或合作社）签订扶贫贴息贷款协议。对符合条件的中药材种植户，在种植准备阶段给每户发放60%的扶贫资金或补助种子和种苗，经县农业局组织验收达标后再发放剩余的扶贫资金；对积极吸纳贫困户参与的各类市场主体，政府通过资金补助、贷款贴息和调度资金予以支持。 资料来源：《罗田县产业精准扶贫实施办法（试行）》（罗政办〔2015〕77号），2015年12月14日。
湖北	英山县茶产业	县政府与湖北省农科院等机构签订科技合作协议，合作开展技术引进和科技攻关，为茶农及相关市场主体提供科技培训与技术指导；支持建设全省县级最大规模的"中国大别山茶叶广场"；金融部门按户均2万元为贫困户或市场主体提供扶贫担保贴息贷款，对茶产业市场主体未借扶贫贷款而确实带动了贫困户增收的，每年按户均给予市场主体500元产业补助资金支持，对贫困户新发展茶叶产业基地的，补助500元/亩，改造茶叶产业基地的，补助200元/亩；统筹整合相关部门涉农产业项目资金，优先向村级自强互助脱贫合作社倾斜。 资料来源：《英山县茶产业精准扶贫规划》，茶叶产业化办公室，2016年11月18日。
宁夏	姚磨村冷凉蔬菜产业	积极配合固原国家农业高科技示范园项目建设，改造提升蔬菜全产业链建设，依托"一心两园三区"建设项目，以瑞丰合作社为主体，投入资金6500万元，新建智能化育苗温室、生态餐厅4栋20000万平方米，争取财政农发建设资金1500万元，新建高标准日光温室40栋；实施农村党员带头致富和带领群众共同致富的"两个带头人"能力建设，以脱贫攻坚成效来选用干部，激发广大干部自愿到贫困山区工作、自觉下基层的积极性。 资料来源：《彭堡镇姚磨村蔬菜基地简介》，彭堡镇党政办，2016年8月。

四 特色产业扶贫的初步效果

实践表明，特色产业扶贫的顶层设计，经省、县等层级的贯彻落实和创造性转化，在不同地域形成了不同特点的产业扶贫模式，取得了较明显的扶贫成效。这里仍以贵州、湖北、宁夏为例进行阐述。

（一）水城县猕猴桃产业

1. 带动盘活了农村资源，拓宽了农户增收渠道

入驻米箩镇的润永恒公司是农村"三变"改革的最初实践者和受益者。从 2012 年开始，公司入驻俄戛村，从事猕猴桃种植和销售，投资 1.8 亿元建设万亩猕猴桃产业园。推行农村"三变"改革的当年，公司产值 400 多万元，农民分红 100 多万元。截至 2015 年 9 月，建成猕猴桃基地 6700 亩，入股农户达 1286 户 3000 余人。农户通过土地入股，可获得保底分红（第一个五年 600 元/亩，第二个五年 1300 元/亩，第三个五年 2000 元/亩，第四个五年 2500 元/亩）；利用技术及劳动力入股，可获得管理地块产生利润 30% 的股权分红和务工工资（管理工人 3000 元/月，普通工人 1800 元/月）。

2. 农户收入不断提高，贫困人口逐年减少

猴场乡猴场村共 1250 户 5320 人自主种植猕猴桃，其中贫困户 134 户 410 人，全村共种猕猴桃 4550 亩，已挂果 1200 亩，年产猕猴桃 240 万斤，产值 3600 万元，农户在丰产期每年收入可达 1 万元/亩以上。润永恒公司的基地所在地俄戛村，猕猴桃产业覆盖 13 个组 460 户 1305 人，农户人均增收可达 8000 余元。润永恒公司 2014 年带动俄戛村脱贫 68 户 271 人，2015 年带动脱贫 78 户 301 人，2016 年带动脱贫 199 户 569 人。

（二）平塘县茶产业

1. 产业规模不断扩大，对贫困户的带动作用明显

全县茶园面积由 2007 年的 0.72 万亩增加到 2016 年底的 17.52 万亩，投产面积 8.28 万亩；全县从事茶叶种植、加工的农户有 7000 多户，涉茶人员 10 万人。2015 年茶叶产量 949 吨，产值 28668 万元，茶农人均年收入 4000 元以上。其中，种茶大镇大塘镇栽种茶叶 10.02 万亩，投产面积6.28万亩，截至2017年4月20日，全镇已加工茶叶24600万斤，产值1968万元，大塘镇11家茶企2017年春茶收购茶青、采茶务工费用共计528.9万元，带动贫困户420户就业。

2. 龙头企业不断发展壮大

截至2016年11月，全县注册成立茶企业40多家，注册茶叶类商标10多个。已有14家茶企投产，全部实现清洁化生产，累计完成茶叶产量1896吨，产值37920万元，其中名优茶产量321吨，产值24396万元；大宗茶产量1575吨，产值13524万元，完成茶叶销售547.8吨，占总产量的60%，销售总额17226万元，占总产值的55%；电商销售完成152万元，占总销售额的0.88%。

（三）罗田县九资河镇中药材产业

1. 贫困户发展产业增收明显

2016年，全镇发展中药材种植的贫困户达到1275户，合计种植茯苓约1054.3亩、天麻464.2亩。农户自主种植天麻每亩净利润1—10万元（视产量和品质而定），茯苓每亩净利润4000元左右，全镇中药材种植平均为贫困户增收8600元。

2. 龙头企业带动脱贫成效显著

本土龙头企业正光药业公司2017年扶持14个村共282户贫困户种茯苓，补贴茯苓种苗的30%，部分特困户100%补贴，共补助51930元，带动5个贫困户务工，人均年薪3—4万元，共带动291户农户发展中药材产业。全年合计发放中药材产业发展补助资金490万元，直接和间接带动全镇8个重点贫困村和834户贫困户"户脱贫、村出列"，脱贫成效明显。

（四）英山县茶产业

1. 产业规模扩大，贫困户发展产业的积极性提升

2016年，全县茶园总面积达到25.34万亩，茶叶总产量2.74万吨，

茶叶均价 72.4 元/公斤，产值 19.84 亿元；其中名优茶产量 1030 万公斤，均价 132.42 元/公斤，产值 13.64 亿元；大宗绿茶产量 1437 万公斤，均价 24.56 元/公斤，产值 3.53 亿元。茶产业对农民人均纯收入贡献率为 55%。

2. 贫困户组织化程度提高，自我发展能力增强

2016 年年底，全县参与茶产业精准扶贫的市场主体达 72 家，占全县产业扶贫的 70%，签订贫困户帮扶"五方协议"9888 户，占全县建档立卡贫困户总数的 30%，茶产业市场主体帮扶贫困户脱贫率达 70% 以上。2017 年，自主发展茶产业的农户每年每亩利润达 1000 元以上，每户平均种茶 10 亩左右，种茶年收入在 1 万元以上。

（五）固原市原州区姚磨村冷凉蔬菜产业

1. 产业发展规模不断扩大

姚磨村 2013 年建成原州区首个万亩冷凉蔬菜基地，为群众增收 400 余万元；2014 年在河东、别庄村流转土地 6000 亩，新建万亩冷凉蔬菜基地 1 个；2015 年底又在周边曹洼、石碑村流转土地 7000 余亩，打造曹洼-石碑万亩冷凉蔬菜基地，共打造 3 个万亩冷凉蔬菜，带动辐射周边 10 个村组大力发展蔬菜产业。

2. 带动农户增收明显

通过示范基地建设，提高蔬菜的质量，拓宽蔬菜的销售市场，增加产业附加值，增加农民收入，基地亩净增产值 1000 元以上，姚磨村户均增收 2000 元以上。同时带动辐射周边 10 个村组大力发展蔬菜，户均增收 5000 元以上，年均解决农村剩余劳动力 3000 余人。姚磨村 2015 年人均纯收入 9500 元，2016 年人均纯收入增加到 12000 元，增长率达 26%。全村 53 户贫困户有 44 户 2016 年实现脱贫。

（六）隆德县清凉村林下经济和休闲农业

1. 村集体经济不断壮大

村内农民合作社 2016 年养土鸡 10000 只，种植色素菊 220 亩，全年经营总收入达到104.6万元,实现纯收益19.8万元,累计现金入股39户、38.8万,土地入股13户、90亩。合作社年终按每股40元进行了分红,村集体获得收入1.07万元。

2. 农户增收渠道增加

2016年,本村农户在色素菊基地打工一天可获得80元工资,在养鸡场打工每月工资2000元,全村在合作社就业的劳动力达到50人以上,共获得工资性收入41.8万元。

五 特色产业扶贫面临的问题和挑战

在快速推进和发展的过程中,特色产业扶贫也暴露出一些值得重视的问题,出现了一些需要认真回应的挑战。

(一)产业链条短,产业化经营水平不高

尽管中央政府在制定政策时多次提到要促进一、二、三产业融合发展,但贫困山区不少特色农产品加工业都存在发展滞后、产业链条短、附加值低、效益不高、竞争力不强等问题。大部分特色产业只局限于一产,相关企业大多规模较小,机械化程度低,只能进行初级简单加工。例如,英山县茶叶加工仍以原料的初级加工为主,产品结构单一雷同,精深加工产品少,茶饮料、茶食品、茶保健品等产品开发基本还未起步。此外,水果等新鲜农产品的生产具有季节性,贫困地区冷链物流设施落后,农户以销售鲜果为主,面临上市季节价格下跌的困扰,从产业发展中获得的收益有限,制约了特色产业扶贫的实际效益。

(二)农民组织化程度不高,抵御风险的能力不足

近年来贫困地区虽然通过推进土地流转、培育新型经营主体,使得农民的经营规模有所扩大、合作化程度有所提高,但仍然有相当部分的农户进行小规模生产、分散经营,这些农户的生产经营受市场价格起伏

波动的影响较大。以罗田县九资河镇中药材产业为例，自己种植中草药并自行自销的农户占大多数，其产品质量参差不齐，市场价格不统一，存在"经纪人"压价赚取利润的情况；同时，农户抵御自然灾害风险的能力较差，因灾致贫或返贫的风险较高。

（三）贫困村发展特色产业的人力资源比较贫乏

特色产业发展对于经营者和劳动者的素质具有较高要求，生产阶段的劳动投入和田间管理技术决定着农产品的产量和质量，进而影响着其经济效益。例如，九资河种植天麻产业的农户，田间管理到位的每年可以获得每亩10万元的利润，而投入劳动量较少或很少管护的农户每年能获得的利润仅为每亩1万元，差距非常大。很多贫困村外出人口较多，留守农业的主要是妇女、老人，致使政府支持的特色产业扶贫项目常常面临劳动力短缺和后期管护难到位的问题。例如，贵州省平塘县茶产业发展过程中，由于劳动力质量跟不上，茶园管护不到位，茶叶产量和品质得不到保证，种植茶叶收入不高，难以达到持续增收的目的。

（四）市场主体的带动作用难以持续

在各地的产业扶贫实践中，形成了各种贫困户与新型市场经营主体对接的利益联结机制，虽带动了贫困户增收，但部分企业在一定程度上牺牲了自身经济效益，农户与市场主体之间的共赢机制尚不完善。还有部分市场主体被动参与扶贫，只为完成政府的任务、享受政策优惠而给予贫困农户资金或物质性的短期帮扶，对农户发展产业的后续问题往往没那么上心。对市场主体的评估机制不够完善，市场主体在享受政府扶贫资源的同时，究竟对贫困户有多大带动作用，如何发挥指导、帮扶、示范作用，则没有可靠的评价指标和评估制度。部分市场主体在享受扶贫资源的基础上，从发展产业中赚取大部分利益，而农户从中获益较少，利益分配不平衡，呈现"扶富不扶贫"的特征。如何能够让贫困户与市场经营主体在产业扶贫实践中获得双赢，使得产业扶贫机制具有可持续性，值得进一步思考。

（五） 一些顶层设计在基层未得到有效落实

各级政府虽相继出台了一系列产业扶贫扶持政策，但宣传力度不够，市场主体和扶贫对象对政策的了解不全面、不具体。有的政策性文件虽提出了指导性意见，却缺乏具体的实施细则，实际操作有困难。涉及产业扶贫的贴息贷款和扶持资金，有的还只停留在文件中，没有落实到产业上。有些扶贫资金审批步骤多、程序相对复杂，到位的速度相对较慢；有时候扶贫资金本应在农业投入的时间段发放，却错过了时间，导致扶贫资金的作用没有得到发挥和体现。顶层政策设计好，但好多没有得到落实，企业投入特色产业发展难以得到有效扶持，这是我们在调研中了解到的很多市场经营主体的反映。

六　启示与政策建议

（一） 经验和启示

我国的产业扶贫政策是自上而下设计的，在产业扶贫实践中，各地结合自身实际不断创新产业扶贫机制和模式，创造了一些先进经验，对完善相关政策措施具有一定启示作用。综合贵州省、湖北省、宁夏回族自治区产业扶贫的具体情况，可以总结出以下几点值得重视的经验。

1. 依托资源优势，突出地方特色

习近平总书记曾指出："一个地方的发展，关键在于找准路子、突出特色。欠发达地区抓发展，更要立足资源禀赋和产业基础，做好特色文章。"① 一方水土养一方人，贫困地区发展产业就应该发挥资源禀赋，立足资源优势、产业基础、市场需求、技术支撑等因素，宜农则农、宜

---

① 习近平：《同菏泽市及县区主要负责同志座谈时的讲话》，2003 年 11 月 26 日。

林则林、宜牧则牧。水城县位于喀斯特山区,地无三尺平、十里不同天、日照时间长、昼夜温差大、海拔切割深等禀赋特征为种植红心猕猴桃提供了有利条件。平塘县地处云贵高原东端、苗岭山脉南麓,属亚热带季风湿润气候,年平均气温14—17.5℃,基本无冷害和高温热害,且土壤条件适宜,土地资源丰富,生产的茶叶内在品质优异。罗田县九资河镇平均海拔500米,日照充分,雨量充沛,生态良好,是茯苓、天麻等中药材种植的好场所,且九资河镇种植中药材历史悠久,"九资河茯苓"已成为国家地理标志产品。固原市原州区海拔1450—2500米,年均气温6.3度,素有"春去秋来无盛夏"之说,因而充分利用气候冷凉的资源优势,大力发展以设施农业为主的冷凉蔬菜产业,能够有效利用错季上市的优势,占据稳定市场;隆德县清凉村境内有始建于明朝的清凉寺,距离六盘山红军长征纪念亭15公里,比较适合开发旅游资源,发展休闲农业。

2. 发挥能人和龙头企业的带动作用

能人示范带动对扶贫开发能起到立竿见影的作用,也是吸引群众加入产业培育的最好动力。例如,罗田县神草农业法人代表曾是九资河镇罗家畈村的村干部,是九资河镇在大田里种天麻的第一人,敢于创新和探索,每年每亩利润稳定在10万元左右后,开始给农户传授技术并加以指导,由此带动了整个九资河镇发展天麻产业。湖北大别山天麻专业合作社理事长侯跃进敢于投资,在广州、云南、昆明等中药材市场开设门店,拓展了市场销路;正光药业作为土生土长的本土企业,致力于壮大当地中药材产业,启动了GMP生产认证,对拓展九资河中药材链条、提高加工收购能力、提升中药材产品附加值都有很大促进作用。固原市原州区姚磨村创立"党总支抓总、党支部协调、党员示范、能人大户带动、企业运作"的冷凉蔬菜发展模式,姚磨村党支部书记、致富带头人姚选成发挥了关键作用。

3. 政府有效引导,坚持市场驱动

总体上看,我国农产品市场整体呈现供大于求的趋势,把握市场需求、完善市场网络、拓宽市场渠道是产业扶贫取得成功的必由之路。平塘县各级政府明确规定全县范围内的茶企统一使用"都匀毛尖"品牌，大力实施品牌带动战略，促进平塘"三天"（天眼、天书、天坑）奇观等旅游资源与"都匀毛尖"的优势互补，形成了"都匀毛尖·平塘甲茶"品牌，推动了全县茶产业做大做强。英山县高点起步建设辐射全国的茶叶销售平台，并举办茶叶节、文化旅游节等，以旅兴茶，全方位开拓了英山县茶叶的销售市场，使得农户茶叶的销路不成问题。固原市原州区姚磨村通过积极拓宽蔬菜销售渠道，先后赴福建、上海、陕西等地考察市场，积极打通蔬菜外销渠道，并积极发展农村电商，进一步拓宽了市场；在此基础上，当地政府着力推进二产支撑和三产服务，新建智能化育苗温室、高标准日光温室、蔬菜预冷库、蔬菜分拣精包装加工厂、包装箱泡沫箱加工厂等，推进了冷凉蔬菜的产业链建设，提高了产业化水平。

（二）政策建议

1. 从更注重政策设计向更注重政策落实转变

中央层面的产业扶贫政策已经抓住了产业扶贫的关键环节和正确方向，省级也结合地方实际进行了政策创新。但在地方实践中，顶层设计所包含的思想及其所针对的问题常常得不到关注，各地热热闹闹的产业扶贫实践有很多仍然是拍脑袋的长官意志在发挥主导作用。中央和省级政策若没有资金等硬手段做支撑，再好的设计也不一定受到基层的重视。对于基层来说，过去的经验、漫天飞舞的信息、广为流传的成功模式对产业扶贫具体路径选择所产生的影响，常常超过上级红头文件。这与顶层设计通常比较抽象有关，但更与顶层设计对基层执行的软约束有关。基于此，产业扶贫也要推进供给侧结构性改革，中央和省级政府要从注重开展政策设计向注重保障政策落实转变，包括加强指导与督查、注重成功经验的总结与推广、强化评估考核等。

2. 健全金融扶贫机制

我国的产业扶贫政策应以贫困人口的脱贫需求为导向，结合各地实际提供针对性的金融服务。农业产业的生长周期一般较长，短期内难见成效，且前期投入多，市场价格波动较大，不少农户特别是贫困户会由于资金的限制和抗风险机制的缺失而望而却步，延缓了发展产业脱贫的步伐。要鼓励支持金融机构创新符合贫困地区特色产业发展特点的金融产品（如药材贷）和服务方式，解决农户及市场主体在发展产业过程中的资金问题；扩大农业保险覆盖面，结合地方特色开发针对农产品的保险产品（如农产品价格保险、产量保险等），提高风险保障水平，提高农户抵御市场风险和自然风险的能力。

3. 加大人才支撑力度

在各地产业扶贫实践过程中，人才在产业发展中的作用不断凸显，能人带动扶贫的成效较为显著。地方政府引进实用人才不仅能促进产业转型升级、盘活地方经济发展，同时也是进一步解放思想、营造产业发展良好环境的重要途径。首先，应细化并落实支持大学生和农民工返乡就业的扶持政策，降低操作难度。其次，企业引进外地人才来贫困地区就业后，应给予企业一定政策优惠，如支持人才安置的政策，帮助企业留住人才，进而提升产业扶贫"造血"能力。

4. 加强特色产业发展所需的小型基础设施建设

不少农户由于产业规模较小等原因，享受不到建设配套基础设施的优惠，自身也没有足够的资金和能力来建设，造成种植效率低、管护效果差等问题。应完善制约特色产业发展的基础设施建设的扶持政策，在资源整合、部门协同、政策配套等方面要优先向扶贫产业和相关的交通、农田水利、电力等基础设施倾斜，坚持基础设施跟着产业走，使基础设施成为农村产业发展的"硬支撑"。

5. 有效发挥贫困农户的主体性

高度重视特色农业产业发展实践中贫困农户个体层面参与能力不足与组织层面参与表面化的问题，把培育、发挥贫困农户的个人主体性与组织主体性作为推进产业扶贫的基本途径。要将保障贫困农户的参与权、收益权等主体性权利置于产业扶贫项目的核心位置，重视贫困地区内生性自组织能力的培育，提升乡村社会与外部权威性干预主体之间的关系协调能力，构建多元行动主体共同参与产业扶贫实践的局面。① 可考虑在贫困村设置社会工作专门岗位，提供必要的工作经费和补贴，聘请城市退休人员（尤其是公务员、教师、医生、农业科技人员）在该岗位就职，专门承担调动农户特别是贫困农户参与脱贫攻坚的积极性、主动性的任务。

---

① 陆汉文、杨永伟：《发展视角下的个体主体性和组织主体性：精准脱贫的重要议题》，《学习与探索》2017年第3期，第32—39页。

第九章　转移就业脱贫

要加大扶贫劳务协作,提高培训针对性和劳务输出组织化程度,促进转移就业,鼓励就地就近就业。

——习近平

一　转移就业脱贫的政策背景

我国农村存在大量富余劳动力,其中很大一部分来自贫困地区的贫困家庭,激发这部分剩余劳动力的潜能,对于脱贫攻坚具有重要的意义。据统计,2013—2016年,我国农民工总量从26894万人增至28171万人,其中外出农民工数量从16610万人增至16934万人;同时,贫困地区农村居民工资性收入占比提高,2016年贫困地区农村居民人均工资性收入2880元,与2012年相比,年均增长16.5%,占可支配收入的比重为34.1%,比2012年提高4.1个百分点。① 可见,转移就业是实现贫困人口脱贫的重要途径。

但不可否认的是,由于长期以来的城乡二元分割,广大农民工进入城市务工过程中,在寻找工作、技能培训、权益维护、城市融入、返乡创业等多方面存在不少问题。主要表现在以下五个方面。

第一,就业服务平台建设滞后。长期以来,我国缺乏对贫困人口中

---

① 国家统计局:《精准脱贫成效卓著　小康短板加速补齐——党的十八大以来经济社会发展成就系列之六》,http://www.stats.gov.cn/tjsj/sjjd/201707/t20170705_1509997.html,2017年7月5日。

有外出就业意愿劳动力的摸底调查，导致转移就业脱贫难以确定底数，难以做到精准施策、精确帮扶。而且在乡、村层级缺乏运转良好的公共就业服务平台，农民工外出就业带有极大的自发性和盲目性。一方面，有外出意愿的劳动力不了解招工信息，不知道去哪里找工作；另一方面，有用工需求的企业不知道哪里有富余劳动力，难以招到合适的工人。

第二，农民工职业技能较低。贫困地区人口文化程度不高，绝大部分都是初中及以下的文化程度，劳动力技能水平普遍较低。在进城找工作的过程中，大量缺乏职业技能的农民工进入的往往是底层就业市场，从事的多是一些城里人不愿干的工作，这类工作一般工作时间长、工资待遇低、工作环境恶劣、劳动保护差。

第三，劳动权益得不到保护。农民工很多在非正规部门就业，因此农民工签订劳动合同的比重不高，2016年与雇主或单位签订了劳动合同的农民工比重为35.1%。其中，外出农民工与雇主或单位签订劳动合同的比重为38.2%，本地农民工与雇主或单位签订劳动合同的比重为31.4%。农民工超时劳动比较普遍，2016年农民工年从业时间平均为10个月，月从业时间平均为24.9天，日从业时间平均为8.5个小时，日从业时间超过8小时的农民工占64.4%，周从业时间超过44小时的农民工占78.4%。农民工被拖欠工资现象并不鲜见，2013—2016年被拖欠工资的农民工比重分别为1%、0.76%、0.99%、0.84%，2016年被拖欠工资的农民工人均拖欠11433元，比上年增加1645元，增长16.8%。①

第四，农民工城市融入困难。城市居民对农民工的歧视、对民工的"污名化"仍然广泛存在；农民工文化娱乐生活比较单调，业余时间主要用于看电视、上网和休息；农民工社会交往面窄，主要局限于农民工自身的圈子，除家人外，进城农民工业余时间人际交往对象主要包括老

---

① 国家统计局：《2016年农民工监测调查报告》，http://www.stats.gov.cn/tjsj/zxfb/201704/t20170428_1489334.html，2017年4月28日。

乡、同事、其他外来务工人员，或基本不和他人来往；农民工在城市购房的比例较低，落户城市并不容易。

第五，农民工返乡就业创业难度大。当前我国进入经济新常态，经济下行压力大，不少沿海劳动密集型企业裁员，大量农民工返乡。对于大多数返乡农民工，特别是贫困家庭的返乡农民工，在返乡就业创业政策体系仍不完善、支持力度还比较小的情况下，要实现返乡就业创业难度很大。

面临这些突出问题，如果不在转移就业脱贫供给侧进行结构性改革，就难以真正解放生产力，难以有效释放贫困户脱贫致富的动能。因此，在习近平总书记精准扶贫思想指引下，中央将转移就业脱贫作为重要的脱贫途径，进行了高屋建瓴的顶层设计。

二 转移就业脱贫的顶层设计

《中共中央国务院关于打赢脱贫攻坚战的决定》明确提出，将引导劳务输出脱贫作为新时期脱贫攻坚的重要方式之一。因此，无论是贫困人口自发性的劳务输出，还是地方政府有组织性的劳务输出，都体现出对贫困人口和贫困地区自力更生缓解贫困的精神和行为导向。作为转移劳动力脱贫的重要方式，一方面必须对农村外出务工人员进行技能和生活方式的培训，使他们能够掌握在城市就业的技能并适应现代城市的生活方式；另一方面，要制定相关的政策法规，保障农村贫困地区的农民工向城市流动的合法权益。

（一）劳务输出

1. 职业技能培训

职业技能培训是把农村剩余劳动力通过转移就业输送出去的重要基础。在国务院扶贫办的新世纪三大扶贫工作重点中，劳动力输出转移就业培训就是其中之一。职业技能培训也是国务院扶贫办系统长期以来开展的一项常规工作,"雨露计划"即为典型代表。2015年6月2日,国务院扶贫办、教育部、人力资源和社会保障部联合印发的《关于加强雨露计划支持农村家庭新成长劳动力接受职业教育的意见》(国开办发〔2015〕19号)指出,对于贫困家庭子女参加中、高等职业教育,给予家庭扶贫助学补助。学生在校期间,其家庭每年均可申请补助资金。各地根据贫困家庭新成长劳动力职业教育工作开展的实际需要,统筹安排中央到省财政专项扶贫资金和地方财政扶贫资金,确定补助标准,可按每生每年3000元左右的标准补助建档立卡贫困户。享受上述政策的同时,农村贫困家庭新成长劳动力接受中、高等职业教育,符合条件的,享受国家职业教育资助政策。① "雨露计划"为提高农村劳动力的文化素质和技能水平、增强贫困人口自我发展能力、促进农村劳动力转移就业和创业、增强贫困人口的收入做出了巨大贡献。

2015年11月29日,《中共中央国务院关于打赢脱贫攻坚战的决定》也强调劳动力技能培训的重要性。引导劳务输出脱贫,加大劳务输出培训投入,统筹使用各类培训资源,以就业为导向,提高培训的针对性和有效性。加大职业技能提升计划和贫困户教育培训工程实施力度,引导企业扶贫与职业教育相结合,鼓励职业院校和技工学校招收贫困家庭子女,确保贫困家庭劳动力至少掌握一门致富技能,实现靠技能脱贫。进一步加大就业专项资金向贫困地区转移支付力度。支持贫困地区建设县乡基层劳动就业和社会保障服务平台,引导和支持用人企业在贫困地区建立劳务培训基地,开展好订单定向培训,建立和完善输出地与输入地劳务对接机制。②

2016年7月6日,人力资源和社会保障部印发了《人力资源和社会保障事业发展"十三五"规划纲要》(人社部发〔2016〕63号),指出对农民工的职业技能培训要通过订单、定向和定岗式培训,对农村未

---

① 国务院扶贫办、教育部、人力资源和社会保障部:《关于加强雨露计划支持农村贫困家庭成长劳动力接受职业教育的意见》(国开办〔2015〕19号),2015年6月2日。
② 中共中央、国务院:《中共中央国务院关于打赢脱贫攻坚战的决定》,2015年11月29日。

升学初高中毕业生等新生代农民工开展就业技能培训，为有创业意愿的农民工提供创业培训，累计开展农民工培训 4000 万人次。①

2016 年 11 月 23 日，国务院印发了《关于"十三五"脱贫攻坚规划的通知》（国发〔2016〕64 号）。通知指出，要大力开展职业培训，完善劳动者终身职业技能培训制度。针对贫困家庭中有转移就业愿望的劳动力、已转移就业劳动力、新成长劳动力的特点和就业需求，开展差异化技能培训。整合各部门各行业培训资源，创新培训方式，以政府购买服务形式，通过农林技术培训、订单培训、定岗培训、定向培训、"互联网+培训"等方式开展就业技能培训、岗位技能提升培训和创业培训。加强对贫困家庭妇女的职业技能培训和就业指导服务。支持公共实训基地建设。②

2. 权益保护

随着我国工业化和城市化建设进程的加快，越来越多的农民工进城打工，农民工的数量日益壮大，已逐步成为我国产业工人的重要组成部分。而现实中农民工进城务工的劳动权益却始终得不到应有的保障，农民工进城务工的各种劳动权益被严重侵害，这严重阻碍了社会文明的进步与和谐发展。近年来，这些问题日趋严重，逐渐引起了党中央的高度重视，制定了一系列保障农民工权益和改善农民工就业环境的政策措施，收到了显著的成效，特别是针对农民工工资被拖欠、进城务工遭到歧视、正当权利受到损害等突出问题，开展了专项整治。这些方面的工作，在社会中产生了积极的反响，农民工工资拖欠和外出就业环境有所好转。

为了保障农村劳动力向城市输入过程中的就业权以及其他权利，党中央制定并出台了大量的政策。2015 年 4 月 27 日，国务院向各省、自

---

① 人力资源和社会保障部：《人力资源和社会保障事业发展"十三五"规划纲要》（人社部发〔2016〕63 号），2016 年 7 月 6 日。
② 国务院：《关于"十三五"脱贫攻坚规划的通知》（国发〔2016〕64 号），2016 年 11 月 23 日。

治区、直辖市人民政府，国务院各部委、各直属机构印发了《关于进一步做好新形势下就业创业工作的意见》（国发〔2015〕23号），推进农村劳动力转移就业。结合新型城镇化建设和户籍制度改革，建立健全城乡劳动者平等就业制度，进一步清理针对农民工就业的歧视性规定。完善职业培训、就业服务、劳动维权"三位一体"的工作机制，加强农民工输出输入地劳务对接，特别是对劳动力资源较为丰富的老少边穷地区，充分发挥各类公共就业服务机构和人力资源服务机构作用，积极开展有组织的劳务输出，加强对转移就业农民工的跟踪服务，有针对性地帮助其解决实际困难。①

2015年11月29日印发的《中共中央国务院关于打赢脱贫攻坚战的决定》明确提出了针对农村贫困地区剩余劳动力外出务工的权益保护措施，鼓励地方对跨省务工的农村贫困人口给予交通补助……对在城镇工作生活一年以上的农村贫困人口，输入地政府要承担相应的帮扶责任，并优先提供基本公共服务，促进有能力在城镇稳定就业和生活的农村贫困人口有序实现市民化。②

2016年1月19日，国务院办公厅印发《关于全面治理拖欠农民工工资问题的意见》（国办发〔2016〕1号）。该意见指出，以建筑市政、交通、水利等工程建设领域和劳动密集型加工制造、餐饮服务等易发生拖欠工资问题的行业为重点，健全源头预防、动态监管、失信惩戒相结合的制度保障体系，完善市场主体自律、政府依法监管、社会协同监督、司法联动惩处的工作体系。③

2016年7月6日，人力资源和社会保障部印发了《人力资源和社会保障事业发展"十三五"规划纲要》（人社部发〔2016〕63号）。在

---

① 国务院：《关于进一步做好新形势下就业创业工作的意见》（国发〔2015〕23号），2015年4月27日。
② 中共中央、国务院：《中共中央国务院关于打赢脱贫攻坚战的决定》，2015年11月29日。
③ 国务院办公厅：《关于全面治理拖欠农民工工资问题的意见》（国办发〔2016〕1号），2016年1月19日。

保障农民工合法权益方面明确指出，依法维护农民工劳动保障权益，全面治理拖欠农民工工资问题。推进户籍制度改革，实施居住证制度，推动农民工及其随迁家属逐步平等享受义务教育、公共卫生服务等基本公共服务，有序推进农民工市民化。推动开展新市民培训，促进农民工实现社会融合。开展农民工市民化进程动态监测。①

2016年11月23日，国务院印发了《关于"十三五"脱贫攻坚规划的通知》（国发〔2016〕64号）。该通知明确强调，保障转移就业贫困人口合法权益，加强对转移就业贫困人口的公共服务。输入地政府对已稳定就业的贫困人口予以政策支持，将符合条件的转移人口纳入当地住房保障范围，完善随迁子女在当地接受义务教育和参加中高考政策，保障其本人及随迁家属平等享受城镇基本公共服务。支持输入地政府吸纳贫困人口转移就业和落户。为外出务工的贫困人口提供法律援助。②

2016年12月2日，人力资源和社会保障部、财政部、国务院扶贫办联合印发了《关于切实做好就业扶贫工作的指导意见》（人社部发〔2016〕119号），明确指出要促进稳定就业，各地要切实维护已就业贫困劳动力劳动权益，指导督促企业与其依法签订并履行劳动合同、参加社会保险、按时足额发放劳动报酬，积极改善劳动条件，加强职业健康保护。③

（二）返乡创业

党的十八大报告重点提出：就业是民生之本，要贯彻劳动者自主就业，政府应促进就业、鼓励创业、引导劳动者转变就业观念，鼓励多渠

---

① 人力资源和社会保障部：《人力资源和社会保障事业发展"十三五"规划纲要》（人社部发〔2016〕63号），2016年7月6日。
② 国务院：《关于"十三五"脱贫攻坚规划的通知》（国发〔2016〕64号），2016年11月23日。
③ 人力资源和社会保障部、财政部、国务院扶贫办：《关于切实做好就业扶贫工作的指导意见》（人社部发〔2016〕119号），2016年12月2日。

道、多形式就业，促进创业带动就业。农民工返乡创业作为解决农村劳动力就业的重要途径，是党和国家工作的重要议题。转移就业脱贫不仅是一个劳务输出的过程，更是一个返乡创业的过程，只有将两方面结合在一起，才能从第一产业中转移出来，向第二、三产业发展，从而实现脱贫致富。

2015年4月27日，国务院向各省、自治区、直辖市人民政府，国务院各部委、各直属机构印发了《关于进一步做好新形势下就业创业工作的意见》（国发〔2015〕23号），鼓励农村劳动力创业。支持农民工返乡创业，发展农民合作社、家庭农场等新型农业经营主体，落实定向减税和普遍性降费政策。依托现有各类园区等存量资源，整合创建一批农民工返乡创业园，强化财政扶持和金融服务。将农民创业与发展县域经济结合起来，大力发展农产品加工、休闲农业、乡村旅游、农村服务业等劳动密集型产业项目，促进农村一、二、三产业融合。依托基层就业和社会保障服务设施等公共平台，提供创业指导和服务。鼓励各类企业和社会机构利用现有资源，搭建一批农业创业创新示范基地和见习基地，培训一批农民创业创新辅导员。①

《中共中央国务院关于打赢脱贫攻坚战的决定》也特别强调要加大对贫困地区农民工返乡创业政策扶持力度。2016年6月13日，人力资源和社会保障部等五个部门联合印发了《关于实施农民工等人员返乡创业培训五年行动计划（2016—2020）的通知》（人社部发〔2016〕90号）。通知提出，以提升农民工等人员创业能力、促进其成功创业为根本目标，以开展符合不同群体实际需求的创业培训为主要抓手，形成创业培训、创业教育、创业考评、试创业、创业帮扶、创业成效第三方评估等六环联动，政府、院校和相关企业合作推进，与精准扶贫、精准脱贫紧密结合，全覆盖、多层次、多样化的创业培训体系，使创业培训总

---

① 《关于进一步做好新形势下就业创业工作的意见》（国发〔2015〕23号），2015年4月27日。

量、结构、内容、模式与经济社会发展和农民工等人员创业需求相适应;到 2020 年,力争使有创业要求和培训愿望、具备一定创业条件或已创业的农民工等人员都能参加一次创业培训,有效提升创业能力。同时还要开展有针对性的创业培训,针对返乡农民工等人员不同创业阶段的特点、不同性别、不同需求和地域经济特色,开展内容丰富、针对性强的创业培训。[1]

2016 年 12 月 2 日,人力资源和社会保障部印发了《关于切实做好就业扶贫工作的指导意见》(人社部发〔2016〕119 号),特别强调要鼓励农民工返乡创业、当地能人就地创业、贫困劳动力自主创业,支持发展农村电商、乡村旅游等创业项目,切实落实各项创业扶持政策,优先提供创业服务。[2]

三 转移就业脱贫的地方实践与成功经验

在中央顶层设计逐步形成过程中,各省、自治区、直辖市根据中共中央的相关政策意见的部署,结合自身实际情况制定具体的实施意见,实施转移就业脱贫。本报告以甘肃省和宁夏回族自治区为例进行解读。

(一)地方政府实践

1. 劳务输出

(1)职业技能培训

甘肃省在劳务输出上,整合培训资源,免费对贫困劳动力开展精准培训,打造提升了"陇原妹"、"陇原月嫂"、"陇原巧手"和兰州牛肉拉面等劳务品牌,年培训劳动力 40 万人次左右。在培训对象上,以建

---

[1] 《关于实施农民工等人员返乡创业培训五年行动计划(2016—2020)的通知》(人社部发〔2016〕90 号),2016 年 6 月 13 日。
[2] 《关于切实做好就业扶贫工作的指导意见》(人社部发〔2016〕119 号),2016 年 12 月 2 日。

档立卡户有需求的劳动力为重点对象，对建档立卡户单独统计，更加体现精准要求。在培训内容上，一是开展短期技能培训。针对农村贫困劳动力缺少生产技术和技能的实际，及时组织开展养殖、种植等各类短期培训。二是开展"两后生"培训。与各类职业院校合作，紧密结合劳动力市场需求，进行有针对性的培训，市场需要什么人才，就培养什么人才，学员缺什么，就教什么。充分利用大数据平台资源，分类精准施政，量身定做"菜单"，更加聚焦岗位需求，更加尊重农民的培训意愿。三是开展妇女培训。省扶贫办和省妇联合作实施了"贫困地区陇原妹家政培训项目"，该项目资金每年200万元（2015年增加到300万元，2016年增加至800万元），目的就是每年向东部经济发达地区输送"陇原妹"家政服务员，不断推进贫困妇女稳定就业，更快实现精准脱贫。在培训方法上，全程跟进开展职业技能培训鉴定等服务，着力构建一体化服务体系，力争实现培训一人就业一人。

2017年5月12日至13日，在"天津贸易洽谈会"期间，甘肃省人社厅带领兰州、天水等市（州）劳务机构与天津市人社局、重点企业召开座谈会，并签订了《甘肃·天津劳务协作协议》，双方约定：每年举办不少于两次天津专场劳务招聘会，搭建劳动力供求平台，满足天津用工需求。天津市每年到甘肃组织一至两次人才招聘活动，引导一批未就业大中专毕业生到天津市就业。天津市以订单、订岗、定向的方式，对甘肃"两后生"开展职业技能培训教育，对务工人员开展就业技能培训。对在津培训学习的甘肃籍学生，落实相关助学金政策等。

宁夏回族自治区按照市场需求和劳动力意愿，建立政府引导、社会参与、市场运作的培训新模式以及"企业订单、培训机构列单、培训对象选单、政府买单"的新机制，按照"应培尽培"的原则，实现建档立卡户劳动力职业技能培训全覆盖，力争使有培训需求的劳动力至少有1人取得职业资格证书，掌握1—2门就业技能，实现培训一人、就业一人、脱贫一户。针对职业技能培训需求与实际情况组织并开展了一系列工作：对全区建档立卡贫困户中有培训能力和培训愿望的劳动力开展职业技能培训；对建档立卡贫困户没有条件外出务工的劳动力开展实用技能培训；对农村家庭中的"两后生"以及城乡劳动力集中开展职业技能培训和能力提升培训；对致富带头人、扶贫干部以及贫困地区基层干部进行集中培训；等等。2017年，就业技能培训3万人，岗位技能提升培训1万人，创业培训1万人，技师培训500人，固原市劳动力素质提升培训1万人，贫困建档立卡户的富余劳动力机动车驾驶技能培训1万人，精准扶贫职业技能培训2万人。这些举措促进城乡劳动者由体力型向技能型、由劳动者向产业工人、由技术工人向技能人才、由创业者向小老板、由脱贫向致富的"五大转变"，取得了较好成效。

（2）权益保护

甘肃省人社厅认真贯彻"1+17"文件精神和"七个一批"要求，积极构建培训、鉴定、输转、维权为一体的劳动力转移就业机制，努力帮助贫困地区劳动力实现稳定就业、技能致富。目前累计与16个省市区签订了劳务合作协议，共设立省外劳务工作站18个，不断拓展服务内容，全方位提供培训、鉴定、输转和维权各项服务。全省以原75个贫困县区为主，劳务机构在贫困乡镇、贫困村社大规模组织开展了以法律知识、城市生活常识、社会保障等为主要内容的权益保护培训。据不完全统计，在2017年"春风行动"期间，对全省5万多人进行了劳动维权和法律援助。

宁夏回族自治区为了使外出务工人员安心务工，同时能带动更多的人走出去，成立了专门的"外出务工人员维权服务站"。银川市金凤区的"外出务工人员维权服务站"就是其中之一，服务站从政策咨询、法律服务、职业介绍和解决困难等方面，为外出务工者提供服务和帮助。同时，该服务站还为外地到金凤区辖区内企业打工的务工人员提供同等服务，并在工作中实行"首问责任制"，对外出务工人员因劳动争议提请仲裁、诉讼的案件，及时给予法律支持及援助，最大限度地为他们办好事、办实事，做他们的贴心人。

2. 返乡创业

甘肃省在返乡创业上开展致富带头人培训。按照"先富帮后富、实现共同富裕"的理念,紧扣能力培训、孵化创业和带头增收的环节,在贫困村培训创业带头致富人,主要是贫困农村种养大户、专业合作组负责人、家庭农场经营主、村支"两委"干部等,确保每个致富带头人带动一定数量的贫困户。2016年培训致富带头人5999人次,其中省内培训5686人次,省外培训313人次。2017年以58个连片扶贫县区、17个插花型贫困县建档立卡贫困劳动力为重点对象,全省将培训农民工等返乡创业人员6000人以上,补贴标准为每人1300元。通过培训,培养了一批创业能成功、带动有成效的贫困村创业致富带头人,最终能帮助扶贫对象持续增收、稳定脱贫。

宁夏回族自治区政府指导各市、县(区)就业局为自主创业者搭建创业平台,大力支持扶贫创业园区、电商孵化园的建立与完善。对于帮助建档立卡贫困户提高就业技能、吸纳大量建档立卡贫困劳动力、带动贫困劳动力实现就近就业与创业的企业给予一系列的优惠扶持措施与政策,提供创业支持服务与社会保障,促进广大贫困劳动力和返乡精英积极参与创业,广开创业与就业门路,以创业带动就业。例如,固原市创新反担保方式,针对建档立卡户申请创业担保贷款反担保难的实际,推荐由市中小企业信用担保公司提供反担保,有效解决了担保融资难题,为自主创业的贫困户提供资金保障,有助于企业的可持续发展。

(二)地方政府的成功经验

1. 甘肃省转移就业脱贫的成功经验

甘肃省在"十二五"期间特别是省第十二次党代表大会以来,省委省政府深入学习贯彻习近平总书记扶贫开发战略思想和视察甘肃省时关于"着力推进扶贫开发,尽快改变贫困地区面貌"的重要指示精神,坚持把脱贫攻坚作为首要政治任务和最大民生工程来抓,把脱贫攻坚统揽入全省经济社会发展大局,精心谋划工作载体和抓手,持续用力,合力攻坚,取得了明显的阶段性成效。经过持续不断的努力,全省贫困人口由2011年末的842万人下降到2016年的227万人(其中2016年减贫69万人),贫困发生率由40.48%下降到10.9%,农村贫困地区农民人均收入由3329元增加到6487元,年均增长14.3%,农村贫困地区的群众生产生活条件明显改善,群众的获得感不断增强,近几年来成为甘肃省扶贫开发历史上减少贫困人口最多、贫困群众收入增长最快、农村面貌变化最大的时期,走出了一条具有甘肃特色的精准扶贫精准脱贫路子。

(1) 精准识别转移就业帮扶对象

甘肃省在充分贯彻中央顶层设计的基础上实施了"三大行动",在工作推进上凸显了"六个精准",在组织保障上形成了"四大体系"。先后实施了双联行动、"1236"扶贫攻坚行动和"1+17"精准扶贫行动,出台了一系列配套政策措施,强力推动精准扶贫工作。在转移就业脱贫领域,甘肃省贯彻执行"精准"原则,实施了转移就业帮扶对象信息摸底工程。

甘肃省扶贫办为了摸清农村贫困劳动力就业失业基础信息,要求各地劳务机构对未就业的摸清就业意愿和就业服务需求,对已就业的摸清就业地点、就业单位名称和联系方式,并填写农村贫困劳动力就业信息表,经审核后录入扶贫开发信息系统。

同时,甘肃省人社厅在工作中为了精准掌握全省建档立卡贫困人口劳务输转脱贫数量等情况,2016年下发了《关于对全省建档立卡贫困户劳动力劳务输转摸底调查的通知》、《关于对建档立卡贫困人口劳务输转脱贫实行清单式管理的紧急通知》,对全省13个市州(嘉峪关除外)进行了一次全面摸底调查,将调查数据录入由人社厅建立的"农村贫困劳动力就业信息平台",切实掌握农村贫困劳动力就业失业的基本信息,摸清未就业人员的基本需求,掌握已就业的工作地点等。

省扶贫办与人社厅的两个系统实现对接、信息共享。这种信息的精确性是建立在"省级劳务办—市(县)级劳务机构—乡(镇)劳务信息专干人员—村（组）劳务信息联络员"这套垂直管理机构的信息摸底、审核和录入动态管理基础之上的。

（2）拓展劳务转移途径

实施就地转移。甘肃省陇西县根据本地气候环境条件并依托西北最大的中药材种植、仓储、加工基地和交易、信息、价格形成中心，甘肃中部和南部物资交流、集散的重要场所等自然和区位优势条件，积极开展中药材种植加工、马铃薯、菌菜种植和畜牧养殖等特色产业，引入"现代农业＋劳务"新模式，实现农业产业和劳务产业有机结合。在项目建设期间，陇西中沃现代农业科技股份有限公司与183户带动型贫困户建立带动帮扶关系，争取精准扶贫专项贷款809万元，依托这笔贷款，按照"1＋1"带动型产业模式，企业通过一次性向带动型贫困户兑付三年帮扶收益金1万元和1.2万元，向183户贫困户投放基础母牛183头，按照1头基础母牛1年产1头牛犊计算，正常饲养6个月出栏，预计收入8000元。同时，产业园区建成后，可以提供100多个就业岗位，在这些就业岗位中优先考虑双泉乡建档立卡贫困户，且可享受日工资高10元的政策扶持，按照月工资2500元计算，精准扶贫户人均年务工创收可达3.36万元。

发展劳务经济。甘肃省秦安县围绕助农增收，在突出抓好林果、商贸流通、文化旅游等产业发展的基础上，大力发展劳务经济，把发展劳务经济作为增加农民收入的重要举措来抓，深入实施"第一步走出去，让秦安人民走遍天下；第二步立住脚，让秦安人民闯天下；第三步返回来，鼓励返乡创业回报家乡"三步走战略，推行"宣传、培训、就业、维权、创业"五位一体的工作模式，走出了一条劳务培训、劳务输转、返乡创业、发展县域经济、加快建成小康社会步伐的劳务产业发展新路子，先后被中国农村劳动力资源开发研究会等三部委授予"农村劳动力资源开发劳务输出工作先进县"，被国家劳动和社会保障部评为"全国劳务输出示范县"，被省人社厅评为"2016年度农民工返乡创业省级示范县"。

创新劳务移民。甘肃省陇西县针对新疆生产建设兵团的易地搬迁移民政策,为建档立卡劳务移民提供便利。陇西县采取兵地联手实施易地搬迁等得力措施,助推脱贫攻坚进程,2017年5月与新疆生产建设兵团某部召开兵地联手助推脱贫攻坚工作会议,县劳务办协同各乡镇及新疆生产建设兵团深入乡镇、农户大力宣传到新疆务工,让贫困户了解劳务移民后在教育、医疗、社会保险以及住房保障等方面的优惠政策,动员各方面力量对先建档立卡贫困户实现易地搬迁,争取早日脱贫。

2. 宁夏回族自治区转移就业脱贫的成功经验

(1) 精准识别农村贫困劳动力,建立动态就业信息监控系统

宁夏回族自治区根据国家人力资源和社会保障部的要求,对建档立卡贫困户的就业信息建立动态信息监控系统,建立精准扶贫的大数据平台。自治区先后于2016年和2017年组织全区各地的人力资源和社会保障部门和公共就业服务机构分别开展了为期1个月的有转移就业意愿的建档立卡贫困劳动力信息采集工作和为期4个月的人社部农村贫困劳动力就业信息平台核实工作,组织地方干部和职工进村入户,逐一摸清建档立卡贫困户劳动力的真实情况以及就业创业的意愿与现状,更新劳动力资源电子档案,确保核实工作的质量与效率。信息摸底工作为精准施策打下了基础,解决了就业创业扶贫"扶持谁"的问题,截至2017年5月底,全区实现核实农村贫困劳动力就业信息共计16.4万条。

(2) 开展职业技能培训,提高劳动者就业能力

宁夏回族自治区于2016年和2017年分别下发了《2016年全区精准脱贫能力培训实施方案》和《2017年全区精准脱贫能力培训实施方案》,结合自治区精准脱贫能力培训的实际,制定针对建档立卡贫困户劳动力和"十二五"、"十三五"移民对象的就业能力培训方案。按照市场需求和劳动力意愿,建立政府引导、社会参与、市场运作的培训新模式以及"企业订单、培训机构列单、培训对象选单、政府买单"的

新机制,按照"应培尽培"的原则,实现建档立卡户劳动力职业技能培训全覆盖。

(3)加大精准就业帮扶,实现脱贫增收

宁夏回族自治区政府在就业服务帮扶方面力求做到精准,最大限度地实现农村贫困劳动力的脱贫增收,采取了一系列的措施。自2016年以来,宁夏回族自治区积极与福建、内蒙古、江苏、浙江等省区进行劳务合作对接,分别与福建和内蒙古两省区签订了扶贫劳务合作协议,鼓励福建企业来宁招聘建档立卡户贫困劳动力。2017年,宁夏回族自治区购买3500个公益性岗位,主要用于农村特困劳动力中通过市场竞争无法实现就业人员的托底帮扶安置。自治区政府大力发展扶贫车间,将企业工厂建立在贫困村中,引导回民就地就近转移就业。自治区政府根据贫困劳动力的职业技能状况、就业意向区域、职业岗位愿望、收入心理预期等进行分类建库、分类管理、分类制定就业帮扶措施,真正实现精准施策。

(4)提供创业扶持,鼓励自主创业

宁夏回族自治区政府指导各市、县(区)就业局为自主创业者搭建创业平台,大力支持扶贫创业园区、电商孵化园的建立与完善。对有创业意愿并具备一定创业能力的建档立卡家庭人员,优先推荐入驻创业孵化园区(基地),优先给予建档立卡贫困户创业培训和创业指导;着力建立创业培训与创业孵化的对接,并且积极参与协调给予场地、税费减免等优惠扶持政策;政府加大农村电商培训力度,支持建档立卡家庭中的大中专毕业生等高素质人才开展网络创业;积极组织专家服务团开展创业指导跟踪服务,帮助贫困家庭的大学生实现创业梦想;建立就业信息动态监控系统,追踪贫困劳动力的创业状况,及时提供服务与保障。与此同时,自治区政府大力鼓励支持广大精英、骨干返乡创业,开展有针对性的创业培训,结合自治区的区位优势和地域经济特色发展特色产业,给予这部分精英以资金帮扶、项目帮扶、场地提供等帮扶措施,增加返乡创业的企业的发展实力。

四 转移就业脱贫存在的主要问题

对于农村劳动力转移就业从限制、管理到调控、服务职能的转变是中共中央建立服务型政府的重要转变。不过当前劳动力转移就业脱贫仍面临一些问题，遭遇一些挑战，主要体现在以下几个方面。

（一）转移就业脱贫责任体制有待明确

根据中央的安排，转移就业脱贫的责任主体是各级人力资源和社会保障部门，同时各级扶贫办、妇联等在原有的业务范围内也承担一些劳动力转移就业培训等方面的工作。在实地调查中，一些地方人社部门反馈，当前转移就业脱贫方面存在责任分工不明、有事权无财权等问题，从而导致部门之间工作协调难度大、合力难以形成等问题。以就业培训为例，参与的部门多，人力资源和社会保障部门承担一部分，扶贫部门承担一部分，妇联、共青团等社会团体也承担一部分，各部门之间的信息共享不够，培训人数、培训内容、培训效果等方面难以总体把握，多头管理、重复培训问题明显。

（二）转移就业脱贫基本底数尚不清晰

由于贫困家庭劳动力外出就业的自发性和自主性较强，导致转移就业基本信息具有非常强的动态性，一直以来，相关责任部门难以掌握贫困劳动力转移就业的真实信息。尽管全国建档立卡信息系统中也对贫困户的家庭劳动力基本情况进行了统计，但是究竟哪些家庭的劳动力有外出就业务工的意愿，有哪些方面的就业意图等，目前尚无明确的信息。尽管人力资源和社会保障部办公厅在2017年1月22日印发《人力资源社会保障部办公厅关于做好农村贫困劳动力就业信息平台有关工作的通知》（人社厅发〔2017〕9号），提出组织建设"农村贫困劳动力就业信息平台"，但是目前该就业信息平台尚处于初步运行阶段，一些基础数据的收集工作尚不完善，与扶贫部门的建档立卡贫困户数据库在贫困户基础数据上还存在一些出入。总体来看，转移就业脱贫基本底数尚不清晰，导致一些帮扶工作很难实现到户到人、精准帮扶。

（三）转移就业脱贫分类施策不够精准

转移就业脱贫基本底数不清，有转移就业意愿的家庭情况较为复杂，这些问题都给提高转移就业脱贫帮扶措施的精准度带来了难题。以民族地区为例，不少民族地区的贫困人口均为少数民族，外出务工对他们来说存在诸多不便，其中首当其冲的就是宗教文化习俗和饮食习俗，因此很多少数民族贫困家庭就算有富余劳动力，也不愿意跨省到外地去务工。针对这些特殊情况，如何因户因人施策，就需要比较精细的设计和考虑。再比如，一些地方由于思想观念相对比较保守落后，很多家庭不让已婚的妇女外出务工，帮助她们就地就近转移就业，同样也需要良好的制度安排和政策设计。就目前情况来看，转移就业脱贫政策设计的精细化程度还远远不够，对农村贫困劳动力的因户因人施策仍处于表面化阶段。相关政策设计和实施部门对贫困人口的培训、就业意愿了解不够，在就业意愿和就业岗位之间的牵线搭桥工作不够，导致贫困人口转移就业的潜力并没有完全释放。

（四）转移就业渠道仍需不断拓展

近几年来，珠三角、长三角等劳动力密集型产业用工需求锐减，导致中西部贫困地区向东部沿海地区的劳务输出面临较大的困难，贫困家庭劳动力转移就业的渠道收窄。与此同时，不少农民工因找不到工作，只能返回输出地，但由于得不到有效的创业扶持，返乡农民工中仅有少数有能力者可以返乡实现自主创业；而对于大多数建档立卡的贫困户来说，由于创业资金短缺、能力不足，所以创业难度大、困难较多。

(五) 转移就业脱贫成效考核评估不足

党中央国务院高度重视扶贫成效考核评估，多次强调要实施最严格的考核评估，开展督查巡查，对不严不实、弄虚作假的，要严肃问责。目前，在中共中央办公厅、国务院办公厅印发的《省级党委和政府扶贫开发工作成效考核办法》中，没有对转移就业脱贫的考核内容和指标进行明确界定；从地方实践来看，多数省份在扶贫成效考核中也没有专门对转移就业脱贫成效进行考核评估，专项考核评估更为少见。没有专门的考核评估，就难以了解转移就业脱贫工作的真实完成情况和对贫困人口脱贫的贡献，也难以发现转移就业脱贫工作中的实际问题，为下一步做好转移就业脱贫工作提供决策咨询。

五 启示与政策建议

面对当前转移就业脱贫过程中存在的主要问题，可以考虑从以下方面入手来加强转移就业脱贫工作。

(一) 落实转移就业脱贫的主体责任，完善各项政策措施

要实现"转移就业脱贫一批"的工作目标，各级部门要高度重视转移就业脱贫工作，严格落实脱贫攻坚责任主体，层层落实责任制，完善各项政策措施，提高就业创业精准扶贫的政策执行效率，使政策帮扶与自主扶贫相辅相成、共同发力。各市、县（区）扶贫办切实地加强与财政、人社、教育、审计等部门的协调与沟通，并建立联席会议制度，及时地协商解决就业创业扶贫开发工作中遇到的具体问题。人力资源和社会保障部门牵头实施转移就业脱贫工作，同时在具体业务上应及时与相关部门配合、协调、共享信息；财政部门应将培训资金、创业资金、企业贷款等按照要求兑现到位；教育部门在中考和高考结束后，应及时地将"两后生"情况通报扶贫部门，并动员安排建档立卡贫困家

庭的孩子接受中、高级职业教育；审计部门应将扶贫专项资金列入年度审计计划，对资金的流向实施不间断的审计监督，确保资金专款专用，使用安全。只有各部门之间、责任主体之间理顺工作关系，才有利于更好地推进转移就业脱贫工作。

（二）建立就业创业扶贫信息平台，实现扶持对象精准

甘肃和宁夏的经验表明，要实现转移就业脱贫的精准性，建立就业创业信息平台十分重要。一方面，就业信息平台的建设，能够将自治区全部建档立卡的贫困劳动力就业信息导入系统，将国务院扶贫办扶贫开发信息系统中的农村贫困劳动力基本信息与自治区人力资源和社会保障部门所掌握的贫困劳动力的就业基本信息进行对比，更新相关的信息，从而能够对建档立卡贫困劳动力的就业信息有全面的掌握，有助于了解贫困劳动力真实的就业情况，有助于扶贫部门以及相关部门针对实际情况更好地因户因人施策。另一方面，就业信息平台的建设，能够进一步加强对建档立卡贫困劳动力的就业与失业情况的核实和补充工作，对贫困劳动力就业的意愿以及意向有更加详细的了解，对贫困劳动力失业的原因有大致的判断，将已经就业的劳动力排除在精准帮扶的范围外，将近期失业以及短暂就业后再次失业的贫困劳动力补充纳入精准帮扶的队伍中来，使得贫困劳动力的就业信息得到及时的更新与补充，从而有针对性地提供职业指导、职业介绍、技能培训和权益维护等服务，实现可持续的精准帮扶，着重关注贫困劳动力的切身利益，注重提升贫困劳动力的就业技能以及就业能力，从根本上防止实现就业的贫困劳动力出现返贫的现象，实现真正地脱贫。

（三）尊重贫困人口特点和就业意愿，坚持因户因人施策

转移就业脱贫的政策措施要充分体现以人为本的理念，在对农村贫困劳动力进行帮扶的过程中，充分尊重贫困劳动力的个人意愿、个人特点以及民族特点，进行分类施策，绝不将扶贫攻坚的工作任务强加在贫困劳动力身上。政府部门在对其进行就业创业的精准帮扶时，要瞄准贫困劳动力的需求：一方面，相关部门在组织劳动力进行培训时要重视劳动者的个人意愿以及个性特点，根据劳动者意愿和市场用工需求，针对建档立卡贫困户中有培训能力和培训愿望的劳动力开展相关就业创业技能培训；另一方面，要在有就业创业意愿的富余劳动力和就业岗位之间建立有效连接，帮助贫困劳动力找到适合的、满意的就业岗位和创业机会，并提供各种就业创业服务和保护。只有这样，才有利于贫困劳动力实现质量较高的就业创业，实现稳定的发展，真正地帮助建档立卡的贫困户通过就业创业的方式永远脱离贫困，防止出现短暂的就业、短命的创业和临时的脱贫现象，从根本上保障扶贫攻坚的成效，体现扶贫工作的精准性和可持续性。

（四）拓展贫困人口就业创业空间，实现贫困人口增收

要进一步加大对当前就业创业形势和就业创业模式的研究，探索经济新常态下的就业创业新途径。一方面，要加大就地就近转移就业的力度，通过产业扶贫和就近就业相结合，来提高贫困人口灵活就业和增收的途径；西部地区还要做好本行政区域内劳务对接工作，依托当地产业发展，多渠道开发就业岗位，支持贫困人口在省内就地就近就业。另一方面，西部地区贫困省份要按照《关于进一步加强东西部扶贫协作工作的指导意见》的要求，强化与东部帮扶省市的劳务对接关系，完善劳务输出精准对接机制，提高劳务输出脱贫的组织化程度。在此过程中，西部地区要摸清底数，准确掌握建档立卡贫困人口中有就业意愿和能力的未就业人口信息，以及已在外地就业人员的基本情况，因人因需提供就业服务，与东部地区开展有组织的劳务对接；东部帮扶省市则要把解决西部贫困人口稳定就业作为帮扶重要内容，创造就业机会，提供用工信息，动员企业参与，实现人岗对接，保障稳定就业。对在东部地区工作生活的建档立卡贫困人口，符合条件的优先落实落户政策，有序实现市民化。

（五）突出就业创业帮扶实效，严格考核评估制度

要建立健全就业创业扶贫工作的考核评估机制，各级监察、审计、财政、扶贫等部门要切实对农村转移就业脱贫工作的规划和计划的落实情况、资金管理使用情况、项目的实施情况等进行定期监督、检查、审计、评估，并将结果及时向有关部门反馈。特别要在就业创业扶贫开发的过程中，引入第三方机构，定期组织第三方评估团队对转移就业脱贫扶贫工作进行成效评估，及时地总结有价值的经验，及时地发现并纠正工作中存在的问题，切实地保障就业创业扶贫开发工作成果的真实性和有效性。严格落实培训、鉴定、评价考核三分离的培训鉴定机制，将精准脱贫能力培训也纳入第三方评估进行效果监督。

第十章 资产收益扶贫

> 增加农民收入,要构建长效政策机制,通过发展农村经济、组织农民外出务工经商、增加农民财产性收入等多种途径,不断缩小城乡居民收入差距,让广大农民尽快富裕起来。
>
> ——习近平

一 资产收益扶贫的提出背景

党的十八大以来,我国步入全面建成小康社会新阶段。农村和贫困地区成为全面建成小康社会的重点和难点。全面建成小康社会时期,党中央把扶贫开发摆到治国理政的重要位置,提升到事关全面建成小康社会、实现第一个一百年奋斗目标的新高度。伴随我国整体贫困的缓解,容易脱贫的基本都脱贫了,扶贫开发面对的剩余贫困人口多是"贫中之贫、困中之困",因病因残致贫的比例明显上升,无劳动能力和弱劳动能力的贫困人口占到了较大的比重,这些深度贫困人口是共享发展最难啃的"硬骨头"。随着经济社会的发展,农业比较效益低、农村"空心化"问题日益凸显,农民面临有资源没资产、有权利没收益的尴尬处境。《中共中央关于全面深化改革若干重大问题的决定》提出,要赋予农民更多财产权利,探索农民增加财产性收入渠道,建立企业、合作社和贫困农户利益联结机制,通过折资入股经营项目等方式,将贫困农民和集体拥有的土地、林地、荒地、水面、房屋、农机等资源要素盘活,提高农村经营的集约化水平和组织化程度,既可以使农民经营主体实现利润最大化,又能增加贫困人口财产性收益。我国经济发展迎来增速换挡、结构调整、动力转化的新常态，经济从高速增长转为中高速增长。经济增长新常态下，经济增长的主体产业（新业态）已较难惠及贫困地区和贫困群体，具有显著益贫特征的农业向规模经营和资金密集发展的趋势增强，劳动力转移脱贫和农业经营增收脱贫的局限性逐步明显。① 面对新的减贫形势和任务，党的十八大以来，中央对扶贫开发战略做出创新性部署，提出精准扶贫方略，要求各地各部门要进一步解放思想，开拓思路，深化改革，创新机制。《中共中央国务院关于打赢脱贫攻坚战的决定》指出，在不改变用途的情况下，财政专项扶贫资金和其他涉农资金投入设施农业、养殖、光伏、水电、乡村旅游等项目，具备条件的可折股量化给贫困村和贫困农户，尤其是丧失劳动能力的贫困户。

二 资产收益扶贫的政策设计

（一）资产收益扶贫的概念

作为一种减贫新方式，学界对资产收益扶贫的概念讨论有限。现有研究主要将资产收益扶贫作为扶持丧失劳动力能力等自主创新能力受限的贫困人口。② 然而，从实践来看，资产收益扶贫的探索以从扶持无劳动能力和弱劳动能力的贫困人口拓展到普通贫困者。在本书中，我们将资产收益扶贫界定为：通过一定的产业合作方式帮助贫困农户通过资产入股、租赁或托管等方式获得资产性收入进而增收脱贫的扶贫方式。这里的"资产"包括贫困村集体的土地、森林、荒山、荒地、矿产资源等集体性资产，贫困户的土地承包权、林权、房屋、圈舍等农户资产，贫困户的土地、森林、荒山、荒地、水面、滩涂等物质资产，以及财政扶贫

---

① 李小云、于乐荣、唐丽霞：《新时期中国农村的贫困问题及其治理》，《贵州民族大学学报》（哲学社会科学版）2016年第2期。
② 余佶：《资产收益扶持制度：精准扶贫新探索》，《红旗文稿》2016年第2期；曾盛聪：《资产收益扶持制度在精准扶贫中的作用及其实现》，《探索》2016年第6期；戴旭宏：《精准扶贫：资产收益扶贫模式路径选择——基于四川实践探索》2016年第11期。

资金或涉农资金投入设施农业、养殖、光伏、水电、乡村旅游等项目形成的资产。参与资产收益扶贫的主体包括贫困户、贫困村、政府、企业、能人,甚至社会组织等各类主体。资产收益扶贫中各主体的联结形式也各式各样。从实践来看,资产收益扶贫包括"企业+贫困农户"、"企业+合作社+贫困农户"、"合作社+贫困农户"、"能人+贫困农户"等主要形式。

(二) 资产收益扶贫的政策

1. 国家资产收益扶贫政策

在国家政策层面,《中共中央关于制定国民经济和社会发展第十三个五年规划的建议》指出:"对在贫困地区开发水电、矿产资源占用集体土地的,试行给原住居民集体股权方式进行补偿,探索对贫困人口实行资产收益扶持制度。"这是从中央层面首次出现"资产收益扶贫"。2015年11月颁布的《中共中央国务院关于打赢脱贫攻坚战的决定》将资产收益扶贫作为实施精准扶贫方略、加快贫困人口精准脱贫的重要举措,并进行了详细论述。《中共中央国务院关于打赢脱贫攻坚战的决定》指出:"在不改变用途的情况下,财政专项扶贫资金和其他涉农资金投入设施农业、养殖、光伏、水电、乡村旅游等项目形成的资产,具备条件的可折股量化给贫困村和贫困户,尤其是丧失劳动能力的贫困户。资产可由村集体、合作社或其他经营主体统一经营。要强化监督管理,明确资产运营方对财政资金形成资产的保值增值责任,建立健全收益分配机制,确保资产收益及时回馈持股贫困户。支持农民合作社和其他经营主体通过土地托管、牲畜托养和吸收农民土地经营权入股等方式,带动贫困户增收。贫困地区水电、矿产等资源开发,赋予土地被占用的村集体股权,让贫困人口分享资源开发收益。"[1] 2016年11月印发

---

[1] 《中共中央国务院关于打赢脱贫攻坚战的决定》,新华网,2015年12月7日,http://news.xinhuanet.com/politics/2015-12/07/c_1117383987.htm。

的《国务院关于印发"十三五"脱贫攻坚规划的通知》将资产收益扶贫纳入产业发展脱贫一批之中,鼓励和引导贫困户将已确权登记的土地承包经营权入股企业、合作社,家庭农(林)场与新型经营主体形成利益共同体,分享经营收益,提出在贫困地区选择一批项目开展志愿开发资产收益扶贫改革试点,以及实施光伏扶贫工程、水库移民脱贫工程、农村小水电扶贫工程等资产收益扶贫工程。

2016年9月印发的《国务院办公厅关于贫困地区水电矿场资源开发资产收益扶贫改革试点方案的通知》提出在贫困地区选择一批水电、矿产资源开发项目,用3年左右时间组织开展资产收益扶贫改革试点。目的在于激活农村集体资产(资源),推动资源开发成果更多惠及贫困人口,增强贫困地区、贫困人口内生动力和发展活力,拓宽贫困人口增收渠道,增加贫困人口收入,建立农村集体经济组织成员特别是建档立卡贫困户精准受益的资产收益扶贫长效机制。2016年9月,国家发展改革委印发《全国"十三五"易地扶贫搬迁规划》,提出要瞄准建档立卡贫困人口,坚持易地搬迁与新型城镇化、农业现代化建设相结合,坚持"挪穷窝"与"换穷业"并举,把探索资产收益扶贫作为建档立卡搬迁人口脱贫发展的重要途径,实施资产收益脱贫一批,即探索实施"易地扶贫搬迁配套设施资产变股权、搬迁对象变股民"的资产收益扶贫模式。2017年5月,财政部、农业部、国务院扶贫办联合印发《关于做好财政支农资金支持资产收益扶贫工作的通知》,指出各地积极开展资产收益扶贫,将财政支持产业等方面的涉农投入所形成的资产折股量化给贫困村、贫困户,在推动产业发展和帮助贫困群众增收方面取得一定成效,但也存在一些需要规范的问题。该通知提出,脱贫攻坚期内,在不改变用途的情况下,利用中央和各级财政安排的财政专项扶贫资金和其他涉农资金投入设施农业、养殖、光伏、乡村旅游等项目形成的资产,具备条件的可用于资产收益扶贫;并从立足优势产业选好项目、严格选好实施主体、注重形成物化资产、实施差异化扶持政策、切实保障贫困户收益、适时开展动态管理等方面规范各地使用财政支农资金支持资产收益扶贫工作。

总体来看,资产收益扶贫的政策设计机理在于将贫困地区资源(包括公共自然资源、农户和村集体自有资源)和资金(包括财政专项扶贫资金、涉农资金、贫困户自有资金)进行有效整合,以折股量化形式赋予贫困户一定股份(或股权),再将这些资源和资产投入有扶贫意愿、有发展潜力、带动贫困户就业增收效果较好的龙头企业、农民合作社等新型经营主体,参与生产经营或者直接收益分红,产业发展起来后,有劳动能力的贫困人口还可以到企业从事劳务工作获得工资收入,从而增加资产收益,实现脱贫。这一政策设计机制可用于贫困地区水电扶贫、光伏扶贫、乡村旅游扶贫、易地扶贫搬迁等扶贫领域中。

2. 地方资产收益扶贫政策

在地方政策层面,广西将资产收益扶贫作为"十三五"脱贫攻坚"十大行动"之一的"贫困户产权收益行动"的重要内容。2016年3月,广西壮族自治区人民政府办公厅印发《脱贫攻坚增加贫困户资产收益实施方案》,提出以稳妥推进农村土地承包经营权、林权使用制度改革为突破口,瞄准全区建档立卡贫困户人口、贫困县和贫困村,探索将自然资源、公共资产、财政专项扶贫资金和其他涉农资金、农户权益资本化和股权化,贫困村、贫困户从中获取资产性收益,为精准脱贫探索新路径。同年4月,广西壮族自治区扶贫办发布《关于印发〈广西脱贫攻坚探索资产收益扶贫操作指南〉的通知》,详细阐明了资产收益扶贫的概念,资产收益扶贫实施的指导思想、实施条件、实施主体、实施类型、收益分配等,为全区开展资产收益扶贫提供了操作指南。2015年9月,四川印发《四川省财政厅关于印发〈财政支农资产收益扶贫实施办法(试行)〉的通知》,提出将农民专业合作社、农村集体经济组织、龙头企业等作为财政支农项目资产收益扶贫的实施主体,将财政扶贫资金投入实施主体形成的资产,以优先股的形式全部量化给贫困户,并确保贫困户分红底线。2017年5月,贵州省印发《贵州省水电矿产资源开发资产收益扶贫改革试点实施方案》,提出通过探索建立集体股权参与项目分红的资产收益扶贫，促进资源开发与脱贫攻坚结合，促进贫困人口共享资源开发成果。该文件明确了入股主体和受益主体，确定了集体股权设置办法，建立了集体股权收益保障制度和收益分配制度，建立了农村集体经济组织成员权益制度，建立了风险防控机制。另外，河北、山东、山西、湖南、湖北等省份也纷纷出台实施资产收益扶贫政策文件。

（三）资产收益扶贫方式的应用领域

从现有资产收益扶贫政策和实践探索来看，资产收益扶贫的应用有以下领域。

1. 土地资源收益扶贫

主要是以土地资源作为农户资源，将贫困村集体土地资源、贫困户承包土地资源进行流转，直接取得租金，或者将土地资产量化折算股金，将土地流转给龙头企业、农民合作社、种养大户等新型经营主体发展种植养殖，使土地资源有效转化为优势产业的发展资源，贫困户成为新型经营主体的股东，以股东身份享受分红，从而增加资产收益和财富，达到脱贫目的。

2. 旅游收益扶贫

主要是政府整合扶贫政策和旅游部门资源，引进有实力的公司对基础条件成熟的贫困村进行旅游资源整体性开发，将村庄内耕地、林地、农户房屋等进行改造，打造成旅游景点。贫困户获得的资产收益包括几部分：一是土地、房屋等资源按协议租赁获得收入；二是旅游门票收入，村庄与企业签订协议，每年拿出部分旅游门票收入给贫困户，使贫困人口享受旅游发展带来的红利；三是工资收入，有劳动能力的贫困户可以选择到公司务工，从而获得工资性收入。这种扶贫方式使贫困户享受资源开发收益，有效发挥旅游扶贫项目经济效益、社会效益和生态效益，实现旅游精准扶贫。

3. 投资收益扶贫

在不改变资金性质的前提下，将各类财政扶贫资金或其他涉农资金转换为股份化并以股份形式分配给贫困户，再投入农业、光伏、水电、乡村旅游等项目，或投入有能力、有扶贫意愿、带动能力强、增收效果好的龙头企业、农民合作社、种养大户等经营主体，贫困户按股分红获得资产收益。这种资产收益扶贫方式一方面有利于提高财政专项扶贫资金或支农资金的帮扶效果，另一方面也有利于拓宽部分由于缺乏劳力和技术或丧失劳力的贫困农户获得较持续稳定的收入。

4. 金融收益扶贫

主要是充分利用政府扶贫小额信贷政策，金融机构对建档立卡贫困户进行信用评定和评级授信工作，为贫困户提供免担保、免抵押、全贴息贷款，并以此为发展资金，量化入股当地实力较强、信誉较好、市场潜力较大的龙头企业参与经营，享受资产收益稳固性分红，增加贫困农户资产性收益。

三 资产收益扶贫的地方实践

（一）资产收益扶贫的地方实践

党的十八大以来，特别是中央将资产收益扶贫作为重要脱贫方式以来，各地根据中央对资产收益扶贫的政策设计，积极探索贫困人口资产收益扶持制度，推动产业发展和帮助贫困群众增收方面取得初步成效，形成了丰富的实践形态。四川省实施财政支农资金股权量化改革试点，出台股权量化方案，将财政扶贫资金形成的经营性资产以扶贫股的方式100%量化给贫困户，将财政支农资金形成的经营性资产的30%以优先股的方式量化给建档立卡贫困户（扶持股），30%给村民委员会（优先股），40%给全村村民（一般股），再投入合作组织或龙头企业。投入合作组织或龙头企业的股份，由全体村民委托村民委员会代为管理，合作组织或龙头企业定期向股民公布经营状况、财务执行情况。投入合作组织或龙头企业的股份,按不低于8%的基准额一年一分红。① 贵州省六盘山以"资源便股权、资金变股金、农民变股民"的思路,整合各种资源要素,探索财政资金入股、推动农民土地承包经营权变股权、将农村集体资源入股等多种资产收益扶贫方式。② 另外,广西的马山县弄拉村探索了土地、林地承包经营权入股分红资产收益扶贫方式,大新县万礼村浓沙屯探索了农户自有资金入股资产收益扶贫方式。③ 山西易地扶贫搬迁中,引导农户和社会力量发展生态农村,形成休闲度假、家庭种养等五类农庄,移民利用迁出地闲置生产资源入股分红。④

(二) 资产收益扶贫的典型案例

1. 宁夏宝丰集团"光伏+枸杞"资产收益扶贫

宁夏回族自治区属于太阳辐射的高能区,是我国太阳能资源最丰富的地区之一,在开发利用太阳能方面具有独特优势。作为光伏扶贫试点重点省区,2015年宁夏开始实施光伏扶贫工程试点项目,制定了系列光伏扶贫地方政策。2015年宁夏印发《关于组织开展2015年度光伏扶贫工程试点工作的通知》,提出在盐池县、同心县、红寺堡区、海原县、原州区、彭阳县、永宁县、贺兰县等国家贫困县开展光伏扶贫试点工作。2016年宁夏回族自治区党委、自治区人民政府印发的《关于力争提前两年实现"两个确保"脱贫目标的意见》中提出实施光伏和电力脱贫行动计划,强调采取特惠政策、集中资金扶持等方式,选择光照充裕、具备条件的贫困村开展光伏扶贫,建设屋顶(庭院)、养殖圈舍、设施农业等分布式光伏项目,利用荒山、荒坡建设村级集体电站,

---

① 童彬:《四川通江探索建立支农项目资产收益扶贫新模式》,《中国财经报》2015年10月27日,第4版。
② 余佶:《资产收益扶持制度:精准扶贫新探索》,《红旗文稿》2016年第2期。
③ 广西壮族自治区扶贫办:《广西资产收益扶贫调研报告(2016)》,内部资料。
④ 广西壮族自治区扶贫办:《广西资产收益扶贫调研报告(2016)》,内部资料。

有效增加贫困村集体收入和家庭资产收益。

宝丰集团是宁夏一家以煤炭生产及加工利用、经营等为主的大型民营企业。宁夏实施光伏扶贫试点后，宝丰集团在银川市红墩子矿区租赁农场荒地10万亩，规划投资170亿元建设2G集中式光伏扶贫项目。项目采用国际领先的斜单轴自动跟踪技术，最大限度保障太阳能直射，同时电站核心部件采用MPPT技术，配合自动跟踪技术，项目建成后年均发电量约30.8亿度、年均实现净效益13.2亿元。在贫困人口受益方面，按照国家"保障建档立卡无劳动能力贫困户（包括残疾人）每年每户增加收入3000元以上"的标准，对全区8个县区建档立卡无劳动能力贫困户给予经济补贴，保障其获得稳定、可持续的经济收入。

另外，结合宁夏枸杞种植优势，宝丰集团在10万亩光伏扶贫土地上投资20亿元种植枸杞，实施产业扶贫项目。项目采取"企业+贫困农户"的利益连接方式。枸杞种植前期，宝丰集团负责土地平整、育苗、种植；枸杞种植期间，宝丰集团负责技术指导、施肥、引入黄河水，采取国际最先进的水肥一体化滴灌技术，降低劳动强度和节约水资源成本；在枸杞种植后期，宝丰集团负责枸杞的收购、加工、销售，拓宽枸杞产业产值。参与枸杞产业扶贫的贫困农户只负责日常田间管理和枸杞采摘的雇工投资。可见，枸杞产业的所有固定资产及经营性成本投资均由宝丰集团承担。枸杞产品几近是"零成本"承包给光伏指标8个县区的建档立卡具有劳动能力的贫困农户。参与枸杞产业扶贫的贫困农户既是产业工人，即贫困农户不拥有枸杞产业设施的所有权（所有权为宝丰集团），同时也是经营主体，即枸杞丰收采摘后由贫困农户以市场价格定向销售给宝丰集团，并获得收益。按照每户6亩、每亩产量400斤、每斤50元的收购价格估算，10万亩枸杞产业扶贫项目，将持续解决1.7万贫困户约8万贫困人口就业，每年为每位贫困人口创收约2.4万元、平均每户增收约12万元。

宝丰集团"光伏+枸杞"资产收益扶贫采取"上方光伏发电、下方枸杞种植"的产业融合发展模式，致力于实现企业盈利与贫困农户稳定脱贫双赢目标。在枸杞产业扶贫中，8个县区建档立卡有劳动能力贫困农户承担几近"零成本"，获得枸杞直接销售收益。宝丰集团承担枸杞产前、产中、产后的绝大部分投资成本。尽管枸杞收购后可以通过深加工和品牌管理获得较大扩展收益空间，但农产品市场波动与风险也会使得企业在枸杞产业中实现盈利充满不确定性。在光伏、枸杞一体化产业中，宝丰集团可通过较为稳定的光伏发电盈利来补偿枸杞产业发展的成本甚至亏损，以达到产业持续发展目的。

在宝丰集团"光伏+枸杞"资产收益扶贫中，不同类型贫困农户从产业中获益途径不同。宁夏8个县区建档立卡丧失劳动力能力贫困户每户每年获得3000元补贴，实现了收益的稳定和可持续性。8个县区建档立卡有劳动能力贫困农户则通过枸杞产业中的"资产"使用而获益，即农户负责田间管理和收获季节雇工采摘，以向企业定向销售枸杞方式获得稳定收入、实现脱贫致富。根据农户调研了解到，雇工采摘枸杞成本为10.2元/斤。按每个贫困户承包6亩计算，每亩产400斤（有机枸杞）、每斤50元，每户销售收入12万元。扣除枸杞采摘期间雇工成本2.448万元（1斤枸杞干果的采摘成本为10.2元），每户每年可获得收入9.552万元。另外，枸杞种植产业化规模发展还可以通过创造大量就业岗位放大其减贫效益。根据调研了解到的情况，按照10万亩基地规模估算，除掉前期土地平整、枸杞栽植等非常规性雇工机会，宝丰集团枸杞产业的灌溉、施肥、病虫害防治、修剪、加工、包装等环节提供就业岗位约9.3万个，其中灌溉岗位0.1万个，施肥岗位0.1万个，病虫害防治岗位0.1万个，修剪岗位5万个，加工环节中的枸杞筛色岗位1万个、枸杞筛选（大小）岗位2万个，包装工作等岗位1万个。这些岗位工作技术含量低，绝大多数可直接由贫困劳动力来完成。

2. 广西凭祥市边境贸易资产收益扶贫

广西凭祥市与越南谅山接壤，是中国最靠近东盟国家的国际化城市，是广西口岸数量最多、种类最全、规模最大的边境口岸城市，是中国通往越南及东南亚最大和最便捷的陆路通道。由于凭祥市境内多为山地丘陵地貌，耕地少且贫瘠，并且因边境地区国家建设需要大量征地，处于边境线0—3公里以内的边民大多是失地农民，又多为少数民族人口，受教育程度普遍较低，贫困问题比较突出。《中华人民共和国海关进口税则》征收进口关税和进口环节税中规定："边民通过互市贸易进口的生活用品（列入边民互市进口商品不予免税清单的除外），每人每日价值在人民币8000元以下的，免征进口关税和进口环节税。超过人民币8000元的，对超出部分按照规定征收进口关税和进口环节税。"广西凭祥市立足边境实际，充分发挥沿边口岸优势，利用好国家赋予边民每人每天交易8000元货物全免关税的优惠政策，将扶贫开发与边民互市贸易相结合，探索边境贸易资产收益扶贫方式。

2014年4月，由广西奥润投资管理有限公司牵头，在政府各部门的倡导和支持下，凭祥市海润边贸专业合作社注册成立。合作社遵循"入社自愿，退社自由"原则，提出"入社即脱贫"口号。合作社起初由25人发起，经宣传和发动，卡凤村11个自然屯失地农民入社。经过发展，相继成立了英阳分社、平而分社和油隘分社，社员最多时达到2300多人，其中贫困户社员689人。目前，该社办公地点在凭祥市弄怀边检站大门前（海润互市商品交易市场内），该社社员分为76个互助小组，每组20名社员，实行组长负责制（立责任状），由组长带领本组社员前往互市点进行每人每天8000元人民币货值的小额边境互市贸易。合作社经营范围为：组织收购、销售成员及同类生产经营者的产品；农副产品、海产品、水果、木制品加工及销售（以上经营范围具体项目以审批部门批准的为准）；提供货物装卸、货运（具体项目以审批部门批准的为准）、包装、仓储（除有毒危险品）服务及其信息咨询服务；等等。

凭祥边境贸易资产收益扶贫采取"合作社+贫困农户+企业+政府+金融"联结方式。合作社负责与越南方企业洽谈，敲定采购商品的数量、价格等，以小组轮换的方式组织社员出境采购商品，并与贸易方结算货物；农户（包括贫困农户）跟随小组长出境采购，凭借合作社结算中心开出的票据以一人一票形式将货物带回国内,同时也可以参与产品的运输、包装、加工等;企业主要职责是掌握市场信息,以带动和支撑合作社的发展壮大;财政、扶贫、商务等部门主要是引导边民加入合作社并参与互市贸易,编制边民扶贫工作实施方案,争取、统筹安排项目资金,发放贷款贴息,争取协调海关对合作社进行监管与适当倾斜,征收边贸设施有偿使用费给予30%的优惠,办理互市证、拼车证等有关证件方面给予优惠等;金融机构发放信贷资金,服务"三农"。

在利益分配上,合作社年终利润分配将60%的总利润额作为分红,20%作为合作社的发展基金,20%作为合作社管理费用归企业所有。合作社各岗位(如保洁、装卸、运输等)由社员(特别优先贫困户社员)担任,并付给薪酬。在减贫效果方面,参与合作社的贫困农户收益包括以下方面:一是年终的合作社利润分红,收益多少跟合作社的盈利状况相关,获得分红成员须每年出入境达到20次以上。合作社运作的第一年,每位社员的分红为300元。二是财政扶贫资金贴息获得的资产收益。合作社向银行贷款,政府以每位入社贫困户5万元贷款给合作社贴息,贴息收益由贫困户社员获得。如2015年政府给合作社350万元贷款的贴息(共70户贫困户参与,每户5万元的贴息,共贴息贷款350万元)的受益者均为贫困户,每户获得4000元的贷款贴息的资产性收益。三是贫困户跟随小组组长出入境开展边贸,获得每天30元的补贴,以及在合作社从事装卸、运输、保洁、保安等工作得到的工资性收入。

四 资产收益扶贫的效果与问题

(一)资产收益扶贫的减贫效果

1. 拓宽了贫困人口的增收渠道

持续增加贫困人口收入是实现稳定脱贫的基础。通过探索资产收益扶贫,大力发展扶贫产业,充分利用好贫困地区自然资源、公共资产

（资金），并将此作为贫困户股金投入合作社、龙头企业等新型经营主体，在促进扶贫产业发展壮大的同时，也增加了贫困户资产收益，对于那些具有一定劳动能力的贫困人口而言，还能通过自身劳动获得工资性或经营性收入，从而扩大了家庭增收渠道。多种收入来源为贫困户提供了相对持续的收入，也通过家庭收入结构的优化分散了风险，财产性收入的增加更为缺乏劳动力的贫困户提供了参与乡村发展的机会，使其具备了长期脱贫和发展的保障，真正意义上摆脱贫困。

2. 促进了贫困地区资源利用

贫困地区虽然经济社会发展滞后，但拥有充足的尚待开发的资源，比如土地资源、水利资源、森林资源、矿产资源、文化资源等，只是这些资源长期处于零碎、分散、沉睡状态。在国家新型城镇化推动下，大量农业人口转移到城镇发展，腾出了大量农村土地资源，使得土地红利潜在优势明显。如果能借助外力适度开发农村潜在资源，贫困地区资源优势将能有效转化成发展优势。探索开展资产收益扶贫，将农户和集体拥有的土地、林地、水塘、荒山、房屋等资源和资产股份量化后入股龙头企业、合作社、种植大户等新型经营主体发展生产经营活动，有效整合了农村资源，盘活了各种资源要素，形成资源叠加效应，提高了资源利用率。

3. 提高了财政支农资金使用效率

以往的扶贫方式中，很多地区把扶贫资金直接发放到贫困户手中，或者直接买一些牲畜、家禽、种苗发放给贫困户，虽然也能起到一定效果，但是这只能解一时燃眉之急，贫困户增收不可持续，一两年之内脱贫的贫困户很容易出现返贫现象，难以实现稳定脱贫。这样的扶贫方式下，扶贫资金投入分散，使用效率不高。资产收益扶贫是在不改变资金使用性质及用途的前提下，将各类财政支农资金及扶贫资金等量化为村集体和农民（包括建档立卡贫困户）持有的股金，集中入股到企业、合作社、家庭农场等经营主体发展生产，这在一定程度上解决了财政支农资金投入分散、瞄准偏差等问题，极大地提高了财政资金的使用效率。

一方面，将分散的财政支农资金、扶贫资金整合起来投入具有实力、市场发展潜力好的新型经营主体中去，能更好发挥资金支农效应，为农业发展创造更多经济效益，从而为参与入股的股民提供更多收益；另一方面，新型经营主体通过财政资金转化为生产经营资本，壮大了企业发展实力，提高了预期收益水平，从而可以吸引更多农户自有资金、社会资金、金融资本投入产业发展，无形之中放大了财政支农资金的支持效果。

4. 增强了新型农业经营主体发展能力

新型经营主体是推动贫困地区农业发展和农民增收的重要力量，但是资金不足一直是困扰合作社等经营主体发展的重要问题。资产收益扶贫通过将财政资金和其他资产转变为新型经营主体的资产，充实了各类经营组织的资本，为其扩大生产规模、引进更新新型技术、提高产品质量、延长产业链条提供了必要的支持，有效增强了新型经营主体发展能力，促进其更好带动贫困人口脱贫致富。

5. 提高了贫困户脱贫积极性和主动性

扶贫，不仅仅是经济兜底扶贫，更重要的是思想脱贫和意志脱贫。实施资本收益扶贫，将财政资金、农村公共资源、土地资源等量化为贫困农户的股金，贫困人口成为股东，使贫困农户的利益经由合作社等组织与村庄内其他农户的利益捆绑在一起，唤起他们潜在的主人翁意识，尽心尽力为合作社等组织发展壮大主动承担相应责任，改变等、靠、要的惰性心理，提高脱贫致富积极性和主动性。与此同时，随着贫困户在合作社等组织中权利的不断增长，有利于提升他们与合作社管理层的协商谈判能力，提高对产业发展、分配收益等方面的话语权，从而推动合作社规范经营、规范管理，产出更多经济效益，维护自身股东权利，实现稳定脱贫。

（二）资产收益扶贫面临的问题与挑战

1. 农户资源资产所参与的产业面临的风险较大

从目前各地探索的资产收益扶贫的实际看，贫困户资金、资源、资产投入的主要是农业、旅游业、边贸产业,其他工业(包括光伏产业、矿产资源采掘与加工、水电开发等)、建筑业及其他第三产业较少涉及。由于农业、旅游业都属于前期投入大、生产周期长的产业,特别是农业极易受自然灾害、市场波动双重影响,加之农村电子商务、物流、农业生产资料供应、农业保险等措施不配套,农业生产成本高、风险大,市场好时,合作社或企业高收益率能够得到保障,倘若进入低谷期,合作社或企业就很难持续带动脱贫。

2. 农户与新型经营组织利益联结机制不健全

资产收益扶贫最关键是要建立健全企业和贫困户之间的利益联结机制。目前各地资产收益扶贫中形成多种运作模式,如"龙头企业+农户"、"龙头企业+农民专业合作社+农户"、"龙头企业+农民专业合作社+村委+农户"等,实际运行过程中取得不错成效。但是也存在与农户利益联结机制不健全的问题,表现在以下方面:一是合作社产权关系不明晰。有些合作社最初个人投资少、成员少,产权清晰,但是随着成员增多,合作社发展扩大,各级各部门的扶持资金增多,股权边界越来越模糊,由此引发合作矛盾,影响成员资产收益。二是合作社或公司的治理结构不健全。一些合作社在发展过程中不注重加强组织建设,股东会议、监事会、董事会等运行不畅,形同虚设,引起股东们不满。有些合作社,农户入股股金少,在组织中往往处于从属地位,贫困户作为股东应有的监督权、管理权、决策建议权等被限制甚至取消,权益很容易受到侵害,比如有些地方出现合作社假借贫困户名义使用扶贫资金而贫困户不知情、不受益情况,还有些合作社利用贫困户名义弄虚作假套取扶贫资金。

3. 农户与新型经营主体间利益分配机制有待完善

农户与企业、合作社之间的利益分成是开展资产收益扶贫面临的重要问题。从各地实践来看,大部分都是公司、合作社拿到大部分利益分成(10%—80%),农户享受到的利益分成大约为8%。按照股份制企业的相关规定,农户享受的分成比例,应该与其出资占股比例相一致,但实践中，这两者往往不相匹配，不少农户因其在市场中的弱势地位，享受的分成比例低于其占股比例。再有，企业、合作社在得到扶贫资源、资产入股后，产业发展到一定阶段就会产生经济效益，如何公开公平测算产业利润也是一大问题。有些公司、合作社为了多赚取利润，少给股东分红，往往不真实具体地公开公司盈利情况，在利润测算中有意提高生产经营成本，让财务报表上显得利润微薄，然后在此基础上再跟农户利益分成，无形之中减少了农户实际收益。

4. 入股资金风险防控有待加强

资产收益扶贫具有资金所有与经营分离、股权持有与经营分离、经营与享有收益分离等特点，涉及的资金包括财政扶贫资金、惠农资金、政府贴息贷款、农户自有资金等，有些合作社、公司筹集到的资金规模较大。经济下行压力大、市场风险加剧情况下，如何确保这些资金安全完整？如何避免借农村产权制度改革和股权量化损公肥私，化国家、集体资金归个人所有？如何避免合作社、企业负责人发展产业过程中卷款潜逃？……上述问题需要在资产收益扶贫工作中重点把握并采取有效措施解决，否则将会出现资金流失风险，影响扶贫开发工作推进。

5. 入股资金、资产权属问题有待进一步明确

实施资产收益扶贫之初，将财政专项扶贫资金和其他涉农资金折股量化给贫困户入股新型经营主体用于发展生产，合作到期后，这些财政资金以及使用财政资金产生的资产该如何处置，是归农户、合作社还是政府？贫困户持有的扶贫股可以享受的期限应当如何设定？全部贫困户脱贫后，扶贫股如何转为集体股？这些问题需要进一步明确，否则会给今后脱贫工作留下产权纠纷。

五 启示与政策建议

（一）结论与启示

资产收益扶贫是新形势下我国扶贫开发方式的重要创新之一。从中央政策角度看，资产收益扶贫的提出至少具有两个政策功能：一是探索开发式扶贫与救济式扶贫相结合的政策机制。当前我国扶贫对象多为贫困程度深、致贫原因复杂、脆弱性高的剩余贫困人口。相当一部分贫困人口在政府扶持下因丧失劳动能力或自我发展能力极弱而难以实现稳定增收。通过政府引导和支持、市场主体带动，贫困人口以自有资产或政府赋予的资产（如财政扶贫资金）作为股份参与产业开发并获得资产收益和稳定收入来源。资产收益扶贫是解决深度贫困问题的制度创新。二是随着我国农业现代化的推进和工商业资本下乡带来日益激烈的竞争，贫困农户自我组织形成的农业产业的竞争力日益相对弱化。贫困农户以一定方式的资产参与产业开发，有利于提升其在多主体产业合作的地位，促进贫困农户以多元化生计实现稳定增收和脱贫，并有利于推进贫困地区产业发展。从当前的地方实践来看，资产收益扶贫的实践探索基本在中央资产收益扶贫的框架下从资源、资金两个方面展开。然而，地方在资产收益扶贫实践方式或领域上也体现出能动性，如宁夏宝丰集团将光伏扶贫与产业扶贫结合，探索出"光伏+枸杞"资产收益扶贫方式，光伏与枸杞互为支撑，有力促进了资产收益扶贫产业的可持续性，且将丧失劳动能力贫困人口和一般贫困农户都纳入其中。广西凭祥市以边境贸易作为资产收益扶贫探索的支撑点，以国家对边民的优惠政策和政策扶贫贴息作为贫困户参与的"资产"，同样也实现了以生计多元化促进减贫脱贫。

（二）政策建议

当前，资产收益扶贫顶层政策设计已经完成，各地的探索实践也日益增多，其中不乏成功案例和经验。同时也需要看到，作为脱贫攻坚新阶段扶贫开发方式创新，资产收益扶贫实践也存在一些问题，如贫困农户参与程度问题、实施主体激励不足问题等。首先，在当前大多数地方资产收益实践中，贫困农户的参与仅限于以资产形式的参与，并未参与到相关产业（如农业产业等）组织、实施等过程之中。这种有限参与，一方面不能形成贫困农户自我发展长效机制,另一方面也会产生贫困农户脱贫后极易返贫的问题。建议在农业产业领域的资产收益扶贫政策中,制定贫困农户(特别是有劳动能力的贫困农户)"资产参与+'干中学'"的政策内容,贫困农户除了获得资产收益外,还在实施主体的引导和带领下,掌握产业发展的技能与知识,脱贫后可以通过政府的优惠政策,依靠学到的知识和技能自我发展相关产业,形成脱贫长效机制。其次,相关政策中,对实施主体(合作社、种养大户、龙头企业等)的激励措施主要限于资产的使用层面,在融资、市场信息等方面获得的支持不多,这也导致实施主体以股权形式分配收益给贫困农户后并无其他责任或义务,对贫困农户脱贫的帮扶有限。建议将产业扶贫中对市场主体的融资、产业保险等优惠政策或措施因地制宜列入资产收益扶贫政策中,加大对实施主体的扶持力度,同时以扶贫责任书等作为纽带,强化实施主体帮扶贫困农户产业发展技能提升的责任,并为能力提升后的脱贫农户成为新的实施主体提供创业政策扶持。再次,因扶贫任务繁重,政府在人力、精力有限的情况下,很难对资产收益扶贫中各行为主体实施有效监管,为市场主体侵害贫困农户合理权益提供了机会。建议通过政府购买服务等方式将社会组织等"第三方"引入资产收益扶贫中,将其作为监管资产收益扶贫的主要协助力量。

第十一章 易地搬迁脱贫

> 一定要把易地移民搬迁工程建设好，保质保量让村民们搬入新居。大家生活安顿下来后，各项脱贫措施要跟上，把生产搞上去。
>
> ——习近平

一 国家贫困治理体系中的易地扶贫搬迁

易地扶贫搬迁是农村扶贫开发的重要举措，能够从根本上解决居住在相对偏远、基础设施较为落后、生态环境极度脆弱和自然灾害高发地区的贫困人口的脱贫和发展问题。20世纪80年代初的"三西"（河西、定西、西海固）农业建设计划是易地扶贫搬迁的初步探索，提出了"拉吊庄"的搬迁办法，鼓励农民向河西、河套地区迁移，招民工承包水利工程，以工代赈。在"国家八七扶贫攻坚计划"实施过程中，易地扶贫搬迁被正式列为我国农村扶贫开发的基本途径之一，甘肃、宁夏、广西、湖北、云南等省也出台了相关政策，将易地扶贫搬迁作为解决贫困问题的一种常规手段。在21世纪的第一个十年里，易地扶贫搬迁政策逐步转为一项有整体规划和计划推行的系统工程，明确易地扶贫搬迁具有消除贫困和改善生态双重目标。"十二五"期间，连片特困地区成为扶贫攻坚主战场，易地扶贫搬迁政策得到进一步强化，提出了移民非农安置的新思路。[①] 在中央和地方的共同努力下，截至2015年底，

[①] 陆汉文、黄承伟主编《中国精准扶贫发展报告（2016）——精准扶贫战略与政策体系》，2016，社会科学文献出版社，第102—110页。

全国已累计搬迁1200万人以上,建设了一大批安置住房、基础设施、教育、卫生、文化等公共服务设施,推动了城镇化进程,产生了良好的经济、社会和生态效益,受到搬迁对象的普遍欢迎。①

易地扶贫搬迁工作在"十三五"规划之前已经取得了重大的成就,但依然存在一些问题。一是扶贫目标上出现偏离。部分地区发现搬迁村、组并不是自然条件和社会条件最差的,搬迁户也不是贫困户,贫困户由于缺乏搬迁内在动力,搬不动。在"大水漫灌"后,部分应该搬迁的贫困户未搬,部分搬迁户并未真正脱贫或返贫。二是存在因搬迁负债而难以搬迁或难以脱贫的问题。《全国"十一五"易地扶贫搬迁规划》给出的补助标准为人均不超过5000元,各省在不超过中央分省人均补助标准的基础上因地制宜确定搬迁项目的具体补助标准②,《易地扶贫搬迁"十二五"规划》中人均补助标准上升至6000元③,但补助款对部分搬迁户的作用并不大,农户因搬迁欠债或因家庭情况选择不搬的情况并不少见。三是地方财政压力较大。易地扶贫搬迁是一项解决农户居住安全和生存发展的综合性工程,涉及住房建设、基本农田、水利设施、道路、教育、文化、卫生等设施建设,需要大量的资金,但中央对地方资金的筹措和具体运作并未给出明确的指导,地方在实际操作过程中出现过资金短缺的问题。四是搬迁户后续生计问题。我国耕地、草场等资源有限,贫困地区利用新开发土地、置换土地等落实承包地的方法实现农业安置的空间狭小,以传统农业安置的方式难以满足贫困地区和贫困人口脱贫致富的需要④。

"十三五"时期是我国全面建成小康社会的决胜阶段,不能再继续

---

① 国家发展改革委:《全国"十三五"易地扶贫搬迁规划》,2016。
② 国家发展改革委:《易地扶贫搬迁"十一五"规划》,2007年9月25日。参见http://ghs.ndrc.gov.cn/ghwb/gjjgh/200804/P020080407574527900062.doc。
③ 国家发展改革委:《易地扶贫搬迁"十二五"规划》,2012年7月。
④ 陆汉文、覃志敏:《我国扶贫移民政策的演变与发展趋势》,《贵州社会科学》2015年第5期,第164—168页。

"灌水式"、"输血式"的传统扶贫模式,2013 年底,国家提出了精准扶贫方略,着手对扶贫开发战略进行创新型部署。在精准扶贫背景之下,易地扶贫搬迁逐渐成为实现精准扶贫、精准脱贫的重要贫困治理方式。2015 年 10 月通过的《中共中央关于制定国民经济和社会发展第十三个五年规划的建议》提出精准扶贫、精准脱贫、因人因地施策,提高扶贫实效,分类扶持贫困家庭,对"一方水土养不活一方人"的贫困地区实施扶贫搬迁。《全国"十三五"易地扶贫搬迁规划》明确了易地扶贫搬迁的指导思想,并且成为各地推进易地扶贫搬迁工作的行动纲领,从顶层设计上回应了之前工作中存在的问题,并提出了创新性的做法。在该规划的指导下,各地结合本地情况,制定了更为具体的政策条例。为了了解地方易地扶贫搬迁的实践,记录他们所取得的成绩和存在的问题,课题组成员前往在易地扶贫搬迁中取得了显著成效的四川省进行了调研。

二 精准扶贫方略下易地扶贫搬迁的顶层设计

"十三五"时期,为坚决打赢脱贫攻坚战,党中央、国务院决定,按照精准扶贫、精准脱贫要求,加快实施易地扶贫搬迁工程,从根本上解决"一方水土养不活一方人"的脱贫发展问题。精准扶贫具体是指"通过对贫困户和贫困村的具体识别、精准帮扶、精准管理和精准考核,引导各类扶贫资源优化配置,实现扶贫到村到户"[1]。中共中央、国务院《关于打赢脱贫攻坚战的决定》提出了到 2020 年确保农村贫困人口实现脱贫、全面建成小康社会的目标。2011 年出台的《中国农村扶贫开发纲要(2011—2020)》提出,"对生存条件恶劣地区扶贫对象实行易地扶贫搬迁。引导其他移民搬迁项目优先在符合条件的贫困地区

---

[1] 左停、杨雨鑫、钟玲:《精准扶贫:技术靶向、理论解析和现实挑战》,《贵州社会科学》2015 年第 8 期,第 156—162 页。

实施,加强与易地扶贫搬迁项目的衔接,共同促进改善贫困群众的生产生活环境"①。2015年12月,国家发改委、国务院扶贫办、财政部、国土资源部、中国人民银行联合印发《"十三五"时期易地扶贫搬迁工作方案》,是新一轮易地扶贫搬迁工作的行动指南,明确了易地扶贫搬迁工作的总体要求、搬迁对象与安置方式、建设内容与补助标准、资金筹措、职责分工、政策保障等。根据《"十三五"时期易地扶贫搬迁工作方案》、《全国"十三五"易地扶贫搬迁规划》和国家发展改革委员会《新时期易地扶贫搬迁政策宣讲解读参考提纲》等系列政策文件,精准扶贫在易地扶贫搬迁中主要体现在以下四个方面。

1. 精准识别,精准搬迁

为了避免扶贫目标出现偏差、施策不精准的问题,中央强调了对搬迁对象的精准识别。一方面对建档立卡贫困人口"应搬尽搬",另一方面处理好整村搬迁的随迁户与建档立卡人口关系,提高搬迁对象精准识别和动态管理水平。搬迁对象是在确定迁出区域之后根据建档立卡情况确定的,迁出区主要有以下几种情形:深山石山、边远高寒、荒漠化和水土流失严重,且水土、光热条件难以满足日常生活生产需要,不具备基本发展条件;国家主体功能区规划中禁止开发或限制开发;交通、水利、电力、通信等基础设施,以及教育、医疗卫生等基本公共服务设施十分薄弱,工程措施解决难度大、建设和运行成本高;地方病严重、地质灾害频发,以及其他确需实施易地扶贫搬迁的地区。在此基础之上,经国务院扶贫办扶贫开发建档立卡信息系统核实,确定易地扶贫搬迁的人口。

搬迁方式包括自然村整村搬迁和分散搬迁两种,安置方式则综合考虑水土资源条件、城镇化进程、群众意愿等,采取集中安置与分散插花等多种安置方式,因地制宜。集中安置包括行政村内就近安置、建设移民新村安置、小城镇或工业园区安置、乡村旅游区安置、针对特困人员

---

① 国务院扶贫办:《中国农村扶贫开发纲要(2011—2020)》,http://www.gov.cn/gongbao/content/2011/content_ 2020905. htm。

和残疾人等的集中安置。分散安置主要有当地政府回购空置房屋、配置耕地等方式进行的插花安置，以及自主选择进城务工、投靠亲友等其他安置方式。易地扶贫搬迁优先保障建档立卡贫困人口的安置与后续脱贫，确保搬迁一户、脱贫一户。

2. 资金的精准使用与区域差异化补助政策

易地扶贫搬迁是一项复杂的系统性工程，包括搬迁户住房建设、安置区基础设施建设、迁出区生态建设以及搬迁户脱贫等。为了更好地使用、管理并解决资金问题，中央进一步拓宽了资金来源渠道，并明确了资金投向。① 中央预算内投资补助资金向集中连片特困和国家扶贫开发工作重点县倾斜，且主要用于搬迁对象建房（见表11-1）。另外，中央也要求实施易地扶贫搬迁的省（自治区、直辖市）制定省域内差异化补助标准，建档立卡贫困户住房建设最低补助标准由各省自行确定。

表11-1 "十三五"时期易地扶贫搬迁资金渠道与投向

单位：亿元

渠　　道	总规模	建档立卡人口住房	配套基础设施	公共服务设施	同步搬迁人口住房	土地整治、生态修复等其他投资
中央预算内投资	800	800				
地方政府债务资金	994					
专项建设基金	500	2079	1962	866		
低成本长期贷款	3413					
农户自筹资金	898	215			683	
地方自筹及整合其他资金	2858				1957	901
合　　计	9463	3094	1962	866	2640	901

数据来源：何畅、张昭《"十三五"时期易地扶贫搬迁投融资模式研究》，《开发性金融研究》2017年第1期，第62页。

3. 机制创新与超常规支持扶贫开发政策措施

国土资源部2016年2月17日印发《关于用好用活增减挂钩政策积

---

① 何畅、张昭：《"十三五"时期易地扶贫搬迁投融资模式研究》，《开发性金融研究》2017年第1期，第62页。

极支持扶贫开发易地扶贫搬迁工作的通知》，要求用活用好增减挂钩政策，将之作为实施精准扶贫、精准脱贫的有力抓手，促进政策落实落地。在分解下达全国增减挂钩指标时，向脱贫攻坚任务重的省份倾斜，省市县在安排指标时，也要重点支持扶贫开发及易地扶贫搬迁工作。同时，允许节余在省域范围内流转使用，允许相应调整规划规模。

4. 精准脱贫

"五个一批"是相互支撑、相互补充的，在完成搬迁安置工作后期，要将着眼点和着力点更多地放在搬迁对象创业就业、产业发展、技能培训等方面，突出精准性和可操作性。《"十三五"时期易地扶贫搬迁工作方案》提出要鼓励和引导金融机构通过扶贫小额信贷等方式支持安置区后续产业发展，为符合条件的搬迁对象提供贴息贷款支持。《"十三五"时期易地扶贫搬迁工作政策指引》（第3期）也指出，必须统筹好搬迁安置与后续发展、稳定脱贫的关系，确保搬迁一户，脱贫一户。各省根据情况细化任务目标，落实扶持政策，组织实施与监督。

三 易地扶贫搬迁的地方经验

2017年5月，国务院办公厅印发《关于对2016年落实有关重大政策措施真抓实干成效明显的地方予以表扬激励的通报》，四川省为2016年易地扶贫搬迁工作积极主动、成效明显的4个省份之一，受到通报表扬。"十二五"以来，四川省搬迁安置33.74万农村贫困人口，超额完成国家下达的25万人的搬迁任务。2011—2015年，修筑灌溉渠510.7公里、引水渠管2688.7公里、蓄水池（塘、库、堰）41.7万立方米，安置区通路、通电、通水覆盖率达到100%。① 同时，四川省还对搬迁人口中的17.5万人进行了产业扶持，对其中的6.5万人进行了就业技

---

① 四川省发展和改革委员会、四川省扶贫和移民工作局、四川省财政厅、四川省国土资源厅、中国人民银行成都分行：《四川省"十三五"易地扶贫搬迁规划》，2016年11月。

能培训。已核定脱贫17万多人,脱贫率达69.24%。①

作为全国扶贫开发攻坚任务最繁重的省份之一,四川省贫困"面宽、量大、程度深",且在边远地区存在大量"一方水土养不活一方人"的现象。在精准扶贫、精准脱贫的背景下,四川省依据《全国"十三五"易地扶贫搬迁规划》等方针纲领,按照扶持对象精准、扶贫项目精准、资金使用精准、扶贫措施精准、驻村帮扶精准、脱贫成效精准的要求,出台了一系列针对四川省易地扶贫开发攻坚的具体政策。

(一)省级层面的政策设计

1. 精准搬迁

《四川省"十三五"易地扶贫搬迁规划》指出,"十三五"期间易地扶贫搬迁的对象主要是指居住在深山、石山、高寒、荒漠化、地方病多发等生存环境差、不具备基本发展条件,以及生态环境脆弱、限制或禁止开发等"一方水土养不活一方人"的农村建档立卡贫困人口。四川省精准识别锁定搬迁对象,推广了巴中市的做法,采取看发展环境、看扶贫成本、看房屋状况,经院户评、村组评、村民大会评,乡镇初审、县区复审、市级审定后,精准识别、锁定易地扶贫搬迁对象。

四川省"十三五"规划确定的迁出范围涉及全省21个市(州)144个县(市、区),共35万户116万建档立卡贫困人口。搬迁对象主要集中在川东北秦巴山区、川南乌蒙山区、大小凉山彝区和川西北藏区,占搬迁人口总规模的84.55%。规划同时还给出了全省易地扶贫搬迁"十三五"分县计划搬迁规模表,下达并规划了2016—2019年每一年度各县(市、区)的搬迁规模。

精准识别搬迁对象的目的之一在于区分易地扶贫搬迁与扶贫项目,避免政策叠加。四川省按照国家发展改革委等五部门《关于印发"十

---

① 四川扶贫与移民局门户网站:http://www.scfpym.gov.cn/show.aspx?id=57572&cid=32,2017年5月8日。

三五"易地扶贫搬迁工作方案的通知》（发改地区〔2015〕2769号）及相关文件，制定了四川省易地扶贫搬迁自查标准。① 已经享受农村危旧房改造、地质灾害避险搬迁和工程移民补助的建档立卡贫困户，不能再纳入易地扶贫搬迁范围。

信息数字化是实现对象精准识别和提高动态管理水平的重要手段之一。按照建设户有卡、村有册、乡有簿、县有档、市有卷、省有库的要求，四川省搭建了脱贫攻坚"六有"大数据平台。在"六有"系统内，贫困户的基本信息、致贫原因、"五个一批"属性、家庭收入、生活生产条件等均做了登记。四川省精准识别的116万搬迁人口在国务院扶贫办的建档立卡信息系统和省"六有"大数据平台中都进行了准确的标注。根据《关于建立易地扶贫搬迁对象动态管理机制的通知》，各地建立动态机制，对搬迁规模、搬迁对象进行规范调整。县（市、区）区域内的，在不突破"十三五"期间总体搬迁规模的基础上，由县（市、区）政府负责，动态管理，如需跨县（市、区）变更调整，应按程序上报审批。② 德阳市在建档立卡精准识别"回头看"之后，在市内平衡了搬迁规模，中江县原计划搬迁0.0742万人调整为0.0811万人，什邡市由0.0086万人调整为0.0017万人。③

2. 住房建设与补助

住房及安置区配套基础设施和公共服务是保障贫困人口搬得出的重要条件，是新时期易地扶贫搬迁工程的重点之一。④ 四川省人均住房建

---

① 《关于印发〈四川省易地扶贫搬迁自查标准〉的通知》（川发改赈〔2016〕470号），2016年9月23日。
② 《四川省扶贫和移民工作局四川省发展和改革委员会四川省财政厅四川省国土资源厅中国人民银行成都分行关于建立易地扶贫搬迁对象动态管理机制的通知》（川扶贫移民发〔2016〕314号），2016年12月6日。
③ 《四川省扶贫和移民工作局四川省发展和改革委员会关于调整"十三五"易地扶贫搬迁规模及2016年搬迁计划的通知》（川扶贫移民发〔2016〕128号），2016年5月5日。
④ 陆汉文、黄承伟主编《中国精准扶贫发展报告（2016）——精准扶贫战略与政策体系》，社会科学文献出版社，2016，第114页。

设面积不超过25平方米（国家和省级补助面积可按每人20平方米计算），建设住房总面积603.62万平方米，全省人均24.14平方米。所有安置住房都由县（市、区）住建部门按照"安全、适用、经济"的要求，统一设计多种户型方案，统规自建或统规联建，供农户选择。依托小城镇或工业园区安置的，地方政府可酌情采取回购符合面积控制标准的城镇商品住房的方式，但不得回购公租房、廉租房等国家已补助投资建设的住房。单人单户安置住房可采取集中建设公寓、与幸福院、养老院共建等方式解决，具体建设方式和标准由地方政府结合当地实际确定。高原藏区和大小凉山彝区，按不低于平均建房成本的80%给予支持；秦巴山、乌蒙山片区按不低于建房成本的70%给予支持；其他地区，按不低于平均建房成本的60%给予支持。另外，在确保搬迁户在不举债的前提下，"打四建一"或者"打三建一"，即承载四层或者三层住房的标准打地基，但当前仅允许建设可供入住的半毛坯房一层，搬迁对象今后根据自身经济条件改善状况和实际能力自助决定是否扩建。①

与此同时，实行区域差异化补助。中央预算内资金，高原藏区按人均1万元标准补助，其他地区按人均0.8万元标准补助。地方政府债务资金，高原藏区人均约13300元（石渠县约14600元），大小凉山彝区人均约12000元，秦巴山区和乌蒙山区人均约9180元，片区外人均约7300元。对通过投亲靠友、自主搬迁、融入城镇化等方式安置的建档立卡贫困户，参照迁出地住房建设资金支持标准给予购房补助。

3. 资金的使用

易地扶贫搬迁项目涉及大量资金，四川省"十三五"易地扶贫搬迁涉及116万建档立卡贫困人口，投资约700亿元。四川省易地扶贫搬迁项目的资金主要包括：中央预算内投资、地方政府债务资金、专项建设基金、长期低息贷款和农户自筹资金。其中，中央预算内投资为中央

---

① 《关于印发〈四川省支持易地扶贫搬迁的有关政策〉的通知》（川发改赈〔2016〕200号），2016年5月10日。

补助资金,用于建档立卡贫困人口住房建设,不得作为项目平台公司的运营资金或承接款项的还贷资金。① 省财政在中央下达的地方政府债务限额内,采取直接融资方式向四川省国农公司注入易地扶贫搬迁项目资本金。专项建设基金由国家发展改革委根据国务院扶贫办确定的116万建档贫困人口规模,一次性下达58亿元易地扶贫搬迁专项基金,再由省国农公司拨付到市(州)和县(市、区),专项建设基金利率为1.2%。信贷资金定向用于支持建档立卡贫困人口安置建房和安置区基本基础设施、公共服务设施建设,中央财政对纳入易地扶贫搬迁规划的建档立卡贫困人口按人均不超过3.5万元搬迁贷款的实际贷款发生额予以贴息90%,各地根据项目建设进度和实际资金需求向省国农公司申请使用。② 省级投融资主体向开发银行、农业发展银行融入长期贷款,贷款总额不超过400亿元,实行统贷统还。农户自筹建房资金34.93亿元,占总投资的4.99%。建档立卡搬迁贫困户在稳定脱贫前,不得自行贷款或借款扩大住房建设面积。

四川省根据建档立卡贫困人口,按市(县、区)将各项资金规模做了分解,本报告选取了乌蒙山区、高原藏区和大小凉山彝区中建档立卡贫困人口数最多的两个县进行了汇总,如表11-2、表11-3所示。

表11-2 2016年四川省部分地区各项资金规模分解情况

市(州)	县(市、区)	建档立卡贫困人口(人)	中央预算内投资(万元)	地方政府债务资金(万元)		贴息贷款规模(万元)
				基础设施建设	住房建设	
泸州市	古蔺县	7861	6288.8	2304	4913	31831.87
	叙永县	6623	5298.4	1941	4139	23180.50
高原藏区	石渠县	1680	1680	728	2903	5233.84
	道孚县	1126	1126	330	1170	4183.09

---

① 《四川省发展和改革委员会关于分解下达易地扶贫搬迁工程2016年中央预算内投资计划的通知》(川发改投资〔2016〕140号),2016年4月14日。

② 《四川省发展和改革委员会四川省扶贫和移民工作局关于做好2017年度易地扶贫搬迁工作的通知》(川发改赈函〔2016〕1341号),2016年11月21日。

续表

市（州）	县（市、区）	建档立卡贫困人口（人）	中央预算内投资（万元）	地方政府债务资金（万元）		贴息贷款规模（万元）
				基础设施建设	住房建设	
大小凉山彝区	越西县	6153	4922.4	1803	5594	21535.50
	昭觉县	5781	4624.8	1695	5255	20233.50

数据来源：《四川省发展和改革委员会关于分解下达易地扶贫搬迁工程2016年中央预算内投资计划的通知》（川发改投〔2016〕140号）；《财政厅关于下达2016年易地扶贫搬迁地方政府债务资金的通知》（川财农〔2016〕78号）；《关于分解下达2016年易地扶贫搬迁贴息贷款规模的通知》（川发改赈〔2016〕246号）。

表11-3 "十三五"期间四川省部分地区资金规划分解情况

市（州）	县（市、区）	"十三五"规划搬迁规模（万人）	专项建设基金规模（万元）
泸州市	古蔺县	3.8335	19167.50
	叙永县	3.0735	15367.50
高原藏区	石渠县	1.1527	5763.50
	道孚县	0.5229	2614.50
大小凉山彝区	越西县	2.8551	14275.50
	昭觉县	2.6825	13412.50

数据来源：《四川省发展和改革委员会关于下达"十三五"易地扶贫搬迁专项建设基金的通知》（川发改赈〔2016〕274号）。

易地扶贫搬迁信贷资金，要求支持对象精准、贷款资金专款专用。由中国人民银行成都分行牵头，建立了四川省易地扶贫搬迁信贷资金协调机制，指导国家开发银行四川省分行、农业发展银行四川省分行落实信贷资金，制定易地扶贫搬迁贷款管理办法。另外，创新运用货币政策工具和同步跟进"扶贫再贷款精准扶持创业扶贫示范基地"、"金融支持旅游扶贫示范村"、"支付惠农示范工程"建设等措施，引导金融机构针对安置户量身定制金融产品和服务方式，加大信贷支持，精准支持安置群众就业创业和安置区完善公共基础设施建设。

4. "精确到户"的脱贫发展措施

四川省易地扶贫搬迁统筹考虑水土资源条件、城镇化进程以及搬迁对象意愿，采取集中与分散相结合的安置方式。集中安置点的建设与巴山新居、乌蒙新村、彝家新寨、藏区新居统筹组织实施，按照幸福美丽新村建设标准进行规划建设。川西北高原藏区和大小凉山彝区等地，大多属高寒山区或深山峡谷区，基础设施建设和公共服务配套成本较高，根据资源环境承载能力，尽可能采取集中安置的方式。集中安置细分又包括：行政村内就近安置、建设移民新村安置、依托小城镇安置、依托特色产业园区安置、依托乡村旅游区安置和针对五保对象、残疾智障等需要集中供养的特殊贫困人口建设专门住房的集中安置。分散安置鼓励安置方式创新，引导搬迁对象选择进城务工、投亲靠友等方式安置。

在脱贫措施方面，四川省要求地方依托安置点周边发展条件和发展特点，以及搬迁群众对产业发展、创业就业、技能培训等实际需求，出台精准到户到人的脱贫发展措施，并逐户逐人做好对接，确保搬迁一户，脱贫一户。对于行政村内就近集中安置和建设移民新村的搬迁户，靠发展特色农牧业脱贫一批，采取技能培训、技术服务、信息发布、示范带动等扶持政策措施，引导其面向市场需求，拓展农业多种功能，推进农村一、二、三产业融合发展，确保每个建档立卡搬迁户都有致富产业，每个有劳动力的家庭至少有一人掌握一门劳动技能。对于依托小城镇、特色产业园区和旅游区安置的贫困户，把发展劳务经济作为持续增加收入的主要途径，加强就业指导、劳务培训和输出，引导他们向二、三产业转移。另外，将所有符合条件的易地扶贫搬迁贫困家庭纳入低保范围，做到应保尽保，以社会保障兜底脱贫一批。有条件、有需求的地方可以实施"以粮代赈"。另外，四川省还在积极探索"易地扶贫搬迁配套设施资产变股权、贫困户变股民"的资产收益扶贫模式，以资产收益扶贫的方式脱贫一批。

另外，四川省提出建立"五个一"帮扶力量协调推进工作机制，确保项目安排精准、措施到户精准、因村派人精准和脱贫成效精准。"五个一"工作机制是结合定点扶贫与培养锻炼干部，形成省、市、县、乡、村五级联动，从省、市、县三级抽调了解农村、能力较强的优秀干部，组建驻村帮扶工作组，确保全省11501个贫困村每个村至少

"1名责任领导、1个帮扶单位、1名'第一书记'、1个驻村工作组、1名驻村农技员"。①"五个一"机制也在易地扶贫搬迁工作中得到了广泛的应用,确保搬出群众后续的持续发展问题得到解决。

(二) 市县乡村的地方经验

1. 精准识别搬迁对象

泸州是乌蒙山片区连片扶贫开发和赤水河流域综合开发的重点区域,有叙永、古蔺两个国家贫困县以及合江这个省级贫困县。泸州市,特别是叙永县,在搬迁对象的精准识别与精准扶贫工作动态管理和痕迹管理方面有许多宝贵经验。

在精准识别搬迁对象方面,泸州市提出"三个精准":排查核实精准、识别程序精准、对标核对精准。按照"群众申请、民主评议、村级公示、县级审核"原则,对标"4+1+1"界定标准(四个限制区域,一个优先条件,一个身份条件),对易地扶贫搬迁对象进行精准识别,建立县、乡(镇)、村、户四级搬迁对象台账。结合精准脱贫"回头看",组织县、乡(镇)、村、户四级干部对易地扶贫搬迁对象进行再识别、再核对,对原址重建、超面积建设、重复享受政策等不符合易地扶贫搬迁要求的农户进行及时调出,符合政策的在确保搬迁规模总量不变的情况下,按程序纳入。

叙永县地处乌蒙山集中连片特困地区,是全国扶贫开发工作重点县,是易地扶贫搬迁工作任务最重的市县之一。根据四川省"十三五"规划,叙永县易地扶贫搬迁涉及7986户30735人,其中2016年规划1439户6623人,2017年24112人(第一批10000人,第二批14112人)。优先搬迁受泥石流、滑坡等地质灾害威胁以及2017年预脱贫户中住房不安全、无房和D级危房的建档立卡贫困人口。安置方式主要包括大集中安置、小集中安置、插花安置和货币安置。

---

① 《四川省"十三五"脱贫攻坚规划》,2016年12月。

叙永县的档案管理主要在两个方面取得了比较突出的成绩：一是在"户有卡、村有册、乡有簿、县有档、市有卷、省有库"的基础之上，进一步细化，按照"户有册、村有卷、乡（镇）有柜、县有室"的要求，制定了档案管理参考目录，实行档案电子化管理。二是针对住房建设，建立"六书四表"档案管理体系（"六书"：农户建房申请书、旧房拆除承诺书、宅基地复垦承诺书、建房许可告知书、建房质量与安全保证书、政府购买第三方建设服务协议书；"四表"：农户建房审批表、农户建房质量与安全巡回检查表、农户资金到位情况表、农户住房竣工验收表），对易地扶贫搬迁建前、建中、建后实行"痕迹管理"，形成全过程动态档案管理体系。

在实际操作层面，叙永县搭建了一个由精准扶贫智慧管理平台、住房痕迹化管理系统和监理系统共同组成的全过程管理系统。干部手机上装载有对应的软件，每次到村到户需拍照实时直接上传，记录工作。负责住房建设的相关部门、施工单位和监理单位也有自己的监理系统，对施工的全过程进行全面的管理，发现问题及时解决。

本课题组在叙永县江门镇高家村集中安置点调研时发现，在每户易地扶贫移民搬迁的新房门口，都有两张卡，一张叙永县江门易地扶贫搬迁建房明白卡（见表11-4），一张叙永县江门镇高家村精准扶贫精准脱贫帮扶明白卡（见表11-5）。通过搬迁贫困户屋外的信息卡可以清

表11-4 叙永县江门易地扶贫搬迁建房明白卡

户主姓名			家庭人口		新建住房面积	
联系电话			脱贫年度			
安置方式			门牌号			
补助资金（万元）	总资金		自筹资金（万元）		新旧房对比照片	
	建房					
	复垦					
开工时间			完工时间			
旧房地址			新房地址			
搬迁原因						

表11-5 叙永县江门镇高家村精准扶贫精准脱贫帮扶明白卡

贫困户基本信息		"六个一"帮扶力量			精准帮扶情况		
					类别	规划情况	落实情况
户主姓名		帮扶力量	姓名	工作单位及职务	联系电话	扶持生产和就业发展一批	
家庭人口		联系市领导			移民搬迁安置一批		
		联系县领导					
性别		驻村帮扶单位			灾后重建帮扶一批		
主要致贫原因		驻村工作组组长			灾后重建帮扶一批		
贫困户属性		第一书记			脱贫年度家庭纯收入（元）	务工收入	
						经营性收入	
						种植业收入	
						养殖业收入	
联系电话		农技人员				其他	
						转让承包土地收入	
						转移性收入	
						其他收入	
脱贫年度		帮扶责任人			家庭人均纯收入（元）		

楚地了解其基本信息，安排的项目，资金的使用情况，该户享受的政策，负责的帮扶干部，以及脱贫成效。

如前所述，四川省提出了"五个一"的工作机制，确保每个贫困村至少有"1名责任领导、1个帮扶单位、1名'第一书记'、1个驻村工作组、1名驻村农技员"。叙永县增加了"1个帮扶负责人"，变"五个一"为"六个一"。帮扶负责人为村委会或乡（镇）扶贫办工作人员，对贫困户、村或安置点的情况非常熟悉，更好地帮助贫困户理解政策，发展产业，解决生计问题。

叙永县石坝彝族乡堰塘村的精准扶贫精准脱贫帮扶明白卡除了贫困

户的基本信息和"六个一批"帮扶力量之外,还列出了"对标补短'一户一策'规划及政策落实表"。堰塘村的表不仅做到了一户一策,还具体到了每一户里的不同个人,给他们提供了适宜的支持。以堰塘村某易地搬迁贫困户为例,该户是四人户,以务工和种植业为主要增收途径,1人参加技能培训并推荐到贵州外出务工,1人享受低保兜底,另外还有2亩甜橙。其中,外出打工预计收入12000元,甜橙预计收入3000元,低保每年2160元,这样,家庭预计人均收入达到4290元。另外,明白卡上还列出了家庭纯收入台账,记录了2016年10月—2017年9月该户每月的家庭纯收入情况。

2. 住房建设

住房建设方面,首先统一规划布局,按照"因地制宜、统筹规划、适度集中、整合资源、致富群众"的要求,规划扶贫搬迁,安置东南西北"四大片区"。四大片区包括:南部赤水河特色果业与乌蒙新村相结合扶贫搬迁安置区、中部丹霞地貌旅游带扶贫安置区、东部沿江粮经复合产业扶贫搬迁安置区、北部家庭农庄扶贫搬迁安置区。在四大片区内,按照"四靠近、四不选"(靠近高速公路、靠近重要交通沿线、靠近重点镇、靠近中心村,有地质隐患不选、多数人不满意不选、基础设施配套难不选、发展前景不好不选)的原则,规划集中安置点。分散安置支持3户以上小集中安置和相对集中安置,对鳏寡孤独、五保户、无生活自理能力等特殊人群,由村、乡镇集体规划建房,进行安置或集中供养。

其次,在安置点方案设计上,依据突出区域特色和因户施策的原则,由规划部门根据地方实际情况对安置点施工图进行统一设计。落实人均住房建设面积不超过25平方米,户均自筹资金不超过1万元。在此基础上因地制宜对安置点进行设计。安置点设计一共有13套施工图,山区以乌蒙新村建设为核心,融入苗族、彝族特色;丘陵地区结合农村旅游;坝区体现家庭农庄特色。具体到每一户住房,按照25m^2、50m^2、75m^2、100m^2、125m^2、150m^2六种类型,统一向群众提供1人户联建户型、2人户合用户型、多人户独立户型等居家户型,由村"两委"组织群众对设计图纸进行评定,由群众自主选择。

最后,在建设施工方面,通过多重措施保证项目的精准实施。一是公开遴选具有较好质量安全管理经验和良好信誉的164家讲诚信、有资质的单位,纳入"易地扶贫搬迁企业库",提供给易地扶贫搬迁实施主体选择;二是对安置项目建设质量全过程监管,实行住房质量终身责任制,除市县住建部门的质量监督小组外,还聘请12家监理机构实行蹲点监理;三是建立全市统一的项目验收流程图,设立16道验收程序,明确责任主体,安排有序。

3. 资金的筹措与使用

资金方面,泸州市形成了"4+2"的资金保障模式。四项资金指中央预算内投资、地方政府债务资金、专项建设基金、长期贴息贷款。两项自筹资金包括:合江、叙永、古蔺县本级承贷易地扶贫搬迁专项贷款22.6亿元;古蔺县、叙永县经国家发展改革委批准发行的全国第一支易地扶贫搬迁项目收益债20亿元(已发行10亿元)。易地扶贫搬迁债券是一项创新的举措,以增减挂钩项目为依托,通过在资本市场发行债券的形式募集资金,为贫困户建房及后期产业发展提供支持。该债券由泸州市农村开发建设投资公司发行,首期5亿元,中标利率为4.3%。在还本付息上,一方面,古蔺、叙永相关贫困户在搬迁安置过程中会因集中居住腾出部分城乡建设用地指标,这部分指标将与成都市双流区等发达区(市、县)进行土地增减挂钩交易;另一方面,将整合分散的易地扶贫搬迁补助补贴等资金用于还本付息。[①] 第二期5亿元,期限10年,由兴泸集团作为差额补偿人和担保人,已于2017年5月发行。[②]

4. 产业发展与就业支持

生计资源是搬迁农户实现脱贫致富的重要因素,他们搬迁之后所获

---

① 赵蕾:《全国首个易地扶贫搬迁项目收益债券在川发行》,《中国国土资源报》2016年9月27日,第1版。

② 《泸州:全国首支易地扶贫搬迁项目收益债券第二期成功发行》,泸州新闻网,http://zixun.lzep.cn/2017/0518/232921.shtml,2017年5月11日。

得的生计资源与搬迁方式密切相关。另外，搬迁人口在安置地的生计重建也与家庭情况和资源结构相关，因此需要针对不同的搬迁人口采取不同的生计发展支持方式。安置方式不同，适宜的生计支持政策也不同。在产业发展与解决就业问题方面，泸州市主要采取了三个方面的措施：一是以龙头企业推进产业扶贫，实行"企业+基地+专业合作社+贫困户"的模式，引领带动搬迁贫困户发展种养业。二是采取"易地扶贫搬迁+旅游产业"模式，围绕20个易地扶贫搬迁旅游精品村寨，打造一个结合自然风光与民族文化特色的旅游示范带。三是开发就业岗位和公益性岗位，提供"一站式"就业服务和"订单式"技能培训，提升搬迁群众就业技能，引导搬迁群众以多种方式就业增收。搬迁人口通过种养业（7814人）、农产品加工业（1360人）、务工（6507人）、自主创业（155人）、公益岗位（472人）、资产收益（858人）、社会保障兜底（3608人）等方式实现了脱贫。

本次调研主要考察的是叙永县和合江县集中安置点的情况。搬迁人口的生计收入来源主要分为两类，一类是农业收入，一类是非农业收入。从本次调研来看，在集中安置点，主要还是"企业+专业合作社+贫困户"的模式，种养业在增加贫困户收入中发挥主要作用。

叙永县江门镇高家村有50户需要搬迁，其中31户搬至集中安置点，5户搬至江门古寨，14户分散安置。集中安置点的搬迁户主要依靠两种产业增加收入：一个是高家村科窖养牛场，一个是竹产业。养牛场实行"村资公司+养牛专业合作社+贫困户"的发展模式，首批投资来自泸州老窖公司（60万元）、中国电科（174万元）与贫困户产业周转金（21.3万元），共计255.3万元。贫困户可通过向牛场出售草料获得销售收益，产业周转金入股公司获得股权分红，到牛场务工获得工资收入，或者散养肉牛到期牛场回收获得养殖收益。江门镇竹资源丰富，贫困户可以通过种植销售竹子来获得收入，还可以通过务工的方式来获得收入，比如帮其他人砍竹子或者承担竹子运输。还有部分搬迁人口选择外出务工，进入旅游业服务业，等等。另外，江门镇正在建设成品油库项目，项目投产后将提供近 100 个就业岗位，这些都是今后搬迁人口可能的就业方向。

石坝彝族乡堰塘村将易地扶贫搬迁与新村建设、彝家新寨相结合，将搬迁户的生计问题与全村的发展结合了起来。第一是将 28 户搬迁户与 92 户农户共同组成了一个 120 户核心区，进行彝家特色的仿古民居风貌塑造，改善了全村的人居环境，统筹解决群众饮水、出行、就医、入学等问题。第二是依托海升集团打造的 1000 亩高标准甜橙示范基地，发展现代农业。贫困户收益一方面通过"一地四金"（土地流转租金、劳务用工薪金、村资管理公司产业发展基金、政府投入部分折资量化股金）得到保障，另一方面通过企业引领，在苗木、技术、农机、物流、销售等方面增加就业机会与收入渠道。第三是利用彝族文化、赤水河流域自然风光和"石厢子会议"纪念地，打造乡村旅游业，带动贫困户发展商铺、餐饮、民宿、农产品销售等，增加收入。

合江县石堰村张桥集中安置点解决易地扶贫搬迁贫困户 9 户 29 人，贫困户的主要增收方式是依托优质晚熟荔枝基地，发展荔枝种植特色农业，以及"林下鸡"生态养殖。除此之外，石堰村在对口帮扶单位住建局的帮助下，积极开展就业培训与劳务输出。石堰村请两溪建筑劳务公司来村展开业务咨询，并通过远程教育与农民夜校的方式对村民进行培训。另外，石堰村还在村委会外的公示栏内张贴合江县扶贫招聘下乡进村活动岗位信息一览表，按月更新，为拓宽贫困户就业渠道起到了积极作用。2017 年 5 月，下乡进村活动岗位约有 1770 个，四川某电子科技公司提供了 1000 个普通工人岗位，其他企业提供了相当数量的技术工人岗位与销售岗位。

四　启示与政策建议

（一）小结

经过不断探索和发展，我国易地扶贫搬迁工作在不断进步和完善。

从政策的制定与落实来看,"中央统筹、省负总责、县抓落实"的三级管理机制已经形成,易地扶贫搬迁的工作也逐渐从整村搬迁发展到精准到户、精准到人,财政与金融政策、工程项目管理、土地政策等维度与内容不断丰富,机制不断创新,初步形成了有中国特色的易地扶贫搬迁体系。① 易地扶贫搬迁政策在脱贫扶贫、新型城镇化和生态建设等方面发挥了重要作用,实施机制也更为精准化和细致化。各地在遵守国家相关规定的情况下,出台了符合各地实际的系列政策,从对象识别、差异化补贴、资金筹措与分配和脱贫措施精确到户等方面落实了易地扶贫搬迁脱贫工作。

四川省作为易地扶贫搬迁工作任务较重的省份,出台了一系列政策,地方根据自身情况开展和完成任务,落实工作。四川省搭建的"六有"平台、叙永县的动态档案管理系统等举措为易地扶贫搬迁工作的精准开展提供了良好的基础,四川省向高原藏区、大小凉山彝区、秦巴山片区、乌蒙山片区提供了差异化的补助,地区也根据各地实际情况按人按户提供了不同标准的补助。住房建设方面,在严格控制标准的基础上,因地因户制宜,设计了多套建设方案,并考虑了单人单户集中安置或养老院共建的方式。在资金筹措方面,四川省鼓励创新运用货币政策工具,加大信贷与金融产品对贫困户的支持。小额信贷对搬迁群众就业创业提供了有力的保障,在泸州市叙永县和古蔺县发行的易地扶贫搬迁收益债为公共服务、基础设施建设与搬迁群众生产生活的安置提供了支持。四川省还提出了"五个一"工作机制,以确保"一户一策"能够得到落实。

(二) 面临的挑战

尽管四川省易地扶贫搬迁工作取得了显著成果,但是依然存在

---

① 王宏新、付甜、张文杰:《中国易地扶贫搬迁政策的严谨特征——基于政策文本量化分析》,《国家行政学院学报》2017年第3期,第48—53页。

一些问题。

一是先搬迁建房，后减贫脱贫。尽管在项目规划之中，有土地、金融、产业、就业创业服务等政策安排与支持，但现阶段地方的工作重心在建房和完善配套设施上。不少地区都自我加压，例如泸州市提出"四年任务，两年完成"，湖北省内不少县市提出"三年任务，两年完成"，其中"两年完成"指的就是两年全面完成"十三五"易地扶贫搬迁住房建设任务，然后在后续两年完善脱贫任务。但搬迁户对后续政策有强烈的需求，希望政府能在就业、产业发展、基础设施、社会服务等方面进行投资。①

二是产业发展的问题。产业发展投入大，见效慢，短期内看不到明显的收入增加。虽然集中安置点已经开始以"企业+专业合作社+贫困户"的模式，配合就业职业培训，也有打造乡村旅游、建设民宿等规划，但现阶段还未完全落实。无论是肉牛出栏，还是甜橙、荔枝挂果，都需要几年的时间，但是搬迁群众已经完成搬迁，原有土地复垦，尽管长期来看他们会有更多且更稳定的收入，但是现阶段除了部分搬迁贫困户能直接通过为企业打工获得劳务收入以外，其他贫困户原先可以依靠土地种植获得的收入减少了。

三是非农安置的问题。在《中华人民共和国国民经济和社会发展第十二个五年规划纲要》中，中央就指出向中小城镇、工业园区移民并创造就业机会、提高就业能力是易地扶贫搬迁的方向。但从调研来看，集中安置多为行政村内安置，种植业、养殖业依然是帮助搬迁群众脱贫致富的主要手段之一，较少有搬入中小城镇与工业园的情况。

贫困户向城镇搬迁，首先考虑的是其所属的县城，然而县城可能缺乏吸纳和服务移民群体的能力，存在县域经济发展不够充分的问题。若

---

① 曾小溪、汪三贵：《易地扶贫搬迁情况分析与思考》，《河海大学学报》（哲学社会科学版）2017年第2期，第60—66页。

农户集中向乡镇或县城中心区搬迁,县城的就业、医疗、教育、养老等公共服务方面将面临巨大挑战。[1]

从贫困户的角度来说,搬迁到城镇可能遇到生计财产损失,引发返贫风险。他们原来赖以生存的土地可能丧失,生产技能无效或低效,就业机会少;户籍问题可能导致搬迁群众无法享受当地教育、医保、社保等各项权益。[2] 社会关系网络遭受损害,可能影响搬迁户的社会适应与心理健康,导致社会边缘化。[3]

(三)政策建议

易地扶贫搬迁脱贫一批是"五个一批"扶贫的重要板块。作为一项复杂的系统工程,易地扶贫搬迁政策性强,难度大,是"十三五"时期脱贫攻坚最难啃的硬骨头。完成好易地扶贫搬迁工程对打赢脱贫攻坚战、全面建成小康社会有着重要意义。在精准扶贫方略下,易地扶贫搬迁政策的顶层设计趋于完善,但在实践中依然有一些难点问题有待突破。结合实地调研的发现,我们认为可以从以下几个方面进一步优化政策设计与执行。

一是在政策制定方面,充分考虑各集中连片贫困地区的特殊情况,尤其是产业建设与发展的情况,制定更灵活的任务指标。现阶段易地扶贫搬迁时间紧、任务重,因而地方会优先选择完成建设任务而忽略生计问题;同时,完成任务的压力会导致地方倾向于选择投资小、收益快的产业,一方面出现产业趋同,另一方面,这些产业长远来看不一定利于区域经济发展和农民致富。

---

[1] 周恩宇、卯丹:《易地扶贫搬迁的实践及其后果——一项社会文化转型视角的分析》,《中国农业大学学报》(社会科学版)2017年第2期,第69—77页。

[2] 曲木伍牛:《大小凉山高寒山区群众自主搬迁问题调查——以喜德县洛哈镇为例》,《学习与研究:凉山州领导干部调研文汇(2015)》,第208页。

[3] 郑瑞强、王英、张春美:《扶贫移民适应期生计风险、扶持资源承接与政策优化》,《华中农业大学学报》(社会科学版)2015年第4期,第101—106页。

二是完善多部门参与的联动机制，整合各种制度、政策与资源。一方面，整合多层次区域性发展政策，将其与扶贫移民政策相对接，在重点关注扶贫对象的情况下同时发展区域经济，扩大经济体量，增强接纳与安置能力；另一方面，落实各种制度与配套资源的衔接整合，如多种涉农金融机构、平台与财政支农政策的对接，新农保与城镇职工养老保险的衔接，低保制度与扶贫和移民政策的衔接，加强部门协作。

三是加强宣传教育。宣传教育包括对易地扶贫搬迁政策的宣传与解释，还包括对农户文化水平、综合素质、心理素质方面的教育。应通过广泛的宣传活动，更新传统农耕生活的思维方式，宣传现代农业、工业及市场方面的知识，提升其内生动力。

第十二章 生态扶贫

> 我们既要绿水青山，也要金山银山。宁要绿水青山，不要金山银山，而且绿水青山就是金山银山。
>
> ——习近平

一 生态扶贫的政策背景

生态扶贫是生态文明建设与反贫困的有机结合，是经济水平发展落后、生态环境脆弱的地区，利用自身生态优势加速贫困地区经济健康可持续发展的有效途径，是建设生态文明、保护生态发展与实现地方人民脱贫的重要保障。生态扶贫是针对贫困地方面对"发展经济还是保护生态"这一巨大难题探索出的双赢渠道，旨在以生态经济作为理论基础，将第一产业中的农业、林业、牧业与观光旅游业等第三产业紧密结合，从而实现经济发展与生态保护的协调、可持续发展。生态扶贫重点在于传统发展理念的转变，即在过去，贫困地区往往通过引进高污染、高能耗的工业等第二产业和带来污染的第三产业来促进当地经济发展，而忽视项目进行过程中对当地生态环境的破坏和对人民健康福祉的威胁，一味追求经济水平的提高而对当地环境和居民带来不可弥补的伤害。生态扶贫在于通过发展可持续、环境友好型的扶贫开发项目，科学合理地充分利用、开发贫困地区的生态资源，从而实现当地经济发展、人民生活水平提高和生态环境保护的高度统一。生态扶贫是建设生态文明的重要体现之一，是关系区域均衡发展、人民健康福祉、民族未来的大计，也是实现中华民族伟大复兴中国梦的重要内容。

党的十八大以来，习近平总书记在一系列生态文明建设和扶贫开发讲话和调研活动中，都对生态扶贫的理念和实施给予高度重视。各省充分贯彻习近平总书记的讲话并结合国家出台的相关政策，根据自身情况，制定了相关具体的政策，对中央政策进行转解读与转化、落实与创新，切实有效地推动生态扶贫。生态扶贫是以往扶贫工作模式"输血型"转变为"造血型"的脱贫减贫模式的重要体现形式，通过积极探寻贫困地区的自身发展特色与优势，创造更多发展机会，既进一步提升贫困人口的自身发展能力，又带动贫困地区和人民的增收致富水平，以期实现真正意义上的健康、可持续发展，但在具体实践过程中也存在一些挑战、困难以及亟待解决的问题。

二 生态扶贫的顶层设计

（一）生态扶贫与绿色发展

《中共中央国务院关于打赢脱贫攻坚战的决定》进一步明确在2020年要实现7000万农村贫困人口摆脱贫困的目标，并提出坚持党的领导、夯实组织基础等6项基本原则，要牢固树立并切实贯彻"创新、协调、绿色、开放、共享"的发展理念，坚持扶贫开发与生态保护并重，坚持保护生态与绿色发展的基本原则，牢固树立"绿水青山就是金山银山"的理念，把生态保护放在优先位置，扶贫开发不能以牺牲生态为代价，探索生态扶贫的新路子，让贫困人口从生态建设与修复中得到更多实惠。

绿色，象征着生命、希望。绿色发展，是对河流山川、花草树木生命之延替的期盼，更是人类自身对经济社会可持续发展的追求。2013年5月，习近平总书记在中央政治局第六次集体学习时指出，"要正确处理好经济发展同生态环境保护的关系，牢固树立保护生态环境就是保护生产力、改善生态环境就是发展生产力的理念"。这一重要论述，从理论上深刻阐明了生态环境与生产力之间的关系，是对生产力理论的重大发展，倡导尊重自然、谋求人与自然和谐发展的价值理念和发展理念。2015年9月，中共中央、国务院印发了《生态文明体制改革总体方案》（中发〔2015〕12号），这是自党的十八大报告重点提及生态文明建设内容后，中央全面专题部署生态文明建设的第一个文件。《生态文明体制改革总体方案》要求加快建立系统完整的生态文明制度体系，加快推进生态文明建设，增强生态文明体制改革的系统性、整体性、协同性。《生态文明体制改革总体方案》认为生态文明建设不仅影响经济持续健康发展，也关系政治和社会建设，必须放在突出地位，融入经济建设、政治建设、文化建设、社会建设各方面和全过程。《生态文明体制改革总体方案》要求既要树立尊重自然、顺应自然、保护自然的理念，又要树立发展和保护相统一的理念。既要坚持发展是硬道理的战略思想，又要强调发展必须是绿色发展、循环发展、低碳发展，平衡好发展和保护的关系。既要树立绿水青山就是金山银山的理念，又要树立自然价值和自然资本的理念。《生态文明体制改革总体方案》提出，自然生态是有价值的，保护自然就是增值自然价值和自然资本的过程，就是保护和发展生产力，就应得到合理回报和经济补偿。《生态文明体制改革总体方案》还提出，既要树立空间均衡理念，又要树立山水林田湖是一个生命共同体的理念，统筹考虑自然生态各要素，维护生态平衡。《生态文明体制改革总体方案》要求，通过构建起一系列自然资源资产产权制度、国土空间开发保护制度、空间规划体系、资源总量管理和全面节约制度、资源有偿使用和生态补偿制度、环境治理体系、环境治理和生态保护市场体系、生态文明绩效评价考核和责任追究制度等八项制度，重点建立产权清晰、多元参与、激励约束并重、系统完整的生态文明制度体系，以推进生态文明领域国家治理体系和治理能力现代化。2015年12月，中共中央办公厅、国务院办公厅印发了《生态环境损害赔偿制度改革试点方案》，确定在吉林、江苏、山东、湖南、重庆、贵州、云南开展生态环境损害赔偿制度改革试点。《生态环境损害赔偿制度改革试点方案》要求通过试点逐步明确生态环境损害赔偿范围、责任主体、索赔主体和解决途径等,形成相应的鉴定评估管理与技术体系、资金保障及运行机制,探索建立生态环境损害的修复和赔偿制度,加快推进生态文明建设。

为进一步贯彻绿色发展理念和推动生态文明建设,2016年8月,习近平主持召开中央深改组第二十七次会议,通过了《关于构建绿色金融体系的指导意见》、《重点生态功能区产业准入负面清单编制实施办法》、《生态文明建设目标评价考核办法》、《关于在部分省份开展生态环境损害赔偿制度改革试点的报告》等一系列文件。2016年12月,中共中央办公厅、国务院办公厅印发《生态文明建设目标评价考核办法》,规范生态文明建设目标评价考核体系,要求考核实行党政同责,地方党委和政府领导成员生态文明建设一岗双责,考查各地区生态文明建设重点目标任务完成情况,强化省级党委和政府生态文明建设的主体责任,督促各地区自觉推进生态文明建设。该办法要求按照绿色发展指标体系实施,主要评估各地区资源利用、环境治理、环境质量、生态保护、增长质量、绿色生活、公众满意程度等方面的变化趋势和动态进展,生成各地区绿色发展指数。

2017年5月14日,习近平总书记在"一带一路"国际合作高峰论坛上进一步提出,要"践行绿色发展的新理念,倡导绿色、低碳、循环、可持续的生产生活方式,加强生态环保合作,建设生态文明",这一生态理念和新发展观将发展与生态两条底线牢牢把握,指导着生态文明的具体实践,如今正逐步成为世界范围内认可的中国经验。狭义上讲,生态扶贫是贯彻落实"创新、协调、绿色、开放、共享"五大发展理念的具体行动,是在总结以往经济发展经验和生态环境教训的基础上,探索出的发展新路径和新模式。广义上讲,生态扶贫是在中央扶贫攻坚和生态文明建设的背景下,将生态与扶贫有机结合的重要战略性思路,是贯彻生态文明建设和精准扶贫战略的必然要求,是建设美丽中国、实现可持续发展和全面建设小康社会的内在要求。

（二）生态扶贫的意义

在传统的发展模式中，经济发展与环境保护总是对立的，经济发展总要以生态环境的牺牲为代价。但是要使贫困地区可持续地发展，必须探索绿色发展之路，避免先污染后治理的传统发展思路。精准扶贫不仅必须要实现绿色发展，而且也具备实现绿色发展的可能。习近平总书记曾在哈萨克斯坦访问时指出："我们既要绿水青山，也要金山银山。宁要绿水青山，不要金山银山，而且绿水青山就是金山银山。"① 这一理念的提出充分强调了生态环境与经济发展平等甚至更为重要的地位，具体体现了生态环境在经济发展中的优先重要性。

值得注意的是，在我国，生态环境脆弱与贫困密不可分。目前，我国95%的贫困人口和大多数贫困地区分布在生态环境脆弱、敏感和需要重点保护的地区，根据地方扶贫开发实践经验，生态环境在诸多的致贫原因中越突出，这些地区脱贫难度越大。这些贫困连片地区的最大优势是生态资源和生态环境，如果在实践中只强调经济发展、消除贫困，忽视或不顾生态保护，将给生态环境带来不可弥补的伤害，进而可能威胁国家生态安全；如果只一味强调保护生态，不考虑贫困原因或实现脱贫的可能，也难以实现共同富裕、全面建成小康社会的奋斗目标。因此，要坚持扶贫开发和生态保护相统一，才能走出一条百姓致富与生态保护有机统一的、新的扶贫道路。早在20世纪80年代，国务院扶贫办根据"开发扶贫、生态保护、人口控制"方针，在贵州毕节市搞了生态保护与扶贫开发试点。2015年，在中央扶贫开发工作会议上，习近平总书记强调要重点解决好"怎么扶"的问题，实施"五个一批"工程。通过发展生产脱贫一批、易地扶贫搬迁脱贫一批、生态补偿脱贫一批、发展教育脱贫一批、社会保障兜底一批，从而实现从"救济结合"

---

① 《习近平在纳扎尔巴耶夫大学的演讲（全文）》，新华网，http://news.xinhuanet.com/politics/2013-09/08/c_117273079.htm，2013年9月8日。

到"产业助推"的转变、从以经济开发为主到统筹协调发展的转变、从贫困群体被动接受到主动参与互动的转变、从"大水漫灌"到"膜下滴灌"的转变、从"各自为政"到"部门联动"的转变。其中,"发展生产脱贫一批"是要立足当地资源,实现就地脱贫。充分挖掘、盘活贫困地区的各类资源,真正做到因地制宜,实现"宜工则工、宜农则农、宜商则商、宜游则游"的针对性产业开发。在产业开发的过程中,还应采取政府主导、政策引导、社会参与、群众自主相结合的方式,切实把扶贫攻坚与转方式、调结构结合起来,持续推动贫困地区经济健康发展。"生态补偿脱贫一批"是要把消除贫困和保护环境相结合,二者皆为实现国家经济社会可持续发展的核心任务。生态扶贫是要把生态环境保护与贫困地区环境基础设施建设、农村环境整治、饮用水安全保障治理结合起来,实现可协调发展。在此意义上,生态扶贫既是扶贫供给侧改革的重要内容,更是实现贫困地区绿色发展的最有效途径,旨在体现经济社会发展与扶贫开发相结合,以期在提升生态资源利用和环境保护的过程中,实现经济发展,真正做到在保护中发展,在发展中保护。

三 生态扶贫的政策措施

(一) 生态扶贫与产业转型

贵州省生态区位重要,境内河流众多,处在长江和珠江两大水系上游交错地带,全省面积的65.7%属长江流域、34.3%属珠江流域,是长江、珠江上游重要的生态屏障区。但同时,生态环境脆弱,修复难度很大,石漠化面积、水土流失面积分别占全省面积的17.2%、31.4%。森林资源质量不高,亩均森林蓄积量约为全国平均水平的3/4,受威胁植物占全国的10%以上。尽管贵州经济发展速度位居全国前列,但总体滞后的局面没有根本改变,人均GDP偏低,经济发展面临既要"赶"

又要"转"的双重挑战。2015年的数据显示,贵州省发展方式粗放,经济发展主要依托煤炭、磷矿、铝土矿等资源,煤炭、电力、化工、有色、冶金等重化工业占工业增加值的60%以上,能耗强度是全国的2.15倍,工业固体废物综合利用率低于全国平均水平。作为生态文明建设的先导者,贵州省一直探索如何牢牢严守发展和生态两条底线,以改革为动力,以推动绿色、循环、低碳发展为基本途径,从而为欠发达地区立足自身优势转变发展方式、实现跨越式发展寻找到一条切实有效的道路,为我国生态文明建设积累经验、提供示范。

2015年6月,习近平总书记在贵州考察指导工作时强调指出,"良好生态环境是人民美好生活的重要组成部分,也是我们发展要实现的重要目标",要求贵州在生态文明建设体制机制改革方面先行先试。2015年11月,根据中央《生态文明体制改革总体方案》(中发〔2015〕12号),贵州省委、省政府为认真贯彻落实习近平总书记系列重要讲话精神和党中央、国务院各项决策部署,印发了《生态文明体制改革实施方案》(发改环资〔2014〕1209号)。该实施方案提出,作为全国生态文明先行示范区,贵州省有责任按照走在全国前列的要求,大力推动生态文明体制改革,加快推进生态文明先行示范区建设。

为探索资源能源富集、生态环境脆弱、生态区位重要、经济欠发达地区生态文明建设的有效模式,《生态文明体制改革实施方案》要求守住发展和生态两条底线,努力实现经济发展与资源环境相协调,避免走先污染后治理、先破坏后保护的老路。通过大力推行绿色、循环、低碳发展,形成节约资源、保护环境的产业结构和生产方式,提高发展的质量和效益,实现经济跨越发展。该实施方案将构建贵州省城镇化、生态农业、生态安全为中心的生态空间与优化产业结构、推动绿色循环发展相结合,尤其在改造传统工业(如中药材)、发展现代农业(如绿色有机食品)和加快服务业发展(如旅游业)、生态系统修复和保护(如林业)等基础上强调要加强生态系统建设和环境保护,健全完善生态文明制度,加强基础能力建设,打造生态文化体系,以期在2020年贵州省实现绿色崛起,全面完成生态文明先行示范区建设。为进一步推动绿色发展和生态文明建设,2017年4月,作为三个国家生态文明试验区之一的贵州省制定了《贵州省生态文明建设目标评价考核办法》,重点考核各市(州)、贵安新区生态文明建设进展总体情况、国民经济和社会发展规划纲要中确定的资源环境约束性目标以及生态文明建设重大目标任务完成情况,旨在引导地方各级党委和政府形成正确的政绩观。

(二)生态扶贫的具体模式

生态扶贫是基于生态文明建设与精准扶贫战略的提出,以及经济贫困与生态环境关联性及耦合性的机理,是贯彻生态文明建设和精准扶贫战略的必然要求。2015年11月,作为贵州省委、省政府《关于坚决打赢扶贫攻坚战确保同步全面建成小康社会的决定》的配套文件,中共贵州省委办公厅、贵州省人民政府办公厅印发了10个配套相关文件。其中,《关于扶持生产和就业推进精准扶贫的实施意见》(黔党办发〔2015〕40号)立足贵州省农村贫困的现状、原因、特点,结合增收脱贫的现实性、可能性和操作性,将发展生产和就业作为贫困人口增收脱贫的中心任务,以期实现2017年贫困县农村居民人均收入8000元以上,减贫300万人以上。该实施意见提出,要通过大力发展现代山地特色高效农业、推进贫困地区农业结构调整以及发展现代高效农业示范园区等生态农业措施来推动扶贫攻坚;同时要大力加强基础设施配套建设、整合部门涉旅资源、规范乡村旅游开发、实施乡村旅游等生态旅游业来提升扶贫成效。《关于进一步加大扶贫生态移民力度推进精准扶贫的实施意见》要求重点向贵州省50个贫困县和三大集中连片特困地区倾斜,向深山区、石山区和生态位置重要、生态环境脆弱地区的贫困村组倾斜,优先搬迁建档立卡的贫困农户。通过对105万贫困人口和37万生态脆弱区的农户实施生态移民搬迁,来扶持生产和就业,确保移民搬迁后生活逐步超过原有水平,解决"一方水土养不活一方人"的问题。

四 生态扶贫的实施成效

贵州省坚持"大扶贫"与"大生态"相结合,坚持绿色发展理念,不断厚植生态资源优势,狠抓产业发展推动扶贫。根据贵州省扶贫办数据,2016年,结合农业供给侧改革,实施产业扶贫项目2万多个,74.2万贫困人口从中受益、成功脱贫;为5万就地脱贫人口每人整治1亩优质良田,对44万贫困地区青壮年劳动力进行规范化技能培训,打造乡村旅游景点231个;实施退耕还林477.4万亩,完成营造林528万亩,治理石漠化1000平方公里,治理水土流失2000平方公里,森林覆盖率提高到52%,落实护林员指标2.5万人,直接带动近10万人脱贫;狠抓生态移民扶贫搬迁,把生态移民扶贫搬迁作为脱贫攻坚战的重中之重,坚持"搬迁是手段,脱贫才是目的",针对居住在深山区、石山区等"一方水土养不活一方人"地区的142万贫困人口给予移民补助,重点扶持50个国家扶贫开发重点县和武陵山、乌蒙山、滇黔桂三大集中连片地区的贫困群众。

(一)生态农业

农业是与生态环境关系最为密切的产业之一,作为一个拥有13亿人口的农业大国,现代农业中的生态文明建设将对我国具有重要的现实意义和深远的历史意义。如何在现代农业产业中建设生态文明,实现生态文明的有效落地尤为值得关注和探究。2015年12月,中央农村工作会议首次提出"农业供给侧结构性改革",指出要着力提高农业供给体系质量和效率,使农产品供给数量、品种和质量能够契合和满足消费者需要,真正形成结构合理、保障有力的农产品有效供给。从供给侧结构性改革着手,势必要注重市场导向,增加绿色、有机农产品的供给,以期更好地获得消费者青睐和满足其需求。

发展现代农业、生态农业,是贵州建设生态文明的重要途径。紧紧围绕推动绿色发展、建设生态文明的总体要求，贵州省着眼于转方式、调结构、促发展，以促进农业资源持续利用和生态环境持续改善为目标，以生态环境保护、农业减量投入、资源循环利用和农业生态修复为手段，强化科技支撑，加大创新发展，采取政府引导、企业带动、农户参与、部门服务等措施，以市场和农户利益为导向，实现生态农业产业化。2016年，贵州省委、省政府印发《关于落实发展新理念推动三农新跨越实现全面小康目标的实施意见》，要求坚持发展和生态两条底线，坚持以大扶贫、大数据两大战略行动为统领，探索出农业产出高效、产品安全、资源节约、环境友好的现代山地特色高效农业新路。该实施意见提出，要守住生态底线，推动农业绿色发展，打造无公害绿色有机农产品大省，大力发展资源节约型、环境友好型农业，加快形成资源利用高效、生态系统稳定、产地环境良好、产品质量安全的现代农业发展格局，增强农业可持续发展能力。

  在实践摸索中，贵州省以"绿色经济和低碳发展的战略"为契机，整合资源，总结提炼，相互借鉴，从而推进全省生态农业创新发展。发展生态农业不仅仅只是顶层设计和宏观政策上的指导，地方实践要因地制宜、发展特色产业，不断探索适合自身的生态扶贫路。按照"建基地、创品牌、扶产业、强带动、促脱贫"的思路，以铜仁市江口县为例，2014年，江口县以生态考核取代GDP考核，紧紧围绕"高山半高山茶果竹药、大田平坝蔬果畜特、主要公路沿线观光农业和乡村旅游"的产业布局，大力发展茶叶、蔬菜、中药材、精品水果、乡村旅游、生态畜牧养殖等特色优势脱贫产业。2014年以来，江口县作为贵州"10个国家扶贫开发工作重点县"之一，累计投入财政专项扶贫资金15905.15万元，实施产业扶贫项目341个，形成了茶药、果蔬、生态旅游、生态畜牧业为主导产业并有一定规模的山区现代农业发展格局，实现产业快速发展、贫困群众快速脱贫的良好态势。以江口县德旺乡净河村特色生态农业示范园为例，净河村地处国家级自然保护区梵净山西南麓，全村国土面积28.55平方公里，耕地面积334.9公顷，土地资源、水资源丰富，森林覆盖率为72%。净河村下辖凯土、小榜两个村，现有人口2626人597户，其中贫困户69户198人。凯土村为三类贫困村，榜村为2016年出列村。以推进农业供给侧结构性改革为主线，坚持以招商引资为抓手，结合脱贫攻坚定点帮扶因户施策项目，依托独特的水文条件，净河村形成了"集中连片栽、集中连片种、集中连片养"的规模化产业发展。依靠净河独特的水文条件，企业开发，政府投入、支持，净河村建立起了占地200余亩的冷水鱼养殖基地，形成了"公司+基地+贫困户"的生态扶贫模式，以扶贫资金入股、土地分红、就地务工等方式，带动贫困户约13户44人。推进产业发展、增强造血功能，创新发展模式、拓宽增收渠道，健全工作机制，保障脱贫实效，环环相扣，在推进脱贫工作进展的同时不能忽略顶层设计与地方实践的互构，在看到成绩、经验的同时也发现一系列问题。

以江口县的生态农业扶贫项目——茶产业为例，按照"有机、生态、安全"的要求，依托独特的地域条件，江口县扶贫工作坚持"政府主导、项目支持、企业带动、农户参与"的模式，加快推进生态茶产业发展，2017年初全县已建成生态茶叶基地15.92万亩，省级茶叶示范园区1个，万亩茶叶乡镇3个，茶叶专业村12个。引进茶叶企业51家，组建茶叶专业合作社59个，培育省级产业化龙头企业16家，建设茶叶加工厂31个。涉茶农户达到6000余户2.1万人，直接带动了茶区贫困群众快速增收致富。以怒溪镇骆象村为例，该村有土地12000多亩，林地占6000多亩，共1076户，其中贫困户有184户，为省级一类贫困村。自2007年土地复垦以来，2008年、2009年开始种茶，该村一直以劳动密集型的茶产业为主，引进贵州贵茶有限公司（简称"贵茶集团"）等产业公司，以"公司+大户+散户"的模式发展当地茶产业，精准扶贫户与公司之间通过用工与扶贫资金入股的方式进行利益联结（扶贫资金入股的方式为精准扶贫户利用扶贫贷款直接入股茶叶公司，5年国家贴息贷款后公司还本还息，每年给予贫困户8%保底分红，产生利润则按股金利润分红,这是一种变相付息给精准扶贫户的方式)。将发展生态茶产业与扶贫攻坚工程结合起来的"茶业生态扶贫",是江口县探索扶贫与生态双赢的有效举措,但要坚持扶贫开发与生态保护并重、贯彻中央绿色发展的理念任重道远,在地方实践如火如荼开展的同时,共性与个性的困难、问题同样并存。

以骆象茶产业为例,一是小抱团和大组团的困难。贫困人口畏惧风险,自身抗风险能力较差,不愿通过贷款投资给茶叶公司或大户,担心茶叶公司或大户倒闭后,会追责到贫困户自身,所以贫困户通过"精扶贷"入股茶叶公司或大户的意愿并不高。

二是信用问题,单个贫困户自身发展资金和能力不足,抗风险能力较低,选择、经营项目能力有限,难以独立承接扶贫资金用于产业项目发展。贫困户抱团发展需领队者,相比信用程度不高的茶叶公司或大户,贫困户对帮扶干部的认同或信任程度较高,因为帮扶干部在贫困户的心中是国家身份的象征,其稳定的工作性质使得将来的风险可追责、可追溯。但实地访谈中,我们发现,有条件、有能力的基层帮扶干部害怕担责,在产业发展上缺乏探索创新动力,倾向于将扶贫资金大量用于基础设施建设或以"撒胡椒面"的形式分散到户,从而使得生态农业扶贫举步维艰。

三是茶叶大户的最主要困难在于茶叶为劳动密集型产业,不定期聘请大量人员采摘茶叶、维护更新设备等,导致后期管护资金缺口非常大,而茶叶产业扶贫资金补贴通常要求投入在新增茶叶产业亩数上,大户资金流动不足,没有资金投入在茶叶包装、宣传上,难以提升茶叶知名度和美誉度,市场占有率较低,很难发展成规模,更无从谈起将茶叶产业做大做强。

四是对于基层乡镇政府而言,自上而下的产业项目选择机制使得上级规划项目与基层自然条件不适应,导致生态农业项目发展失败、扶贫资金被浪费,然而,上级对项目发展低效的考核常归因为下级认识不足、推广不力、农户经营管理不善等。还有一种情况是,上级政府的政策项目设计合理,但农业产业自身生产周期性与农产品市场变动性存在不同频的风险,基层干部实践操作中怕担责任,畏难情绪明显,无法有效整合资金,害怕违规,严格的资金使用监管在某种程度上限制了基层资金使用方式的创新空间,对基层创新方式缺乏及时的正向激励与引导,削弱基层资金使用方式的探索与创新。

五是部分土地流转的农户在发现茶叶效益提高时,要求提高土地租金,由此引发的矛盾会影响部分茶园的投入和产出,从而限制茶叶公司的健康稳定可持续发展。部分贫困户在"精扶贷"方面存在浪费、挥霍的现象。有些贫困户以虚假的扶贫产业项目发展规划套取"精扶贷"资金(一般是5万元以下、3年期以内),不愿用于扶贫如茶叶等产业投资发展,而是另作他用(比如建房、吃喝消费等),缺乏相关产业资金支持使得茶叶等相关生态农业产业难以形成规模化发展。

(二)生态林业

贵州省是全国唯一没有平原支撑的省份,贫困人口主要集中在武陵山片区、乌蒙山片区、滇黔桂石漠化片区等"三大集中连片地区"。对贵州省减贫脱帽来说,林业扶贫不可或缺。

贵州省在生态林业扶贫方面具备良好的资源与制度条件。全省林业资源体量较大,截至2016年,森林面积达1.374亿亩、森林覆盖率达52%、森林蓄积量为4.2亿立方米。其中,自然保护区、森林公园、湿地公园面积占贵州省国土面积的50.82%,富集的特色资源为贵州省林业旅游发展与扶贫创造了天然优势。经济林特色资源集中,林业扶贫产业化条件较好。贵州省现有经济林面积2400万亩,其中油茶、核桃、刺梨、茶叶占贵州省经济林面积的73.3%,为开展林业扶贫产业化创造了条件。贵州省集体林权制度改革迅速发展,为资源变资产、资产变效益奠定基础。截至2016年底,贵州省共完成勘界确权面积1.3亿亩,占林改面积97%;发(换)林权证394.94万本,发证户数459.9万户,发证面积1.28亿亩,占已勘界确权面积的98.3%。森林保险促进林业扶贫，有利于降低因灾返贫、因灾致贫发生率。2016年贵州省森林保险投保面积9141.03万亩，投保金额24847.59万元，全年灾害发生数1258起，理赔1156起，理赔金额2143.31万元。

2016年度，贵州省林业主要从林业补偿（补助）、林业就业和林下经济三方面着手增加农民收入，并实现325.42万人次建档立卡贫困人口人均增收1541元。林业补偿（补助）促进贵州省1305.62万人直接获得林业补偿（补助）资金35.62亿元。林业产业促进就业819.86万人次，获得总收入202.13亿元，人均获得收入2465元；其中，建档立卡贫困人口就业125.96万人次，年获得总收入34.79亿元，人均获得收入2762元。林下经济发展促进农民增收，贵州省2016年林下经济产值达155.85亿元，惠及农户68.5万户265.2万人；林下经济经营总收入达11.3亿元，农民人均年收入426元。

生态林业虽然收益较好，从长远看利于贫困户产业发展能力和收入稳定增长，但仍存在发展瓶颈。

其一，林下经济，具体如适宜江口县特色产业发展的中药材类（黄精），尽管市场前景良好和竞争力较强，但因无性繁殖，成本过高，生产周期较长（至少需3—5年成熟见效），投产当年一般无法盈利，且分散经营，对贫困户当年的家庭收入带动收益甚微，这与脱贫攻坚时间规划和上级脱贫考核验收关于每年要有"增收点"、"项目预期收益不能当作实际增收"的要求不相符，产业的预期效果不能作为验收标准，因为贫困户当年不增收，则项目无法通过验收。因此，为满足上级脱贫验收标准和精准扶贫目标如期实现，基层通常会通过将扶贫资金投入"短、平、快"等养殖业项目，而非符合当地生态环境的健康可持续发展扶贫项目，不利于培育当地具有鲜明特色和市场竞争力的产业。

其二，生态林业中，国家下达的贵州省造林计划与林业产业发展需求不匹配，生态林建设资金缺口很大。同时国家林业局下达的贵州省建档立卡贫困人口生态护林指标既与贫困人口对生态护林员岗位需求差距大（2.5万 vs 11.23万），也与需强化管护的森林资源面积不匹配（2.5

万 vs 11.78 万)。

其三,林下经济发展体量不足,林下产业需进一步发展,如林下经济经营利用面积仅占全省森林面积的13.9%,林下空地利用率低。

其四,林业产业发展不足,贵州省财政每年投入3200万元专项资金用于林业产业发展,重点扶持资源培育、种苗花卉、林下种养、木竹加工、林果加工、生态旅游业等特色林产业,但与全省林业产业发展的实际需求相比杯水车薪,且上述特色林产业资金匮乏,使得产业发展具有不可持续性。

(三) 生态旅游

贫困地区生态资源丰富,发展生态旅游业具有得天独厚的优势。近年来,乡村旅游的兴起,为贫困地区生态旅游资源的开发和贫困人口的脱贫致富带来了新的契机。这一成效的取得,与中央和地方相关发展生态旅游扶贫政策是分不开的。2015年,《中共中央国务院关于加大改革创新力度加快农业现代化建设的若干意见》指出,要积极开发农业多种功能,挖掘乡村生态休闲、旅游观光、文化教育价值,扶持建设一批具有历史、地域、民族特点的特色景观旅游村镇,打造形式多样、特色鲜明的乡村旅游休闲产品,增加农民财产性收入。根据《贵州省大扶贫条例》要求,各级人民政府及有关部门都应当把美丽乡村建设和发展乡村旅游、山地旅游作为精准扶贫的重要途径,实现脱贫致富。

生态旅游是一项综合性的工程,它既是开发生态旅游资源、建设美丽乡村的工程,又是发展乡村经济、实现贫困人口脱贫的过程。生态旅游在不同地区可以采用不同模式或战略。

依托得天独厚的民俗文化、传统村寨、山水风光、生态产业等资源,江口县扶贫局重点打造了寨沙侗寨、云舍土家第一村、漆树坪羌寨等特色鲜明的乡村旅游景点。以太平镇云舍村为例,苏州市对口帮扶坐落于被誉为"天堂河谷"的太平河畔的云舍村,距梵净山南山门11公里,距铜仁大兴机场53公里,距杭瑞高速公路东匝出口5公里,江梵复线穿村而过。云舍村共有 10 个村民组，520 户 1927 人，少数民族 1823 人，98% 是杨氏后裔。村民主要以水稻种植为主，兼种精品水果，经济来源以生态农业和生态旅游为主，全村共有旅游从业人员 500 余人。云舍村 2016 年贫困发生率 6.5%，共精准识别出贫困户 54 户 424 人，全村农民人均收入 8245 元，村内无集体经济收入。云舍村土家民族文化丰富，乡村旅游和民俗文化旅游资源得天独厚，目前旅游产业正迅猛发展中。云舍村的生态旅游扶贫为"政府主导型"模式，由政府牵头，通过土地征用（苏州对口援建）、土地流转（花海规划）、零星土地种植土菜、内产内销、农家乐务工（村内）、演职、村集体分红（生姜、辣椒种植）等方式，带动贫困户脱贫、村民发展。通过结成帮扶对子、落实帮扶责任人等情况，按照"一户一策"的发展思路，帮助群众寻找到最合适自己的发展方向和脱贫办法。

依托梵净山的便利，德旺净河村特色生态农业示范园为"市场主导型"模式，由浦发经济果林专业合作社和贵州梵净山丰源生态农业旅游发展有限公司共同投资建设，按照农旅一体化思路进行规划投资。目前土地流转、复垦、移栽定植已全部完成，绿化、排水沟建设按工期有序推进，预计年产值 600 余万元，通过扶贫资金入股、年保底分红的方式，带动贫困户 34 户 126 人。净河村的实践是利用得天独厚的生态条件，将农业与旅游有机结合，以产业扶贫为主题，通过"龙头企业 + 合作社 + 贫困户"模式发展，以土地流转租金、项目入股资金、入企务工领薪金的方式，帮助贫困户做"三金"农民，实现企业、贫困户、村集体三方主体资源整合、共建共享。基层政府引进企业资源，推动当地产业链转型，要扶贫先扶志，成立以党政主要领导任双组长、各涉及班子成员任副组长、各站所股室负责人为成员的领导小组，明确工作职能职责，制定园区建设倒排工期表。乡纪委不定期对园区建设工作推进情况进行督查，从而形成"党政主抓、企业主扶、群众受益"的产业扶贫模式。

贵州省六盘水市盘县娘娘山生态农业旅游扶贫是遵循国家生态扶贫

发展战略地方实践的创新，是"政府＋市场"型模式。通过农村资源变资产、资金变股金、农民变股东（简称"三变"）改革经验，扩大旅游扶贫效应、创新"联村"机制（基层治理创新）、释放旅游扶贫活力、注重产业发展、提升旅游扶贫效率、争取"外部"支持，形成旅游扶贫联动等方面的发展举措，深化"公司＋农户"旅游扶贫模式的合作发展，推进"三变"改革全域覆盖，深入打造旅游扶贫示范基地。景区在旅游开发的过程中，深入实施"三变"改革，把土地、林地、水域、自然风光等资源入股经营主体，通过"公司＋合作社＋农户"的经营模式，激活沉睡的旅游资源，把农户吸纳为会员，由农业要素三变拓展到旅游三变。

生态旅游发展目前存在的问题主要有：①发展生态旅游的前提是拥有优越、得天独厚的地理环境，生态环境具有不可复制性。②生态旅游本身对带动贫困地区发展效果颇大，但通常生态旅游的受益者为贫困地区敢于担当风险、具有较强市场竞争力的农户（如通过参与投资开设餐馆、酒店、旅行社等增加收入），若没有涉及土地征收带来的补偿，很难直接带动风险承担能力较弱的贫困户的效益，通常是贫困户通过销售自家生产的粮食蔬菜及增加在当地就业务工机会获取收入。③在发展生态旅游中，在土地征收和土地流转过程中，贫困户通过扶贫资金转为股金来参与分红，即使有监事会，因无正规发票，财务不公开、透明，贫困户无法得知是否盈利，保底分红无法保障，且中间环节涉及扶贫资金性质改变，贫困户需承担的风险过大。④发挥生态旅游的辐射功能不足，因贫困户内生发展动力不足，且扶贫资金监管过严，为有效使用扶贫资金，旅游项目申报者需实现从大户到贫困户的转变。⑤在发展生态旅游产业过程中，土地流转后的使用用途、性质被改变，部分耕地在土地流转后，未经合法的审批手续，转化为店铺、酒店、度假村等商业用地，但已经被变更土地性质的商业用地一时难以获得国土资源部的审批，导致投资建造的店铺、酒店、度假村等商业设施为不合法建筑，无抵押资质，无法从银行获得企业运转所需要的流动资金，从而使得生态旅游产业难以实现可持续发展。

(四) 生态扶贫搬迁

贵州省深入贯彻落实习近平总书记视察贵州时的重要讲话精神,加大生态扶贫移民工程实施力度,"十三五"期间要对仍居住在深山区、石山区"一方水土养不活一方人"地方的105万贫困户和37万生态脆弱区的农户实施移民搬迁,要确保"搬得出、稳得住、能就业、有保障",从根本上解决这部分群众的生存发展问题,实现到2020年与全省同步进入全面小康。贵州省易地扶贫搬迁在工作方法上探索出"四定法",以保障"搬得出、稳得住、有事做、能致富"。以贵州省江口县周屯生态移民搬迁为例,在项目选址上,充分利用县城、鱼粮省级农业公园、凯德特色产业园、凯德省级精品水果农业园,使搬迁群众能获得更多就业机会,参与产业发展。在搬迁理念上,使贫困群众搬迁后,通过流转土地拿租金、入股企业拿股金、进园务工拿薪金来实现脱贫。在工作方法上,周屯生态搬迁一是以就业岗位定搬迁人数,破生活保障难问题;二是以群众意愿定搬迁地点,破"穷窝"难挪问题;三是以户籍人口定安置面积,破"大小不均"问题;四是以家庭情况定脱贫措施,破"腰包难鼓"问题。

五 启示与政策建议

生态扶贫的核心任务是发展经济与保护生态并重,紧紧围绕发展与环境这两条主线,一方面在发展中保持对生态环境的保护,确保不破坏、不伤害,另一方面在保护中有效充分利用特色生态资源,实施环境友好型的扶贫开发项目,切实有效推动当地经济发展,以实现生态保护与脱贫减贫的双赢结果,达到生态文明建设的目标。生态扶贫要求通过生态农业、生态林业、生态旅游业及生态移民搬迁等一系列举措,既加强基础设施方面建设投入,又加强生态工程建设的投入,既要推进产业发展，又要推进生态修复和环境保护工作，既增加就业机会，又增加贫困户的自身发展能力，真正走健康、可持续发展的道路。

生态扶贫是国家生态文明建设和精准扶贫战略的具体举措，生态扶贫这一理念，要真正实现经济发展与环境保护并重，重在培育可持续的生态农业、生态林业、生态旅游业等产业。针对地方在具体实施中存在的上述问题及困难，可以采取以下措施。一是要加大对生态农业和生态林业的资金投入力度。随着我国经济水平的进一步提升，居民对生态环境和健康日益重视，对生态安全和食品安全问题的关注持续提升，人们期待纯天然、无污染、营养安全的有机绿色食品及有机农产品等，生态农业、林业及农产品需求持续增强，市场前景广阔。以生态有机农业和林业为例，作为劳动密集型产业，由于杜绝了农药、无机肥料、激素等非生态因素，农作物或林下作物的生长周期更为漫长，人工成本、时间成本比普通农业更高，且产量更低，种植风险更大，因此需加大资金投入力度，尤其是后期管护资金力度，以确保生态农业和林业产业得以培育，从而实现可持续发展。二是要积极探索生态旅游业发展过程中如何有效解决旅游业用地性质和用途改变后带来的一系列问题。生态旅游业是综合性产业，涉及的土地用途和权利类型复杂多样。在土地用途上，包括建设用地、农用地、未利用地三大类型。在建设用地中，包括住宿、餐饮、文体娱乐、医卫、交通、公园绿地等多种类型。在生态资源具有优势的贫困地区，发展生态旅游产业过程中，存在部分耕地流转后的使用用途、性质未经审批被改变为店铺、酒店、度假村等商业用地，尽管2015年国土资源部联合住房城乡建设部、国家旅游局印发了《关于支持旅游业发展用地政策的意见》（国土资规〔2015〕10号），考虑到发展生态旅游业对扶贫开发的重要意义，要加大旅游扶贫用地保障，要依法实行旅游业用地分类管理制度。但在地方具体实践中，当地村集体经济与旅游开发公司签订土地流转合同过程中存在改变土地性质和用途的做法，该意见并未就如何有效减少这种做法以及可能由此引发的一系列问题提出解决方案。

第十三章　教育扶贫

治贫先治愚。要把下一代的教育工作做好,特别是要注重山区贫困地区下一代的成长。下一代要过上好生活,首先要有文化,这样将来他们的发展就完全不同。义务教育一定要搞好,让孩子们受到好的教育,不要让孩子们输在起跑线上。古人有"家贫子读书"的传统。把贫困地区孩子培养出来,这才是根本的扶贫之策。

——习近平

一　教育精准扶贫的提出背景

(一) 教育精准扶贫是精准扶贫机制创新下的必然逻辑

"精准"出现于扶贫领域,最早可能是江毅、姚润丰发表于2006年的《提高扶贫精准度》一文。该文认为,扶贫资金使用不精准,是当前扶贫存在的问题,这也预示着今后扶贫机制需要进一步向精准调整。[①] 2010年,龚春银《农牧区扶贫资金的使用应提高"精准度"》一文中,亦提出资金扶贫使用精准的问题。[②] 精准扶贫见诸国家正式文件当推中办发〔2013〕25号文件,即中共中央办公厅、国务院办公厅2014年1月25日发布的《关于创新机制扎实推进农村扶贫开发工作的意见》。文件提出,要深化改革,创新扶贫开发工作机制,建立精准扶

---

① 江毅、姚润丰:《提高扶贫"精准度"》,《瞭望》2006年第14期。
② 龚春银:《农牧区扶贫资金的使用应提高"精准度"》,《新疆畜牧业》2010年第10期。

贫工作机制。教育扶贫工作方面提出的要求是全面实施教育扶贫工程。[①] 教育精准扶贫亦随之在精准扶贫机制创新过程中逐步形成、发展和完善。

（二）教育精准扶贫是改革开放以来教育扶贫本身发展的必然趋势

改革开放以来，中国的教育扶贫政策大致经历了民族教育帮扶阶段、助力义务教育阶段、战略重点阶段、教育扶贫工程阶段和近年来的精准教育扶贫阶段。

近年来，教育扶贫取得了举世公认的成就，以经济资助为例：我国学前教育阶段，从2011年秋季学期起，按照地方先行、中央奖补原则，对普惠性幼儿园在园家庭经济困难儿童、孤儿和残疾儿童予以资助，中央财政给予适当奖补。义务教育，从2009年起全部免除城乡学生学杂费，对所有农村学生和城市低保家庭学生免费提供教科书，对家庭经济困难寄宿生补助生活费。普通高中教育，从2010年秋季学期起，中央与地方政府共同设立国家助学金，资助普通高中在校生中的家庭经济困难学生。目前，约20%的普通高中在校生享受资助。中等职业教育，对所有农村学生、涉农专业学生和家庭经济困难学生免除学费，并给予每生每年2000元的国家助学金资助。这一政策已实现集中连片特困地区全覆盖。高等教育阶段，则建立国家奖学金、国家励志奖学金、国家助学金、国家助学贷款、勤工助学、学费减免等多种方式并举的资助体系。[②] 但不可否认，教育扶贫工程仍然任重道远，需要更多的努力与付出。今后需要在预算分配、资助对象、资助力度等方面更加精准地进行教育扶贫。

---

① 中共中央办公厅、国务院办公厅：《关于创新机制扎实推进农村扶贫开发工作的意见》（中办发〔2013〕25号），2014年1月25日发布。
② 杜玉波：《教育扶贫，"十三五"期间实施精准资助》，教育部官网，2016年3月14日。

（三）教育精准扶贫是实现教育公平的重要手段

教育扶贫是阻断贫困代际传递的根本手段和重要方式，其目的是通过办好贫困地区和贫困人口的教育事业进而实现减贫脱贫的战略目标，其本质体现了社会公平正义的价值追求。这种价值追求表现为教育扶贫所体现的差别正义原则和起点公平理念、权利平等原则和过程公正理念、机会均等原则和结果公正理念等方面；而保障贫困地区和贫困人口的教育权利、教育条件和教育收益等，是实现教育精准扶贫起点公平正义、过程公平正义和结果公平正义的必要前提。① 教育在扶贫中具有重要的基础性的作用，针对贫困家庭、贫困学生的教育精准扶贫亦是教育公平的体现。

也正因为如此，《中共中央国务院关于打赢脱贫攻坚战的决定》中，教育扶贫被赋予了"阻断贫困代际传递"的使命，其实现路径被描述为"让贫困家庭子女都能接受公平有质量的教育"。教育精准扶贫是实现教育公平的重要手段。

二 国家对教育精准扶贫的顶层设计

（一）国家顶层设计概述

"扶贫先扶智"决定了教育扶贫的基础性地位，"治贫先治愚"决定了教育扶贫的先导性功能，"脱贫防返贫"决定了教育扶贫的根本性作用。联合国教科文组织研究表明，不同层次受教育者提高劳动生产率的水平不同：本科300%、初高中108%、小学43%，人均受教育年限与人均GDP的相关系数为0.562。"积财千万，不如薄技在身"，"一技在手，终身受益"，教育在促进扶贫、防止返贫方面的作用，是根本性

---

① 李兴洲：《公平正义：教育扶贫的价值追求》，《教育研究》2017年第3期。

的、可持续的。教育在促进扶贫、防止返贫方面的基础性、根本性、可持续性作用也越来越多地被发现和实践。正因为如此，近年来，在国家层面，针对教育精准扶贫逐步出现国家顶层设计、综合施策。

《"十三五"脱贫攻坚规划》、《教育脱贫攻坚"十三五"规划》、《国家教育事业发展"十三五"规划》是对教育精准扶贫的顶层设计。①上述规划提出，要全面推进教育精准扶贫、精准脱贫。对接农村贫困人口建档立卡数据库，提高教育扶贫精准度，让贫困家庭子女都能接受公平有质量的教育，阻断贫困代际传递。进一步完善贫困县的教育扶持政策，相关教育项目优先支持贫困县。免除公办普通高中建档立卡等家庭经济困难学生（含非建档立卡的家庭经济困难残疾学生、农村低保家庭学生、农村特困救助供养学生）学杂费，加大对贫困家庭大学生的资助力度。继续对农村和贫困地区学生接受高等教育给予倾斜，让更多困难家庭孩子能够受到良好教育，拥有更多上升通道。

加大职业教育脱贫力度。启动实施职教圆梦行动计划，省级教育行政部门统筹协调国家示范和国家重点中职学校，选择就业好的专业，单列招生计划，针对建档立卡贫困家庭子女招生，确保至少掌握一门实用技能，提升贫困家庭自我发展的"造血"能力。实施中等职业教育协作计划，支持建档立卡贫困家庭初中毕业生到省（区、市）外经济较发达地区接受中等职业教育。

强化教育对口支援。实施教育扶贫结对帮扶行动，推进省内城镇中小学、优质幼儿园对口帮扶农村中小学、幼儿园，实现每一所贫困地区学校都有对口支援学校。鼓励高水平大学尤其是东部高校扩大对口支援

---

① 国务院：《"十三五"脱贫攻坚规划》（国发〔2016〕64号），2016年11月23日；教育部、国家发展改革委、民政部、财政部、人力资源和社会保障部、国务院扶贫办：《教育脱贫攻坚"十三五"规划》（教发〔2016〕18号），2016年12月16日；《国务院关于印发国家教育事业发展"十三五"规划的通知》（国发〔2017〕4号），2017年1月19日发布。

中西部高校范围,加强东部职教集团和国家职业教育改革示范校对口帮扶集中连片特困地区职业学校。继续推进定点联系滇西边境山区工作。[①]

(二) 国家教育精准扶贫具体措施

党的十八大以来,教育部认真学习贯彻习近平总书记关于扶贫开发的重要战略思想,全面落实精准扶贫、精准脱贫的基本方略,采取超常规政策举措,精准聚焦贫困地区的每一所学校、每一名教师、每一个孩子,启动实施教育扶贫全覆盖行动,先后组织实施了20项教育惠民政策措施,实现了贫困地区义务教育普及、学校基础设施建设、学生资助体系、教师队伍建设、民族教育发展、职业教育提升等领域的教育扶贫全方位覆盖,为2020年农村贫困人口全部脱贫、贫困地区同步建成小康社会奠定坚实基础。这20项全覆盖教育扶贫政策中,既有贫困地区教育发展总体部署,也有具体支持项目。既有面向学生的举措,也有服务于教师的政策。既有普通教育,也有职业技术教育。既有面向11个连片特困地区的政策,也有专门针对新疆南疆四地州、西藏、四省藏区的特殊政策。既有改善基础设施条件的,也有提高学生身体素质的。通过教育扶贫全覆盖行动的实施,努力办好贫困地区每一所学校,遍及每一名教师,培养好每一名孩子。这些措施及事项具体包括以下政策、计划与举措。

学前教育三年行动计划。2011年以来,已经连续实施两期,中央财政已投入700多亿元,支持贫困地区学前教育发展。截至2014年底,中西部地区幼儿园数量比2009年增长77%,是东部地区增速的四倍;中西部地区在园幼儿数量比2009年增长65%,是东部地区增速的两倍。贫困地区适龄幼儿接受学前教育权利得到了更好的保障。

全面改善贫困地区义务教育薄弱学校基本办学条件。2013年开始

[①] 《国务院关于印发国家教育事业发展"十三五"规划的通知》(国发〔2017〕4号),2017年1月19日发布。

实施,力争用5年时间使贫困地区农村义务教育学校基本办学条件基本达标。截至目前,中央财政安排补助资金640亿元,带动地方财政投入800多亿元,惠及3000多万农村贫困学生。

农村义务教育阶段学生营养改善计划。自2011年起,国家按照每生每天3元(2014年11月提高到4元)标准为片区农村义务教育阶段学生提供营养膳食补助。截至2015年6月,中央和地方已累计安排资金1443亿元,全国超过1/3的县实施了营养改善计划,惠及3210万名农村学生。监测表明,贫困地区6—15岁男、女生各年龄段平均身高、体重、平均成绩都有不同程度提高。

学前教育资助政策。从2011年起,地方政府对普惠性幼儿园在园家庭经济困难儿童、孤儿和残疾儿童予以资助,中央财政予以奖补。2014年,各级政府资助幼儿382万人,资助资金51亿元。

义务教育"两免一补"(免学杂费、免教科书费、寄宿生生活补助)。城乡义务教育阶段,所有学生已免除学杂费。对义务教育阶段所有农村学生和城市低保家庭学生免费提供教科书,对农村学生免费配发《汉语字典》。对义务教育阶段农村和城市家庭经济困难寄宿生发放生活补助,中西部地区补助标准为小学生每生每天4元、初中生每生每天5元。

普通高中学生资助政策。从2010年起国家实施普通高中国家助学金政策,用于资助普通高中家庭经济困难学生,平均资助标准为每生每年2000元,资助面约为20%,2014年,495万名学生享受资助。

中等职业教育免学费、补助生活费政策。从2012年秋季学期起,按照每生每年2000元的标准对中等职业学校全日制正式学籍在校生中所有农村(含县镇)学生、城市涉农专业学生和家庭经济困难学生免除学费,并给予全日制正式学籍一、二年级在校涉农专业学生和非涉农专业家庭经济困难学生每生每年2000元的国家助学金资助。这一政策已对连片特困地区农村学生实现了100%全覆盖。

高等教育学生资助政策。目前,高等教育阶段已经建立起国家奖学金、国家励志奖学金、国家助学金、国家助学贷款、师范生免费教育、勤工助学、学费减免、"绿色通道"等多种方式并举的资助体系。

西藏15年免费教育和新疆南疆四地州14年免费教育。西藏实现了15年免费教育，"三包"政策（包吃、包住、包学习费用）覆盖了从学前至高中阶段所有农牧民子女和城镇困难家庭子女，年受益学生达52.5万人，资助金额达15亿元。新疆南疆四地州实现了14年免费教育，覆盖了学前两年教育、义务教育和高中阶段教育，年受益人数190万人，资助金额超过50亿元。

教育援藏、援疆政策。教育部召开了四次全国教育援藏工作会议，组织17个省市实施了教育援藏项目148个，投入资金5.95亿元，用于学校基础设施建设、教师交流培训、贫困生资助等。教育援疆工作以双语教育和中等职业教育为重点，到2014年，19个援疆省市实施教育项目386项，投入资金85亿元，培训各级各类教师14万人次，派出支教教师3000余人。

新疆与内地省市中小学"千校手拉手"活动。在新疆和援疆省市各民族学生中广泛开展"心连心手拉手"活动，新疆1584所中小学校与援疆省市中小学建立了"手拉手"关系，结对学生146.8万人；疆内1200余所学校之间也建立了"手拉手"关系。

四川藏区"9+3"免费教育计划。从2009年，四川组织藏区初中毕业生和未升学的高中毕业生到内地优质中职学校免费接受3年中等职业教育，每年1万人左右，每生每年7000多元。已惠及藏区学生近5万人，其中87%以上来自农牧民家庭，学生初次就业率均达到98%以上。

内地民族班政策。内地西藏班已办班30年，累计招收初中生4.64万人、高中生3.45万人、中职生0.84万人，为西藏培养了数以万计的各级各类人才。内地新疆班已办班15年，累计招收高中生7.1万人、中职生1.02万人，为新疆培养输送高校毕业生1.3万人。

少数民族预科班和少数民族高层次骨干人才培养计划。少数民族预科班自1980年举办，到2014年，累计培养少数民族学生40万余人，被誉为"造就少数民族专门人才的金色桥梁"。少数民族高层次骨干人才培养计划2006年开始实施，截至2014年，累计培养高层次骨干人才近2.7万人，缓解了西部民族地区人才严重匮乏的状况。

职业教育团队式对口支援。2012年，东部地区10个职业教育集团与滇西10个市州签署战略合作协议，对口帮扶滇西职业学校发展，并协助对口合作市州制订重点产业发展规划、打造高端技术技能人才队伍等。2014年，建立17个东中部职教集团与西藏和四省藏区17个地州的职业教育对口帮扶机制。

面向贫困地区定向招生专项计划。自2012年起，在普通高校招生计划中专门安排本科一批为主的招生计划，面向贫困地区实行定向招生。到2015年，招生规模从1万名扩大到5万名，实施区域从680个连片特困县扩大至包括国贫县在内的832个贫困县，招生高校覆盖所有"211工程"学校和中央部属高校。专项计划共录取学生18.3万人，贫困地区农村学生上重点高校人数近两年连续增长10%以上。

对新疆、西藏高校开展团队式对口支援。2010年，教育部正式启动了高校团队式对口支援工作，共成立了42所高校参加的6支对口支援团队，支援新疆大学、石河子大学、塔里木大学、西藏大学、西藏民族学院和西藏藏医学院。

直属高校定点扶贫。由44所科研实力强、以理工科院校为主的直属高校承担44个国家扶贫开发重点县的定点扶贫任务，统一纳入新十年定点扶贫工作体系中。经过近3年的努力，探索出教育扶贫、人才扶贫、智力扶贫、科技扶贫等高校精准扶贫模式。据不完全统计，各校已累计投入资金和物资折合5.3亿余元。

《国家贫困地区儿童发展规划（2014—2020年）》。该规划在习近平总书记的关怀下，由9个部门共同编制。该规划将680个连片特困县从出生开始到义务教育阶段结束的农村儿童作为实施范围，重点围绕健康、教育两个核心领域，加快实现从家庭到学校、从政府到社会对儿童关爱的全覆盖，确保贫困地区的孩子生得好、长得好、学得好，编就一张保障贫困地区儿童成长的安全网。

《乡村教师支持计划（2015—2020年）》。这是一项惠及广大乡村教师、亿万乡村孩子的民心工程，通过拓展乡村教师补充渠道、提高乡村教师生活待遇等关键举措，造就一支素质优良、甘于奉献、扎根乡村的教师队伍，让每个乡村孩子都能接受公平、有质量的教育，帮助乡村孩子学习成才，阻止贫困现象代际传递。[①]

三　地方对教育精准扶贫的呼应

制定地方教育精准扶贫规划，出台落实教育精准扶贫方案，出炉地方教育精准扶贫"十三五"行动方案，是对国家教育精准扶贫的呼应。

（一）制定地方教育精准扶贫规划

《湖南省教育扶贫规划（2015—2020年）》提出，要实施学生精准资助工程。推进对家庭经济困难学生实施精准资助。保障每个学生不因家庭经济困难而失学。做好家庭贫困大学生就业帮扶工作。实施贫困地区基础教育发展工程。建设乡镇幼儿园。根据贫困地区自然环境、适龄人口分布等情况，修订完善幼儿园建设发展规划。按照"政府主导、社会参与、公办民办并举"的原则，充分利用中小学布局调整后的富余资源及其他优质资源发展学前教育。实施特殊教育提升计划。

实施贫困地区控辍保学工程。建立健全贫困地区义务教育阶段学生辍学预警机制和督查制度。利用国家中小学生学籍管理平台，建设和完善省级平台，运用信息化手段开展控辍保学预警工作。实施贫困地区技能人才教育培训工程。加快发展现代职业教育。实施特色专业体系建设

---

① 《教育扶贫全覆盖有关情况》，教育部官网，http：//www.moe.edu.cn/jyb_xwfb/xw_fbh/moe_2069/xwfbh_2015n/xwfb_20151015_02/151015_sfcl02/201510/t20151014_213306.html，2015年10月5日。

计划。实施高等教育服务能力提升工程。提高高等教育人才培养质量。根据贫困地区工业化、城镇化和农业现代化总体布局，优化贫困地区高等学校布局，鼓励学校向应用技术类型高校转型发展。引导高等学校进一步明确服务当地经济社会发展的办学定位，加快调整优化学科专业结构，重点培育和支持建设一批服务、支撑当地优势传统产业发展的特色学科、专业。根据片区农村教育、医疗卫生事业发展需求，加快推进贫困地区师范和医学高等教育的发展。实施校校结对帮扶工程。将教育对口支援纳入省对口支援工作总体部署中统筹推进。承担对口支援贫困地区任务的高校和中等职业学校等要把支持贫困地区教育发展作为工作重点，按照结对关系和对口支援规划，加大教育帮扶力度。实施基础教育校校结对帮扶计划。深入做好本科高校对口支援工作。继续支持省属综合实力较强的大学分别与吉首大学、湖南科技学院、邵阳学院、怀化学院、湘南学院、湖南医药学院建立对口支援关系，大力实施以人才培养工作为中心，以学科专业建设、学位点建设、师资队伍建设、学校管理制度与运行机制建设为重点的对口支援计划。实施贫困地区教师队伍建设工程。

深入贯彻落实国家《乡村教师支持计划（2015—2020）》，加强贫困地区教师队伍建设，明显缩小城乡师资水平差距，让每个孩子都能接受公平、有质量的教育。启动实施农村公办学校教师公费体检工作。建立乡村教师荣誉制度，按照有关规定对在乡村学校长期从教的教师予以表彰。实施贫困地区教育信息化建设工程。加快贫困地区教育信息化基础条件建设。完善教育信息化建设县域整体推进机制，将"县域内整体推进三通工程奖补资金"向贫困地区倾斜，促进51个县市区的"三通"完成比例在2020年达到全省平均水平。启动实施"中小学网络联校建设工程"，以"1+N"或"N+N"的形式，将发达地区优质学校与贫困地区中职学校、乡镇中心校、教学点构建成一体化网络联合学校群，将网络主校的课堂教学、教研活动及教学资源以网络共享的方式推送到网络分校，实现课堂教学过程同步实施、教师同步研修、教学资源同步共享。到2020年，贫困地区村小教学点参与省市两级"中小学网络联校"的比例超过80%。实施"基础性资源普惠工程"，加大"湘教云"的"资源云"和"湖南微课网"建设，让贫困地区农村教师受益。实施"教育信息化应用十百千万工程"，对贫困地区的项目申报给予倾斜，确保贫困地区教育行政部门、学校及教师的入选比例，实现以创新应用典型来"以点带面"推动贫困地区信息化教育教学的高质量、大规模、普遍性应用。①

（二）出台落实教育精准扶贫方案

宁夏围绕"发展教育脱贫一批"中心任务，实施10项行动计划，打赢脱贫攻坚战。

1. 学前教育普及提高行动

实施自治区幼儿园建设工程，加快农村幼儿园建设力度，扩大贫困地区农村学前教育资源，在有实际需求的贫困村依托村小新建、改扩建幼儿园（班）并按标准配备玩教具、保教和生活设施设备，重点推进红寺堡区、西吉县、泾源县、海原县加快提高学前教育普及水平。到2020年，对800个贫困村按照需求完成改造建设任务，新增幼儿学位1.5万个，满足贫困家庭适龄幼儿入园需求。

2. 义务教育均衡发展攻坚行动

大力推进9县（区）义务教育均衡发展，启动实施西海固地区义务教育均衡发展攻坚计划。统一城乡义务教育学校生均公用经费基准定额，加快推进义务教育公办学校标准化建设。将800个贫困村的745所义务教育学校纳入"全面改善贫困地区义务教育薄弱学校基本办学条件项目"和"义务教育学校建设项目"，优先安排，按照"缺什么补什么"的原则，使学校设备、图书、校舍等达到基本办学条件标准，到2018年贫

---

① 《湖南省教育扶贫规划（2015—2020年）》（湘政办发〔2015〕96号），2015年11月8日。

困村义务教育学校应改尽改，应配尽配，完成标准化建设任务。

3. 普通高中多样化发展行动

统筹实施教育基础薄弱县普通高中建设项目和普通高中改造计划，着力加强薄弱县普通高中教学设施、生活设施、体育运动设施建设和提升改造，推进贫困地区普通高中标准化建设，鼓励其办出特色。实施优质高中招生倾斜政策，2016年起各市、县（区）要安排本地优质高中招录一定比例建档立卡贫困家庭子女。

4. 职业教育技能富民行动

指导贫困地区统筹规划区域职业教育布局，统筹安排职业教育产教融合工程和自治区职业教育专项经费，支持固原市举办高等职业教育，支持同心县、红寺堡区建设县级职教中心，推进海原县、泾源县职业教育发展，着力加强贫困地区群众技术技能教育和培训，带动贫困家庭脱贫致富。支持职业院校建设好特色优势专业，满足地方产业发展与扶贫开发需要。

5. 高等教育培养质量提升行动

充分利用各高等学校人才和科技优势，在贫困地区开展人才培训、智力帮扶、学生支教等方面发挥积极作用。积极争取一所教育部直属师范类高校对口支援宁夏师范学院，推进宁夏大学、宁夏师范学院联合办学，提高宁夏师范学院服务西海固经济社会发展的水平。

6. 贫困学生资助惠民行动

建档立卡贫困家庭学生在优先享受现行资助政策的基础上，享受倾斜资助政策。2016年起免除9县（区）建档立卡贫困家庭学前两年保教费，逐步实现所有县（区）建档立卡贫困家庭学前两年资助全覆盖。进一步扩大义务教育阶段学生营养改善计划试点范围，逐步惠及全区贫困地区农村。2016年起对建档立卡贫困家庭普通高中学生免除学费，逐步实现对建档立卡贫困家庭普通高中学生免费教育（免除学费、住宿费和教科书费）。2016年起对固原市所属中职学校的学生实施免除住宿费、教科书费、补助生活费的免费教育，逐步实现区内中职学生全覆盖。对考入区内高职院校的建档立卡贫困家庭学生免除学费并补助生活费，学校（院）优先提供勤工助学岗位；对考入区内外全日制本专科院校建档立卡贫困家庭学生，提供生源地信用助学贷款。

7. 特殊困难儿童关爱行动

全面落实《宁夏特殊教育质量提升计划》，完善教育教学设备和康复设施，支持县级特殊教育学校或特殊教育资源班建设，建设好宁夏特殊教育中等职业学校，构建布局合理、学段衔接、普职融通、医教结合的特殊教育体系。2016年起，义务教育阶段特殊教育学校和随班就读残疾学生按每生每年6000元标准补助公用经费。鼓励家长及时送残疾儿童入学接受相关教育和康复训练。将各学段残疾学生优先纳入学生资助政策范围予以资助。

8. 乡村教师素质提升行动

全面落实《乡村教师支持计划（2015—2020年）实施办法》，对9县（区）的乡村学校教师在职称评聘、培训进修、评先选优等方面给予倾斜。鼓励退休教师到贫困地区乡村学校支教。逐步提高9县（区）乡村义务教育学校教师生活补助标准。加大农村教师周转宿舍建设力度，按照填平补齐的原则，对有实际需求的贫困村实现教师周转宿舍全覆盖。2016年起，将地方免费师范生计划由每年200名扩大到300名，由区内高等院校定向培养一专多能教师，定向分配到贫困乡村，服务不少于8年。

9. 教育信息化扶贫助推行动

加快贫困地区教育信息化建设进程，大力推进"互联网+教育扶贫"，利用信息手段把优质教育资源输送到贫困地区，为306所农村学校（教学点）接入宽带互联网。将信息化基础设施纳入学校基本办学条件，保障经费投入。到2018年，9县（区）所有中小学校和教学点实现"宽带网络校校通"、"优质资源班班通"。

10. 教育扶贫结对帮扶行动

实施学前教育结对帮扶。县级教育行政部门统筹安排县域内公办幼儿园、优质民办幼儿园对口帮扶乡镇中心幼儿园，乡镇中心幼儿园对口帮扶村级幼儿园。自治区示范性幼儿园积极对口帮扶9县（区）农村幼儿园。实施义务教育结对帮扶。县级行政部门统筹安排城区优质义务教育学校对口帮扶农村义务教育薄弱学校，乡镇中心校对口帮扶本乡镇薄弱村小、教学点。地市级教育行政部门统筹安排直管和所辖县（市、区）优质义务教育学校对口帮扶9县（区）贫困村义务教育学校。自治区信息化应用示范校和自治区区属中小学由自治区统筹安排对口帮扶学校。实施普通高中结对帮扶，自治区教育厅统筹安排自治区示范性普通高中对口帮扶贫困地区普通高中。实施职业教育结对帮扶。自治区为9县（区）中等职业学校各遴选1所高职学院和1所国家或自治区示范性中等职业学校开展"2+1"结对帮扶。实施贫困学生结对帮扶，区内各高等学校发挥校团委、学生会作用，动员本校大学生与贫困村的贫困学生建立"一对一"长期帮扶关系。建立教师"一对一"对口帮扶农村留守儿童的工作机制。支持社会团体、非政府组织、企业开展关爱农村留守儿童结对帮扶活动。①

（三）出炉教育精准扶贫"十三五"行动方案

在制定地方教育精准扶贫"十三五"行动方案方面，宁夏走在全国前列。2017年3月18日，宁夏回族自治区发布《宁夏回族自治区教育事业发展"十三五"规划》。宁夏教育"十三五"规划目标如表13-1所示。

表13-1 宁夏"十三五"教育事业发展主要目标

指标	2010年	2015年	2020年
学前教育			
幼儿在园人数（万人）	13.79	19.29	22.7
学前教育毛入园率（%）	50.9	71.44	≥85

---

① 《宁夏教育精准扶贫行动方案（2016—2020）》，《宁夏日报》2017年4月8日，第1—2版。

续表

指标	2010年	2015年	2020年
九年义务教育			
在校生（万人）	96.1	85.75	81
小学六年巩固率（%）	83.49	94.00	96
初中三年巩固率（%）	91.34	93.01	95
高中阶段教育			
在校生（万人）	24.4	24.18	26.2
其中：中等职业教育	10.2	8.21	10.8
毛入学率（%）	84.71	90.99	95
高等教育			
在学总规模（万人）	13.8	16.12	16.8
在校生（万人）	11.68	14.86	15.5
其中：研究生（万人）	0.32	0.44	0.6
毛入学率（%）	30.1	41.63	51
劳动年龄人口平均受教育年限（年）	8	9.6	10.8

数据来源：《宁夏回族自治区教育事业发展"十三五"规划》（宁政发〔2017〕28号），2017年3月18日。

四 教育精准扶贫的突出成效

党的十八大以来，教育精准扶贫取得了重大成效，各类教育扶贫资助措施全面落实，贫困地区义务教育薄弱学校基本办学条件全面改善，教育扶贫的实施有力推进了精准扶贫的实现。2016年的教育精准扶贫出现了一些新的亮点。

（一）免除普通高中建档立卡家庭经济困难学生学杂费

2016年9月2日，经国务院同意，财政部、教育部联合印发了《关于免除普通高中建档立卡家庭经济困难学生学杂费的意见》，决定从2016年秋季学期起，免除普通高中建档立卡家庭经济困难学生学杂费。我国已建立起从学前教育到研究生教育全覆盖的学生助学政策体系。对于普通高中家庭经济困难学生，政府已设立了国家助学金，资助面约占在校生的20%，平均补助标准为每年每生2000元，每年约500万名学生受益。然而，对于建档立卡等家庭经济困难学生而言，还存在资助强度不够等问题。出台免学杂费政策有利于进一步完善资助政策，加大对特殊困难学生的资助力度，也有利于推进教育脱贫攻坚工作，实施精准扶贫帮困。①

湖北宜昌市兴山县对全县高中实施免费教育，在全面落实国家普惠性助学政策的基础上，在全省率先出台了高中阶段免费教育政策，对在县内就读普通高中和职业高中的，实行免学费、免住宿费和免书费。2016年，全县共免收高中阶段近3000名学生的学费、住宿费和书费600万元。②

（二）解决随迁子女、留守儿童教育，促进教育公平

根据教育部公布的2015年中国教育概况，进城务工人员随迁子女比上年增长，占在校生比例有所上升。2015年，全国义务教育阶段进城务工人员随迁子女1367.1万人，比上年增长5.6%，占在校生总人数的比例为9.8%，其中，在公办学校就读的比例为79.9%。在小学就读的进城务工人员随迁子女1013.6万人，其中，在公办学校就读的比例为79.1%；在初中就读的进城务工人员随迁子女353.5万人，其中，在公办学校就读的比例为82.4%。从区域分布看，57.7%的进城务工随迁子女在东部地区就读。从来源看，进城务工人员随迁子女以省内流动为主，省内其他县迁入的比例为56.2%，小学为54.5%，初中阶段为61.1%。

2015年，全国义务教育阶段在校生中，农村留守儿童2019.2万人，比上年减少56.2万人。其中，在小学就读的农村留守儿童1383.7万人，比上年减少25.9万人，下降1.8%，占农村小学在校生总数的比

---

① 财政部、教育部：《关于免除普通高中建档立卡家庭经济困难学生学杂费的意见》（财教〔2016〕292号），2016年8月31日发布。
② 《宜昌市兴山县2016年教育扶贫工作总结》，2017年2月。

例为20.9%；在初中就读的农村留守儿童635.6万人，比上年减少30.3万人，下降4.6%，占农村初中在校生比例为22.1%。从区域分布看，约半数农村留守儿童集中在中部地区，小学有49.4%，初中有47.2%。①

解决如此众多的进城务工人员子女的上学问题，既关乎社会的稳定，同时亦反映教育公平。教育部因势利导，提出要精准扶助困难群体，保障贫困、困难群体的孩子们有受教育的权利，解决好社会关心的进城务工人员随迁子女和留守儿童教育问题，并将这些精准扶贫落实到位。②

（三）各地因地制宜，努力深入推进教育精准扶贫

近年来，湖北省在农村特别是集中连片特困地区大力推进互联网进校园，利用信息化手段实现优质教育资源向农村流动，通过教育帮扶缩小城乡教育鸿沟。互联网进校园也给农村学校教师带来了福音。互联网突破了传统课堂教学的地点限制，可以实施在线教学、视频示范，使落后地区分享名校教学资源。以信息化推进教育扶贫的背后，离不开高速网络的基础支撑。据湖北电信相关负责人介绍，公司在基础网络建设、信息安全保障、管理及资源平台的深入应用、"教育+互联网"新模式探索等方面提供支撑与服务，2016年服务了212个区域教育云，累计参与1200余所智慧校园、45个区县教育专网建设，服务约97万名教师、学生和家长。③

湖北宜昌兴山县着力引导贫困户子女接受职教。大力扶持职业教育发展，兴山职教中心先后被评定为"国家级重点中等职业学校"、省"农村实用人才培养示范基地"、省"农村劳动力转移培训品牌基地"。

---

① 《中国教育概况——2015年全国教育事业发展情况》，教育部官方网站，http：//www.moe.edu.cn/jyb_sjzl/s5990/201612/t20161219_292432.html，2016年12月19日。
② 教育部：《解决随迁子女和留守儿童教育，落实精准扶贫》，中国新闻网，http：//www.chinanews.com/gn/2016/12-30/8110000.shtml，2016年12月30日。
③ 《湖北："互联网+"推进特困地区教育扶贫》，教育网，http：//www.edu.cn/xxh/xy/jyjs/201704/t20170406_1504303.shtml，2017年4月6日。

精心组织开展百名职教中心教师进万家活动,走乡串户宣传职业教育的作用及师资力量、专业设置、就业渠道、政府优惠政策等,引导贫困户子女通过接受高质量的职业教育实现就业脱贫。2016年,吸引374名初中毕业生进入职教中心学习,其中贫困户子女占60%以上。着力引导贫困子女就业脱贫。积极牵线搭桥,大力推进校企合作,通过联合开办扶贫主体班的形式,探索企业"订单式"扶贫的长效机制。积极支持职教中心与本地支柱企业兴发集团联合办学,采取"产学结合、工学交替"的方式,先后开办了矿山班、水电班、化工班、旅游班等特色扶贫班,开展"订单式"扶贫,近年来,每年为兴发集团培养大、中专毕业生500多人,其中贫困生250多人,既有效解决了企业"招工难"、"用人难"的问题,同时又通过技能培训、订单培养帮助贫困家庭实现了就地就业脱贫,实现了企业、学校、社会三方多赢。①

湖南在全国率先实施县级农村小学教师公费定向培养扶贫计划,2016年已在桑植县启动,招收建档立卡贫困家庭应届初中生,学生毕业后回乡镇及以下农村小学任教。积极招收贫困地区应届初中毕业生和"两后生"接受职业学历教育,2016年全省高、中职院校分别招收贫困地区学生5.42万人、10.5万人,分别比上年度增加12.9、11.7个百分点,全年全省职业院校共向社会输送贫困地区合格毕业生12万人。为20744名贫困大学生发放了求职补贴,贫困学生离校前初次就业率达91.36%,与全省平均就业率持平。②

五 启示与政策建议

(一)问题和启示

教育精准扶贫在过去几年所取得的成就是令人瞩目的,但不可否

---

① 《宜昌市兴山县2016年教育扶贫工作总结》,2017年2月。
② 《湖南:教育精准扶贫交上"满分"答卷》,新浪网,http://news.sina.com.cn/o/2017-06-22/doc-ifyhmtrw3564154.shtml,2017年6月22日。

认，也多少存在一些需要改进的问题。

1. 物价水平持续上涨，营养改善标准缩水问题

根据国家规定，从 2011 年秋季学期起，在集中连片特困地区启动农村义务教育学生营养改善计划试点工作。标准为每生每天 3 元（全年按照学生在校时间 200 天计算），所需资金全部由中央财政承担。2016 年 12 月，"十三五"脱贫攻坚规划提出，中央财政为纳入营养改善计划国家试点的农村义务教育学生按每生每天 4 元（800 元/年）的标准提供营养膳食补助。也就是说，学生营养餐补助标准在四年内增加了 33%，这与近年物价变化水平不太适应。

2. 关注贫困地区的物质问题，更要关注贫困地区少年儿童心理健康教育问题

精准教育扶贫要关注贫困地区少年儿童心理健康教育。贫困家庭的学生心理更加脆弱与敏感，在成长过程中，需要得到更多的保护与关爱。可喜的是，有的地方教育部门已经开始重视心理健康教育。比如湖北兴山县制定了《兴山县中小学心理健康教育课程实施指导意见》，用以指导规范中小学心理健康教育。兴山县教育培训研究中心从课程目标及内容、课时安排及活动场地、备课组建设及课程师资、教学资源利用、教学实施注意事项五个方面对全县中小学心理健康教育课程的实施提出了建议和要求，指导学校按纲要开足开好心理健康教育。该地区开学初第一件事便是组织专兼职老师学习上述指导意见，对兼职教师的排课做到交叉班级带课，确保心理健康教育课不被其他课占用。类似兴山这样的基层学校重视心理健康教育，在基层还不多见。希望贫困学生的心理健康教育能纳入精准扶贫范围，以利于该群体更加健康成长。

3. 大学生助学贷款问题

诚信本是中华民族的传统美德，是现代文明社会发展的基石，是市场经济健康发展的道德灵魂，更是做人的基本道德准则。当前我国高校国家助学贷款学生诚信状况总体向好，但随着高校助学贷款规模的不断扩大,大学生由于受到各种不良因素的影响,诚信缺失问题不断显现,比如制造虚假贫困证明材料、不合理分配使用助学贷款、不按时缴还助学贷款利息及本金等。这些问题不仅对大学生自身的学习、生活和就业产生了不良影响,也对高校的资助管理和社会的稳定带来了一定的负面作用。① 尤其是大学生贷款违约问题影响颇大。有的高校违约率一度高达20%以上。因为违约率高,银行收紧银根,出现惜贷、拒贷现象。

4. 关于教师工资问题

自2009年起,《关于义务教育学校实施绩效工资的指导意见》开始实施,实行由省级人民政府统筹、县域内基本平衡的绩效工资制度,这实际上是选择用绩效工资作为地区差异的实现机制。目前的教师工资制度在形式上由四个部分组成,其中,岗位工资和等级工资自2006年以后没有变动过,必要的时间变动机制实际上用绩效工资的变动来"代偿"。绩效工资和津补贴由省统筹、县域内均衡,因此,这两个部分也是实际的地区差异实现机制。于是,绩效工资既代偿等级工资的时间变动机制,又实现地区差异,绩效工资的功能显然"超载"了,更麻烦的是,绩效工资的预算等级在县级政府,保障程度过低。② 这导致义务教育阶段教师工资地区差异过大,未能充分发挥工资制度的激励作用。这一点,课题组在基层调研时亦得到验证,基层每年都有部分教师转为公务员,包括一些特岗教师。

(二)对策及建议

第一,继续加大对贫困地区经济资助力度,精准资助学校、精准资助贫困家庭、精准资助贫困学生,同时也需要适度增加教师待遇。

以营养改善计划为例,建议在国家财力雄厚的基础上,逐步建立营养改善标准紧随物价上涨而上浮制度。当下则是鼓励地方政府、社会力

---

① 夏金玲:《大数据时代高校国家助学贷款学生的诚信教育》,《南方论刊》2017年第2期。
② 曾晓东、易文君:《我国中小学教师工资的地区差异问题研究》,《华中师范大学学报》(人文社会科学版)2015年第5期。

量发挥作用，共同保证营养改善计划更好地发挥作用。

第二，扩大高校心理学专业招生计划，为未来农村中小学配备更多心理健康教育师资打下基础。

在2016、2017年度精准扶贫报告中，课题组多次强调，关注贫困地区少年儿童心理健康亦是教育精准扶贫持续深入的具体表现。心理健康只有从基础教育抓起，才能够有效减少类似马加爵、林森浩这样心理不健康的大学生犯罪的极端案例。尤其是在今天大量农村成为空巢家庭，很多未成年子女缺少父爱母爱的情形下，更加需要从心理健康方面深度关怀。

第三，加快全民诚信体系建设，努力将学生贷款纳入征信体系。

现实中，学生贷款固然有部分是因为特困家庭确实无力偿还，即使贷款人参加了工作，仍然无力及时结清贷款，但是也不乏恶意拖欠贷款者。这就需要全民诚信体系加快建设步伐，尽快将大学生贷款等信用行为纳入征信体系，以制约恶意拖欠贷款者，从而激励金融机构大胆放贷，支持更多需要得到帮助之人。

第四，教育精准扶贫，需要转向教育供给侧的结构性改革，为"寒门出学子"提供文化资本、社会资本，同时也为2020年后的扶贫工作打下基础。

教育扶贫的重心不能仅仅放在经济资助方面，更主要是为寒门学子就业提供多方面条件，从根源上解决其贫困问题，从而破解扶贫难题，为贫困学生包括大学生进入主要劳动力市场提供条件。[①] 调查中，贫困学生家庭通过高等教育改变社会地位的意愿在降低，"知识改变命运"的传统观点在逐步丧失市场。原因何在？一是贫困地区学生接受高等教育的学校"出生"较低，即就读学校有相当部分并非名校而是地方院校。我们无意贬低地方院校，但是就业市场中，很多单位倾向于招收

---

① 孟照海：《教育扶贫政策的理论依据及实现条件——国际经验与本土思考》，《教育研究》2016年第11期。

"985"、"211"毕业的学生却是不争的事实。二是在就业中,社会的潜规则制约了贫困家庭学生就业。尽管我国已经开始大力实施依法治国,但是在现实中,诚如著名社会学家费孝通老先生所言,中国乡土社会痕迹非常浓厚。改革开放初期盛行"学好数理化,走遍天下都不怕",今天则被人改为"学好数理化,不如有个好爸爸"。这其实从侧面反映贫困家庭毕业生缺乏社会资本,就业往往不太如人意。

因此,打造教育供给侧结构改革就需要名校招收更多的贫困地区、贫困家庭的大学生,为贫困家庭学生进入主流劳动力市场奠定基础,同时也为后扶贫时代避免贫困家庭、贫困学生返贫打下基础。

第十四章 健康扶贫

没有全民健康，就没有全面小康！

——习近平

一 健康扶贫的提出背景

健康扶贫是国家精准扶贫政策体系的重要组成部分，是确保打赢脱贫攻坚战、实现贫困人口稳定脱贫的重要举措。"健康扶贫"旨在通过有效的政策举措回应建档立卡贫困人口的健康需求，保证其看得起病、看得好病，能够维持身心之健康，进而利于个人尊严和潜能的实现。具体而言，健康扶贫涵盖与医疗卫生公共服务设施建设、基层医疗服务机构和医务人员服务能力，以及医疗保障、医疗救助体系建设相关的一揽子政策体系，主要包括：加大卫生资源投入，提升医疗机构的服务水平和服务能力，建立医疗保障机制，让大病患者得到实惠；大力开展健康科普和健康促进工作，提高贫困人口的健康素养；树立以预防为主的疾病防控机制，加强对贫困人口的健康教育；等等。2015年11月，《中共中央国务院关于打赢脱贫攻坚战的决定》明确提出要实施精准健康扶贫工程，完善全民医保制度，进一步增强防大病、兜底线能力。按照党中央、国务院决策部署，2016年，卫计委、国务院扶贫办等15个部委联合颁布《关于实施健康扶贫工程的指导意见》，构架起健康扶贫脱贫攻坚战的顶层设计。各级政府部门坚持精准扶贫、精准脱贫基本方略，将健康扶贫工作推进与深化医药卫生体制改革紧密结合，针对农村贫困人口因病致贫、因病返贫问题，突出重点地区、重点人群、重点病种，进一步加强统筹协调和资源整合，采取有效措施提升农村贫困人口医疗保障水平和贫困地区医疗卫生服务能力，全面提高农村贫困人口健康水平，为农村贫困人口与全国人民一道迈入全面小康社会提供健康保障。如何打好健康扶贫的攻坚战，促进贫困人口健康权益的实现，是精准扶贫实践中的重大的现实问题。

党的十八大以来，在国家层面健康扶贫顶层设计的指引下，各省根据自身的实际情况对政策进行进一步的细化和调整，使之符合本省的实际，形成省级层面的二次顶层设计，为县域健康扶贫提供了基本的政策框架。而县一级是各项政策具体落地的关键环节，也是各种矛盾和问题展现最为丰富的经验场景，以县为单位对健康扶贫的实践经验、成效、问题与挑战进行总结与分析，有助于进一步研究健康扶贫政策实践所面临的困惑，从而找准政策优化的方法。

本研究以党的十八大以来精准扶贫的要求和健康扶贫的政策体系的研究和梳理为基础，结合在湖北省和四川省选取的有代表性的贫困县为经验观察对象，呈现健康扶贫政策的实施情况及成效，同时分析当前健康扶贫工作中存在的问题，并提出健康扶贫的政策优化路径，为保障健康扶贫的有效供给提供借鉴和参考。

二 国家精准扶贫政策体系中的健康扶贫

健康扶贫在国家精准扶贫政策体系中占据重要位置。研究者基于对建档立卡数据的统计研究发现，因病致贫、因病返贫依然十分突出，通过健康扶贫工程的实施，补齐贫困农村医疗公共服务的短板，精准响应贫困农户的健康需求，对于确保打赢脱贫攻坚战具有重要意义。

（一）因病致贫、因病返贫问题依然突出

根据国务院扶贫办建档立卡的数据，截至2013年底，我国农村贫困人口中，因病致贫、因病返贫贫困户有1256万户，占贫困户总数的

42.4%。其中，大病患者达到417万人，占4.7%，长期病患达1504万人，占16.8%。① 近几年，因病致贫、因病返贫的比例有所增长，从2013年的42.2%提高到2015年的44.1%，涉及近2000万人，其中大病患者和长期病患者达734万人。② 在各种致贫原因中，因病致贫、因病返贫在各地区都排在最前面。罹患疾病，不仅意味着巨大的医疗开支，对家庭的经济发展也会产生显著影响，贫困家庭原本捉襟见肘的家庭经济更加脆弱不堪。可见，因病致贫、因病返贫是制约贫困人口稳定脱贫的重要因素，是当前脱贫攻坚战必须解决的难点问题之一。特别是在一些贫困地区，医疗卫生公共服务十分薄弱，地方病患多发，因病致贫、因病返贫已经成为制约稳定脱贫的主因之一。

（二）贫困地区医疗卫生公共服务体系存在短板

2006年以来，农村医疗卫生公共服务体系建设取得了较大的进步，新型农村合作医疗制度逐渐建立起来，农村公共卫生服务设施不断完善。但同时应当看到，我国农村贫困地区医疗卫生事业发展状况各项指标仍然普遍落后于全国平均水平。截至2015年底，832个扶贫开发工作重点县，每千人口医疗卫生机构床位数3.66张、每千人口执业医师数1.28人，明显低于全国平均水平，医疗卫生资源明显不足，医疗卫生服务能力不能满足群众的健康需要，一些少数民族地区、边疆地区卫生与健康状况更是令人担忧。可以说，农村地区尤其是贫困地区医疗卫生服务体系建设的短板现象依然十分突出。贫困地区医疗卫生事业发展是全面建成小康社会背景下脱贫攻坚战必须补齐的最突出"短板"。

为此，2016年颁布实施的《全民健康保障工程建设规划（2016—2020年）》提出，在脱贫攻坚过程中，要实现到2020年每个贫困县至

---

① 国务院扶贫办建档立卡2013年数据。
② 李培林、魏后凯主编《中国扶贫开发报告（2016）》，社会科学文献出版社，2016。

少有 1 所县级公立医院，每个乡镇有 1 所标准化乡镇卫生院，每个行政村有 1 个卫生室，在乡镇卫生院和社区卫生服务中心建立中医综合服务区的目标。确保贫困地区人人享有基本医疗卫生服务，农村贫困人口大病得到及时有效救治保障，个人就医费用负担大幅减轻；贫困地区重大传染病和地方病得到有效控制，基本公共卫生指标接近全国平均水平，人均预期寿命进一步提高，孕产妇死亡率、婴儿死亡率、传染病发病率显著下降；连片特困地区县和国家扶贫开发工作重点县至少有一所医院（含中医院）达到二级医疗机构服务水平，服务条件明显改善，服务能力和可及性显著提升；区域间的医疗卫生资源配置和人民健康水平差距进一步缩小，因病致贫、因病返贫问题得到有效解决。①

（三）健康扶贫对打赢脱贫攻坚战的意义

实施健康扶贫工程具有多重意义。一是保障贫困人口的健康福祉，促进其健康权益的实现。打赢健康扶贫脱贫攻坚战，需要把人民健康放在优先发展的战略地位，强化各级政府在健康促进与教育工作中的主导作用，加强组织领导和部门协作，共同维护群众健康权益。二是补齐公共卫生服务体系短板，推进城乡基本公共服务均等化。基本公共服务均等化是指全体公民都能公平可及地获得大致均等的基本公共服务，其核心是促进机会均等，重点是保障人民群众得到基本公共服务的机会，而不是简单的平均化。推进基本公共服务均等化，是全面建成小康社会的应有之义，对于促进社会公平正义、增进人民福祉、增强全体人民在共建共享发展中的获得感、实现中华民族伟大复兴的中国梦，都具有十分重要的意义。三是改善贫困人口健康状况，促进其潜能得以有效发挥。以人的健康为中心，根据群众需求提供健康促进与教育服务，引导群众树立正确健康观，形成健康的行为和生活方式，

---

① 《全民健康保障工程建设规划（2016—2020 年）》（发改社会〔2016〕2439 号），2016 年 11 月 23 日。

提升全民健康素养,发挥贫困人口的潜能,为其发展生产、增加个人收入提供健康保障,对于 2020 年让贫困地区的人口摆脱贫困具有重要意义。

三 健康扶贫的顶层设计

中国国家贫困治理体系的一个突出特点是,因应各个时期减贫形势的变动,通过深化改革的办法,破解制约减贫与发展的体制机制障碍,着力补齐各种短板因素。围绕有效回应贫困人口的需求,逐渐形成了"中央统筹、省负总责、市县抓落实"的管理体制。以健康扶贫为例,中央层面的顶层设计明确了健康扶贫的总体目标、各项改革的布局,省级层面则在国家顶层设计的基础上,结合省域实际形成指导性的方案,市县一级着力将国家和省级层面政策设计结合县域工作的实际,形成操作方案,从而形成"三级精准"的政策体系。

(一) 十八大以来健康扶贫的顶层设计

党的十八大以来,习近平总书记多次在重要场合就新时期脱贫攻坚战略的推进发表重要讲话,逐渐形成了体系完善的扶贫开发战略思想体系,其中健康扶贫占据重要的位置。总书记强调"没有全民健康,就没有全面小康"[1],推进健康中国建设是党对人民的郑重承诺,各级党委和政府要把这项重大民心工程摆上重要日程,强化责任担当,狠抓推动落实。2015 年 11 月 27 日,总书记在中央扶贫工作会议上的讲话中,明确指出健康扶贫是"五个一批"扶贫工作中的重要内容,"要加强医疗保险和医疗救助,新型农村合作医疗和大病保险政策要对贫困人口倾斜"[2]。

---

[1] 习近平在全国卫生与健康大会上的讲话,2016 年 8 月 19 日。
[2] 习近平在中央扶贫工作会议上的讲话,2015 年 11 月 27 日。

中央层面，高度重视健康扶贫工作的开展。2015年12月，国家发布《中共中央国务院关于打赢脱贫攻坚战的决定》，明确提出"实施健康扶贫工程，保障贫困人口享有基本医疗卫生服务，努力防止因病致贫、因病返贫"，"通过综合施策，形成政策合力，突出问题导向，实施精准扶贫，有效防止因病致贫返贫。坚持精准扶贫、精准脱贫基本方略，与深化医药卫生体制改革紧密结合，针对农村贫困人口因病致贫、因病返贫问题，突出重点地区、重点人群、重点病种，进一步加强统筹协调和资源整合，采取有效措施提升农村贫困人口医疗保障水平和贫困地区医疗卫生服务能力，全面提高农村贫困人口健康水平，为农村贫困人口与全国人民一道迈入全面小康社会提供健康保障"。① 2016年9月，国家卫生计生委等15个部委联合发布《关于实施健康扶贫工程的指导意见》（国卫财务发〔2016〕26号），提出要保障农村贫困人口享有基本医疗卫生服务，助力脱贫目标实现。2017年1月，国家卫生计生委提出针对患病贫困人口，推进"三个一批"，即实施大病集中救治一批、慢病签约服务管理一批、重病兜底保障一批，采取分类分批救治。上述文件体系，构成了健康扶贫工程的顶层设计，明确了推进健康扶贫工作的主要目标、基本任务、保障措施、完成时限等，为各地有效开展健康扶贫工作提供了基本的政策框架。对于应对因病致贫、因病返贫问题，促进贫困人口健康权益实现和自身潜能发挥，确保打赢全面建成小康社会背景下的脱贫攻坚战，具有重要的指导意义。

（二）省级层面的健康扶贫设计

中共中央国务院印发的《中共中央国务院关于打赢脱贫攻坚战的决定》中明确提出，开展医疗保险和医疗救助脱贫，实施健康扶贫工程，有效防止农村贫困人口因病致贫、因病返贫。按照"精准扶贫、精准脱贫"的基本方略，各省卫生计生委会同省扶贫办等部门组织开

---

① 《关于实施健康扶贫工程的指导意见》（国卫财务发〔2016〕26号），2016年6月20日。

展全省建档立卡贫困人口"因病致贫、因病返贫"调查工作，为实施健康扶贫工程提供基础数据和决策依据。健康扶贫的政策体系的运行随着行政层级的下降不断细化和丰富，各省市县会根据自身的实际情况对政策进行进一步的细化和调整，使之符合本省的实践规律，并有效落实各项政策部署。这里以湖北省和四川省健康扶贫案例为基础，对健康扶贫的政策体系进行经验方面的总结，进一步呈现健康扶贫对新时期脱贫攻坚战的重要意义，并讨论其基本的政策路径。

根据2014年国家建档立卡调查统计，湖北省因病致贫总人数为189.6万人，占全省590万建档立卡贫困人口的32%以上，其中患病总人数为73.3万人，占因病致贫总人口的38.66%。为了确保健康扶贫工作有效开展，湖北省在国家层面健康扶贫工程政策体系的基础上，结合本省实际，出台了相关的政策文件，对健康扶贫工作开展的目标进度、组织体系、资金安排、监督考核等内容做了更加详细的界定。2015年，湖北省出台了《湖北省农村医疗保障精准扶贫工作实施意见》，将精准扶贫建档立卡贫困人口、农村最低生活保障家庭成员、农村五保供养对象和农村孤儿纳入医疗保障扶贫对象，要求各地到2019年，农村贫困人口新农合参合率稳定在98%以上，参合医疗保障扶贫对象新农合住院费用平均报销比例较2015年提高20%，降低医疗保障扶贫对象大病保险起付线，提高大病保险报销比例。2016年10月，印发了《关于湖北省健康扶贫工程的实施意见》，进一步明确健康扶贫工作要求和落实措施，明确了责任分工和落实办法。2017年1月，印发了《湖北省健康扶贫考核办法》，将健康扶贫工作纳入卫生计生部门目标管理责任制内容，年中、年尾进行督导和考核，并于3月份考核了18个县，印发了考核通报，以促进健康扶贫工作开展。

四川是全国脱贫攻坚任务较重的省份之一。截至2016年底，全省尚有贫困人口380万人，贫困村11501个，贫困县88个，有扶贫任务的县160个。全省183个县区中，国家扶贫工作重点县36个，省域涵盖集中连片特困地区3个，全省贫困发生率4.3%，因病致贫、因病返贫人口达到184万人，占整个贫困人口总数的48%，患有大病和慢性病人数达到72.97万人。针对以上现象，四川省以问题为导向，将"医疗救助扶持一批"作为脱贫攻坚"五个一批"的重要内容，专门出台《四川省医疗卫生计生扶贫专项方案》、《四川省脱贫攻坚医疗卫生保障实施方案》。省卫计委又制发了33个配套文件，基本织就了完备的健康扶贫政策体系。四川省泸州市根据《四川省委办公厅、四川省人民政府办公厅关于印发17个扶贫专项2016工作计划的通知》（川委厅〔2016〕9号）、《中共泸州市委办公室、泸州市人民政府办公室关于印发18个扶贫专项2016工作计划的通知》（泸委办函〔2016〕38号）等文件精神，成立工作领导组，制定了医疗卫生扶贫工作计划，确定了工作重点、资金筹措、进度安排，明确了各自职责分工，全力推进扶贫攻坚五大行动，探索一条更加完备的医疗健康扶贫路，来防止因病返贫，从而建立健全稳定脱贫长效机制。

概言之，结合中央层面关于"健康扶贫"的总体要求与部署，省级层面的健康扶贫政策体系，主要包括三个方面的内容，即：完善医疗卫生公共服务体系，让贫困人口"看得上病"；建立医疗保障体系，让贫困人口"看得起病"；强化人才队伍建设，让贫困人口"看得好病"。此外，围绕提升健康扶贫的精准度，各省纷纷建立了相应的识别体系，以期实现政策供给与健康需求的精准对接。

1. 服务体系

推进健康扶贫攻坚计划实施，补齐农村贫困地区医疗卫生公共服务的突出"短板"，需要加强整个服务体系建设，提升医疗服务能力，让贫困人口放心就近就医。细言之，服务体系的目标体现在大力实施贫困人群公共卫生保障行动，包括提供各方面的医疗卫生服务方面。通过医疗卫生服务体系建设，改善贫困地区的医疗卫生条件，从源头上减少病人，保障贫困群体享有基本医疗卫生服务的权利。加强医疗卫生公共服务体系建设，按照"填平补齐"的原则，提高县级医院、乡镇卫生院、村卫生室基本医疗及公共卫生服务水平，进一步健全贫困地区三级医疗卫生公共服务网络，改善服务条件，提升服务能力。

在我们的案例调查中，四川省通过免费提供基本公共卫生服务、免费提供妇幼健康服务、免费开展疾病监测与计划免疫、免费实施重大传染病和地方病防治等来健全健康扶贫的服务体系。湖北省在积极推进健康扶贫方面，一方面充分发挥医疗卫生的资源优势，为贫困户提供全面且有重点的医疗服务，阻断"因病致贫、因病返贫"，助力脱贫攻坚；另一方面，加强医疗专业技术队伍的建设，切实提高其业务素质和诊疗水平，为健康扶贫的实施提供人才保障，再次开展群众性的健康教育，引导贫困人口改变不良生活习惯，形成健康生活方式，不断提高贫困人口的健康素养。湖北省宣恩县坚持"保基本、强基层、建机制"的原则，以健康扶贫工程为统领，以卫生项目建设为抓手，通过启动县民族医院整体搬迁工程，实施村卫生室"五化"（即产权公有化、建设标准化、服务规范化、运行信息化、管理一体化）建设，推进乡镇卫生院标准化建设等一系列项目，全县基层医疗卫生机构服务环境明显改善，服务功能不断完善，让农村群众在家门口就能享受到便捷优质的医疗服务。同时，进一步夯实了基层医疗服务基础，基层卫生服务体系日益完善。

2. 财力保障

落实健康扶贫政策，开展健康扶贫工作，需要有与脱贫攻坚任务相匹配的强大财力保障，需要不断完善资金安排使用机制，精准有效使用，切实将财政资金用到贫困群体身上，将财政资源精准投放到健康扶贫的各个关键领域。

2016年，四川省印发《四川省建档立卡贫困人口医疗保障实施方案》，通过财政补贴的方式，使得建档立卡贫困人口参加城乡居民医保、新农合的个人缴费，实现建档立卡贫困人口全部参保。一方面，对贫困户实施医疗卫生保障"十免四补助"；另一方面，发挥医保对贫困人口医疗费用支付的主体作用。到2020年，确保个人承担合规住院医疗费用比例不超过10%，在县域内住院就医费用基本全免，因病致贫、因病返贫问题得到有效解决。在资金安排上进行规划，保证对政策实行的财力支持，同时发挥专项救助和医药爱心基金对贫困人口医疗费用支付的补充作用，对卫生计生部门组织医疗机构、医药企业募集的"医药爱心基金"给予补助，完善重特大疾病救助制度，为其提供强有力的财力保障。加大投入资金，充实医疗卫生力量，动员和凝聚全社会力量广泛参与，吸引社会资金参与健康扶贫开发，真正将健康扶贫工作任务落到实处，切实打好扶贫攻坚战。

3. 人才建设

长期以来，我国高质量的医疗资源大多分布在大中型医疗机构，基层医疗机构整体素质偏低，利用效率不高，造成贫困地区优质卫生资源可及性比较差，已成为健康中国建设中最突出的短板，严重影响到贫困地区的健康扶贫质量。开展健康扶贫工作，需要重视人才培育。在人才引进和建设上，卫计等部门及基层医疗卫生机构实施"三个一批"，即对优秀人才引进一批、面向大学生招录一批、对在职人员培训一批，培养专业的队伍。通过人才培养，促进县乡村三级医疗卫生队伍素质的整体提升，以满足基本医疗卫生保健需要。

调研发现，湖北省和四川省均制定和完善了贫困地区医疗卫生人才引进制度，以四川省泸州市为例，泸州市近年来先后出台《关于补充基层教育卫生事业单位工作人员的通知》、《泸州市乡村医生队伍建设实施方案》等，基层卫生事业单位公开考试招聘卫生专业技术人员，2017年三个贫困县引进卫生计生人员575人。通过实施"阳光天使计划"，采取"公开直接考核+服务期制度+学费补偿机制"方式招聘，招聘"阳光天使计划"医学类大学生16名。通过人才引进，使其到一线工作，充实了贫困地区的医疗人才队伍，调整了当地医疗队伍的文化层次，为其注入了新的活力。在人才培养方面，不断强化人才培养，开展对乡镇卫生院、村卫生室医疗卫生人员的技能培训和教育，组织贫困县县乡医疗卫生人员到对口支援的二甲以上医院免费进修，免费定向培养乡村医生，以此来提高医疗队伍的能力。在人才建设方面，通过政策倾斜和激励制度对基层卫生人员进行管理和建设。湖北省提出要完善贫困地区医疗卫生人员聘用及职称评审政策,对长期在贫困地区服务的医疗卫生人员在职称晋升、聘用中给予倾斜,四川省指导区县实现以聘用管理和合同管理为基础的乡村卫生计生人员管理一体化。改革乡村医生服务模式和激励机制,落实和完善乡村医生补偿、养老、培养、评选奖励政策。

4. 健康精准扶贫

开展健康扶贫,首先要做到精准识别,准确掌握贫困人口的家庭状况和病因、病种等基本情况,精准识别健康扶贫底数。积极开展"因病致贫、因病返贫"情况调查,通过入户调查,完善调查对象基础信息和健康状况,依托镇卫生院和村卫生室,完善基本公共卫生服务信息、建立健全贫困人口健康电子档案和数据库。其次,实施健康扶贫工程,在核准农村贫困人口情况的基础上,建档立卡,开展签约服务,采取不同措施,实施分类救治,区别不同情况,采取"一地一策"、"一户一个台账",健康扶贫精准到户、精准到人。总书记多次强调,精准扶贫,一定要精准施策,健康扶贫也要因地因人施策、因病救治,精准滴灌、靶向治疗。实施健康扶贫,要加大基层卫生服务体系建设投入,健全基层医疗卫生服务体系,让贫困群众"看得上病";要建立并完善以基本医疗保障制度为主体、其他形式医疗保险和商业健康保险为补充的多层次医疗保障体系,让贫困群众"看得起病";要通过增强医疗服务能力、转变医疗服务模式,让贫困群众"看得好病";要从贫困人口的健康教育抓起,倡导健康的生活方式,让贫困群众"更好防病"。归根究底,通过实施健康扶贫工程,为贫困户提供一张社会安全网,增强其对抗风险的能力,为贫困户解决健康方面的后顾之忧,最终还是为其发展生产助力,提高其自我发展能力。因此,健康扶贫需要建立长效机制,帮助贫困人口解决看病就医等方面的问题,以有效防止因病致贫、因病返贫现象的发生。

四 健康扶贫的地方经验与现实挑战

为了更为清晰地呈现健康扶贫政策在基层的落实情况，把握相关政策对贫困人口健康扶贫需求的回应效果，并在此基础上提出政策优化的建议，我们在四川省和湖北省分别选择了有代表性的县，深入实地开展调研。调研中，我们发现县域健康扶贫工作形成了众多的宝贵经验，同时也面临一系列的现实挑战。接下来，我们将从运行成效和现实挑战两个方面来呈现我们的调研发现，并在此基础上思考未来进一步优化健康扶贫政策体系的着力点和推进路径。

（一）运行成效

1. 基层医疗卫生服务体系建设效果显著

基层医疗卫生服务机构改革是农村医疗保障体系中不可缺少的部分。按照健康扶贫工程顶层设计的总体安排，基层医疗卫生服务机构改革和体系建设的重点在于优化医疗卫生公共服务资源布局，推动分级诊疗，完成贫困地区县、乡、村三级医疗卫生服务网络标准化建设，实现贫困地区标准化卫生室全覆盖；确保每个村庄都至少有一个驻村的医生，且均为持证上岗；加强基层医疗卫生设施建设，加大对乡村两级卫生院和卫生室的投入，整合卫生资源，调整乡镇卫生院的规模和功能，更新医疗设备器械，为贫困户就医提供一个良好的环境，进一步提高县级医院、乡镇卫生院、村卫生室三级基本医疗及公共卫生服务水平。

在调研过程中，四川省泸州市在基层医疗卫生服务体系建设方面取得了突出成绩。泸州市全面开展乡村卫生机构建设，截至目前，已全面完成38个贫困村甲级村卫生室建设，通过乡镇卫生院派驻医务人员等方式，确保村级医疗卫生服务全覆盖。泸州市出台政策增加乡镇卫生院应开展服务项目数，同时支持乡镇卫生院等基层机构配备中医诊疗设备,建设中医药特色诊疗区或中医馆。此外,积极引导卫生人才服务基层,县级卫生计生部门加强统筹安排,组织乡镇卫生院医务人员服务、蹲点村卫生室,加强培训和帮扶指导,尽快提升村医服务水平。2016年,为全市所有贫困县县级综合医院安排三级医院对口支援,为所有贫困县乡镇中心卫生院安排二级医院对口支援。通过不断强化基层服务体系,逐步形成县中心医院、乡镇卫生院和村卫生室三级卫生服务体系建设,为贫困户看得上病提供了保障。

2. 贫困人口健康权益得到更好保障

为了使建档立卡的贫困群体能够看得起病、看得好病,会有一些针对他们的特殊政策和特惠支持,包括二次报销、临时救助等。此外,一些地区针对建档立卡贫困户实行"先诊疗后付费"结算服务模式,即贫困患者入院时不需缴纳住院押金,出院时由医疗机构与各类经费保障机构直接结算,有效解决贫困人口垫资压力和费用负担,充分发挥城乡居民基本医保、大病保险、医疗救助等医疗保障和救助政策合力,确保贫困患者得到及时救治。

以四川省为例,四川省泸州市针对建档立卡农村贫困人口实施医疗扶贫"四个100%"工程,即建档立卡贫困人口全民预防保健100%覆盖、基本医疗保险100%参保、医疗扶贫商业附加险100%参保、应救必救100%救助,通过整合各类救助资金和帮扶力量、提高报销比例等方式,实现建档立卡贫困人口县内住院个人"零自付",助推贫困人口恢复劳动力、脱贫增收,摆脱长期贫困。同时,探索实施门诊"零自付"政策。特别是,针对贫困人口中达不到住院条件又不符合慢病门诊统筹范围的慢性病患者、一般疾病患者就医困难问题,实行全额补助。建档立卡贫困户的普通门诊和慢性病门诊诊治,实现县内门诊个人"零自付"。在调研过程中,多数贫困户都多次提到以前生病大多是能拖则拖,现在"看病基本上不花一分钱",贫困人群能够看得起病。针对建档立卡贫困户的特惠政策,不仅让特殊困难群众"兜底"更加牢固,而且进一步增强了其自我发展的能力。

3. 三条保障线的运行：新农合、大病保险、医疗救助

就普遍意义而言，健康扶贫医疗保障体系由三个层次的政策构成，分别是新型农村合作医疗、大病保险和医疗救助，这三项政策共同构成一个有层次的整体。新型农村合作医疗制度是农村医疗保障的基本制度安排，新型农村合作医疗的参合率在一定程度上体现了健康扶贫的成效，我国目前新型农村合作医疗制度已经覆盖了97%以上的农村居民，建档立卡贫困户新农合的覆盖率达到100%。如果一个家庭符合大病保险或医疗救助的条件，其"合规费用"会在新农合规定报销比例的基础上提高一定比例。为了使健康扶贫医疗保障体系更为有效和持久，需要进一步加大新农合、大病保险和医疗救助对农村贫困人口的支持力度，在起付线、报销比例、封顶线等方面进一步给予倾斜，提高政策范围内医药费用报销比例。

湖北省着力健全"全民医保"体系，建立与大病保险、医疗救助、商业健康保险等制度的衔接机制，实现"三覆盖、两倾斜、两加大、一窗口"，协同互补，形成保障合力。农村贫困人口就医"接力"保障机制初步形成，防大病、兜底线的能力进一步增强，农村居民看病负担大大减轻。但值得注意的是，目前新农合和大病保险的保障水平还有待提高，医疗救助制度兜底线能力还要进一步增强，新农合、大病保险制度与医疗救助之间在对象、程序、标准、信息等方面缺乏有效的衔接机制，政策的合力尚未形成；县级医院治疗大病的能力不强，县域外转诊率高，贫困地区地方病、传染病防治任务依然较重，慢病患者逐年增多，导致因病致贫、因病返贫问题比较突出。

（二）现实挑战

1. 慢性病、大病诊疗问题依然突出

湖北省按照"三个一批"健康扶贫的要求，建立农村贫困人口"因病致贫、因病返贫"管理数据库，对大病和慢性病进行分类救治。通过建立动态管理的电子健康档案和贫困人口健康卡，推动基层医疗卫

生机构为农村贫困人口家庭提供基本医疗、公共卫生和健康管理等签约服务。同时完善大病保险政策，对符合条件的农村贫困人口在起付线、报销比例等方面给予重点倾斜；加大医疗救助力度，统筹基本医保、大病保险、医疗救助、商业健康保险等保障措施，实行联动报销；实行贫困人口县域内住院先诊疗后付费和"一站式"即时结算，贫困患者只需在出院时支付自负医疗费用；等等。四川省免费实施重大传染病和地方病防治，建立贫困人群重大疾病数据库。同时通过镇（村）医生团队网格化管理、"2+1"精准管理、家庭医生签约服务，及时跟踪监控、开展随访服务、加强康复治疗，防止和减缓疾病发生。通过对大病和慢性病实施分类救治，确保贫困人群看得好病。

虽然在政策设计上突出了对大病和慢性疾病的救助，但实践层面来看，慢性病和大病诊疗问题依然较为突出。主要原因在于以下几个方面：其一，政策宣传不够到位。一些贫困户对于国家健康扶贫的政策并不了解。其二，一些贫困户的就医意愿不强，健康管理观念薄弱。其三，各地贫困户健康档案管理工作推进程度和效果不一，一些贫困户的诊疗需求没有被精确识别。其四，基层医疗卫生服务能力薄弱，特别是乡镇和村一级，与县级医疗机构形成三级联动的体系运转效果并不是很好。

2. 特殊群体的健康需求支持有待强化

贫困人口健康风险多发，目前的工作主要在补齐基本医疗卫生公共服务短板，让贫困人口看得上病、看得起病、看得好病。在健康扶贫工作推进过程中，普遍性的公共服务供给有了较大的改善，但针对特殊人群的支持仍有待加强。例如，关于女性、儿童，国家分别出台了针对性的健康扶贫政策。但另一些特殊群体，如精神疾患及残疾，需求更具异质性，其健康风险给个人和家庭带来的影响同样需要高度重视，但目前体系回应能力则相对有限。精神疾病一方面给家庭和社会造成了沉重的经济负担，另一方面也给患者及家属带来了较大的精神负担。落实健康扶贫，需进一步完善精神疾病防治体系，加强精神疾病预防和心理干预；同时将重性精神病按规定纳入城乡居民基本医疗保险门诊特殊慢性病病种管理范围，将其纳入重点管理人群，实行家庭医生签约服务，及时跟踪监控，开展随访服务，加强康复治疗，防止和减缓疾病的发生。

残疾人自身劳动力不足，影响其发展能力，应该将残疾人精准康复工作纳入健康扶贫工程实施方案和工作计划，争取和落实相关保障政策，确保农村贫困残疾人普遍享有基本公共卫生服务和基本康复服务，以加强残疾人基本康复服务能力建设，解决其后顾之忧。在医疗康复方面，将符合条件的残疾人医疗康复项目按规定纳入基本医疗保险支付范围；需要长期治疗和康复的，由基层医疗卫生机构在上级医疗机构指导下实施治疗和康复管理。在康复服务方面，强调对贫困地区基层医疗卫生机构医务人员开展康复知识培训，加强县级残疾人康复服务中心建设，提升基层康复服务能力，建立医疗机构与残疾人专业康复机构有效衔接、协调配合的工作机制，为农村贫困残疾人提供精准康复服务。同时，建立残疾儿童康复救助制度，逐步实现视力、听力、言语、智力、肢体残疾儿童和孤独症儿童免费得到手术、辅助器具配置和康复训练等服务。通过将符合条件的残疾人医疗康复项目按规定纳入基本医疗保险支付范围，提高农村贫困残疾人医疗保障水平。这对于加快残疾人小康进程、推动残疾人普遍享有基本医疗和康复服务具有重要意义。

3. 针对家庭的支持体系建设较为薄弱

家庭作为人类社会最基本和最可持续的单位，既是个体赖以生存发展的基点，也是各种社会政策和公共服务得以落实的主要载体，是推进"健康中国"战略的重要阵地。将促进家庭发展纳入国民经济社会发展的战略体系之内，注重在经济社会发展中维护家庭的功能，确保家庭及其成员的权利，支持家庭及其成员的发展，全面提升发展能力。

在健康扶贫工作的开展中，要尤其注重针对家庭的支持体系建设，增强家庭的持续发展能力。解决因病致贫难题，摸清家底是基础。为彻底摸清因病致贫家底，找准致贫症结，因症施策，需要全覆盖入户调查，从家庭成员基本信息、家庭收入状况、财产状况、家庭健康状况、健康需求等方面分户建立档案，确保情况摸得实、原因找得准。按照"一人一档、一户一册、一村一本"的原则，将贫困群众基本信息、健康行为信息、体检信息整理归档，建立个人健康档案；以户为单位，将家庭成员体检结果、健康指导意见等装订成册，建立家庭健康档案；以村为单位，建立群众体检情况、健康状况台账，形成村级健康档案。四川省通过医疗卫生机构管理信息系统，及时建立统一标准、统一代码的规范化居民电子健康档案，并在乡镇卫生院建立健康档案室，实施常态化管理。四川省叙永县自主研发了"健康叙永"信息查询、统计、监测、分析系统，群众可以通过手机自主查询个人和家庭的健康信息，医疗卫生机构实现公共卫生、医疗服务、医疗保障等信息互联互通，以户为单位的健康扶贫工作更有利于提高个人和家庭的发展能力。这些做法，值得其他地区借鉴。

五 启示与政策建议

（一）加大政策投入力度

从当前形势来看，健康扶贫的关键仍在于补齐贫困农村医疗卫生公共服务的突出短板。由于该项服务的公共品特性，政府投入将是主要的手段。从现实情况来看，各地硬件设施建设取得了一定成就，但相关的人才支撑体系和服务支撑体系仍有待进一步加强。未来通过不断加强政策扶持的力度，尤其是财政支持力度，推动健康扶贫工作的开展，落实中央和省级财政扶贫投入责任，仍将是主要的方式。党的十八大以来，中央财政不断加大贫困地区卫生计生专项资金的转移支付力度，推动健康扶贫各项工作顺利实施；同时，国家在贫困地区安排的公益性卫生计生建设项目取消县级和西部连片特困地区地市级配套资金；省市两级财政安排的卫生计生项目资金要进一步向贫困地区倾斜，连片特困地区县和国家扶贫开发工作重点县要通过统筹整合使用相关财政资金，加大健康扶贫投入。但需要看到，随着脱贫攻坚工作的推进，存量贫困人口的健康需求增多，需要更大的投入力度和更高的投入精度。

（二）进一步强化人才建设

尽管在人才引进、培养和建设过程中，基层医疗卫生机构都采取了不同程度的倾斜措施，但是基层医疗机构仍然存在人才引进难、留住难的问题。一方面，各级医疗机构迅速扩张、发展，医疗人才不够用；另一方面，基层医疗机构条件、待遇较差，很多医疗人才不愿意到基层去。要进一步加强县级医疗机构卫生技术人员队伍能力的建设，制定长远的人才培养规划，培养适宜人才，留住合格人才，使更多的贫困户能够在基层医院解决看病问题。对于人才建设，部分省市提出从国家层面进行顶层设计，构建起以县级医院为中心、"县管乡用"的基层全科医生统筹管理模式，从而吸引医学毕业生到基层医疗卫生机构工作，这些做法颇值得借鉴。此外，还应考虑增加人才政策的支持力度和执行效率，在职称晋升方面给予适当倾斜照顾，应建立引进短缺专业人才的"绿色通道"，实行"先聘后进"，加快推进县乡村卫生服务一体化管理，探索形成县乡村医疗机构在人才管理方面的统一模式。

（三）更好体现对贫困人口健康需求的回应

当前，人民群众的健康需求日益呈现多层次、多样化、家庭式、个性化特征，健康发展的核心矛盾依然是健康服务供给尚不能满足十几亿人民的巨大需求。推进健康扶贫工作需要对贫困人口更多元、更广泛、更迫切的健康需求的强有力回应。其中包括对地方病、标准化慢性病、大病救助等需求的回应。调研中，我们发现有些在服务难以覆盖需求的地方，农户自行求医买药，但是出现报销比例低、垫付时间长、手续麻烦等难题，在这方面，需要进一步完善相关的医疗制度，提供更具适应性、更契合贫困人口习惯、更有效的医疗服务，实现大病保险等全覆盖，让更多患者减轻负担，享受到更好的服务。

（四）促进更广泛的社会力量参与

目前我国的脱贫攻坚已进入攻坚克难的瓶颈期，健康扶贫的任务尤其艰巨，困难重重，为更加顺利地推进健康扶贫工程，除了依靠强制性的行政力量之外，也要引导和动员社会力量共同参与，充分调动社会力量，汇集来自多方的人力、物力和财力，为健康扶贫工作提供多元化的支持，保证健康扶贫工程任务落到实处。更广泛的社会参与一方面可以增加健康扶贫形式的多样化，结合当地自身的实际情况切实调整其健康扶贫的战略，做到"一户一策"，真正扶到点上、扶到根上；另一方面，可以更多地体现人文关怀。社会力量的参与，不仅可以提供物质或资金等方面的援助，也可以提供精神方面的支撑，帮助贫困群体增强战胜疾病、战胜贫困的信心，通过精神力量建设的方式，增强其精神方面的内生动力。为动员社会力量，应进一步完善和落实鼓励企业、社会组织、公民个人参与健康扶贫工程的政策措施，包括支持各类企业进行社会捐赠、基金会设立专项基金参与健康扶贫工程，按规定落实扶贫捐赠税前扣除、税收减免等优惠政策，鼓励更多社会资本投向贫困地区，加强捐赠资金使用监管。此外，应充分发挥协会、学会等社会组织的作用，整合社会资本、人才技术等资源，为贫困地区送医送药。搭建政府救助资源、社会组织救助项目与农村贫困人口救治需求对接的信息平台，引导支持慈善组织、企事业单位和爱心人士等为患大病的贫困人口提供慈善救助，激发社会力量的参与活力。

（五）进一步理顺政府、医疗机构、患者三方关系

健康扶贫是一项系统工程，涉及多部门，利益主体多元化，任何部门任务的落实和工作的推进都关系到整个扶贫效果，必须坚持全面统筹、综合推进。医疗服务体系涉及多方责任主体和利益相关人，需要建立有效的治理结构和运行机制，实现政府、医疗机构和患者的责任落实和利益协调。政府、医疗机构和患者三方关系具有相互依赖、相互制约

的特点，要打造三方的信息共享和利益平衡机制。政府要主导医疗卫生服务提供，合理界定并落实政府主导责任，引导各方资源投入，提高医疗卫生服务能力，完善医疗保障体系，科学构建治理结构和运行机制；医疗机构要合理调整医疗服务价格，履行好社会责任的同时，还要加强对相关部门的监督和管理，净化市场环境，同时提升医疗服务水平，改善就医感受，增强人民群众获得感。建立健全医疗纠纷预防调解机制，依法保护医患双方合法权益，努力构建和谐医患关系；对于患者来说，在看病就医的过程中，一方面要更好地使用资源，维护自身的合法权益，另一方面也要遵循现有政策资源使用规范。通过进一步理顺政府、医疗机构、患者三方关系，进一步推进实施健康扶贫工程，保障贫困人口享有基本医疗卫生服务。

（六）建立疾病早期筛查机制

长期以来，在农村存在一种"重治疗、轻预防"的现象，农民缺乏防病意识，对一些基本保健知识不了解，小病基本靠拖，等到病发时，已经比较严重，既花费了很多费用，也不一定能够治好病，导致因病致贫、因病返贫等问题的出现。因此，为了避免"轻预防"的现象，需要通过健康教育等多种途径对其进行干预。不定期组织专家团到贫困偏远地区开展巡回义诊、免费体检、健康教育、送医送药等活动；对贫困人口提供免费的基本公共卫生服务，普及基本卫生知识，加强医疗卫生宣传，免费实施重大疾病的干预；建立贫困人口与基层医疗机构签约的健康服务机构，由基层医疗机构、人员为贫困人口提供健康咨询，同时可结合国家巡回医疗队、"三下乡"、区域医疗协同等项目，针对该贫困地区的疾病谱特点，开展地方病、慢性病筛查；通过"互联网+"等平台，对群众开展健康宣教，提高贫困地区群众的健康知识水平，提高防病能力，在疾病的早期筛查中对贫困户的健康状况进行动态监测。通过筛查，实现对疾病的早诊断、早治疗，防止小病拖成大病，大病拖成急危重症。

（七）强化村级服务阵地建设

村级医疗卫生服务阵地与老百姓打交道最多，最熟悉社区内贫困人口的健康需求，对其需求的响应理论上也是最为迅捷和有效的。但实际的情况是，村一级服务阵地硬件设施虽然得到了一定程度的改善，但服务能力建设仍显滞后，表现为业务水平不高，政策观念和服务意识有待提升，等等。湖北省在基层服务体系建设方面大胆创新，建立了优选村医进入村级班子的机制。村医进班子后，发挥了文化素质高的优势，宣传党的方针政策；借助村委工作平台，利用坐诊出诊等时机，主动为群众做好健康扶贫相关服务和政策的宣传工作；通过对贫困人口建库立卡，并进行动态调整，确保贫困人口的精准识别，发挥熟悉村情民意的优势，优化村级班子决策，实实在在为百姓服务。村医以"主业"带"兼职"，以"兼职"促"主业"，达到了村民、村医、政府"三赢"效果，在健康扶贫工作的开展过程中发挥了至关重要的作用。

第十五章　兜底保障

> 对贫困人口中完全或部分丧失劳动能力的人，由社会保障来兜底，统筹协调农村扶贫标准和农村低保标准，加大其他形式的社会救助力度。
>
> ——习近平

2007年，中国农村最低生活保障制度在全国范围建立起来，自此，中国国家贫困治理体系形成了开发式扶贫与兜底式扶贫共同发挥作用的政策体系。农村最低生活保障制度及其相关政策，是构筑农村社会安全网的基本要件，对于防控各类社会风险、守护民生底线发挥着至关重要的作用。新时期，全面建成小康社会背景下的脱贫攻坚战，兜底保障是重要的举措，在"五个一批"的政策体系中，有1000多万农村贫困人口属于部分或完全丧失劳动力的人群，需要通过兜底保障的方式保障其基本生活。

一　国家贫困治理体系中的兜底保障式扶贫

兜底保障，是守卫民生底线的一揽子政策举措。中国兜底保障政策体系在过去的20多年间经历了不断完善的过程，逐渐形成了以最低生活保障制度、社会救助制度、慈善救助制度，以及与之相关的医疗、教育救助制度体系。从中国农村贫困问题的现实状况来看，开发式扶贫是促进农村贫困地区减贫与发展的基本手段，通过补齐制约贫困地区发展的基础设施短板，营造市场运行的制度环境，深入推进农业领域各项改革，强化贫困人口的人力资本建设，以促进区域发展的办法带动贫困人口脱贫增收，能够解决大部分贫困人口的脱贫问题。但同时也应看到，仍有较大规模的农村贫困人口属于丧失劳动能力或劳动能力弱的群体，难以通过扶持发展的办法脱贫，需要借助兜底保障的方式，解决其基本生活问题，实现"两不愁、三保障"的脱贫目标。

（一）兜底保障对于脱贫攻坚的意义

2015年11月27日，习近平总书记在中央扶贫工作会议上指出，要着力解决好"怎么扶"的问题，按照贫困地区和贫困人口的具体情况，实施"五个一批"工程。其中，社会保障兜底一批，是指对贫困人口中完全或部分丧失劳动能力的人，由社会保障来兜底，统筹协调农村扶贫标准和农村最低生活保障标准，加大其他形式的社会救助力度。要加强医疗保险和医疗救助，新型农村合作医疗和大病保险政策要对贫困人口倾斜。从政策体系构成来看，兜底保障主要指的是农村最低生活保障制度和社会救助制度，以及与之相关的一揽子医疗、教育和住房政策体系。农村最低生活保障制度，旨在将符合条件的农村贫困人口全部纳入保障范围，稳定、持久、有效地解决全国农村贫困人口的温饱问题。社会救助包含教育、医疗、住房等多个方面。兜底式扶贫和开发式扶贫共同组成社会安全网，加强兜底保障，促进最低生活保障制度与扶贫开发制度有效衔接，是打赢脱贫攻坚战、实现全面建成小康社会目标的重要制度保障之一。

进入脱贫攻坚战的决胜阶段，我国农村贫困人口仍有较大部分属于完全或部分丧失劳动能力的群体，需要靠兜底保障的手段来解决其基本生活问题。就此而言，兜底保障在国家贫困治理体系中具有重要的意义，在实践中，进一步优化政策设计，完善国家精准扶贫政策体系，以期更好地回应贫困人口的减贫需求，具有重要的政策意义。

（二）兜底保障制度的历史沿革

我国的农村最低生活保障制度开始于20世纪90年代，起始阶段仅是在经济发达地区开展一些试点和探索性的工作。2002年党的十六大提出，要在有条件的地区探索建立农村最低生活保障制度。2007年，中央颁布《关于积极发展现代农业扎实推进社会主义新农村建设的若干意见》，明确要求各省建立农村最低生活保障制度。同年，国务院出台《国务院关于在全国建立农村最低生活保障制度的通知》（国发〔2007〕19号），对最低生活保障制度做出新一轮的调整。是年底，全国31个省市所有涉农县、市、区都建立了农村最低生活保障制度，实现了全覆盖。为了进一步规范各地农村最低生活保障标准的制定，民政部着力促成了国家标准化指导意见的形成，先后颁布了《关于进一步规范农村最低生活保障工作的指导意见》（民发〔2010〕153号）、《关于进一步规范城乡居民最低生活保障标准制定和调整工作的指导意见》（民发〔2011〕80号），以及《最低生活保障审核审批办法》（民发〔2012〕220号）[①]等一系列规范性文件。2014年2月21日，国务院印发《社会救助暂行办法》（国务院令第649号），对社会救助在最低生活保障、特困人员供养、受灾人员救助、医疗救助、教育救助、住房救助、就业救助、临时救助、社会力量参与等多方面的政策设计和基本要求做出了进一步的明确。2015年国务院办公厅转发民政部等部门《关于做好农村最低生活保障制度与扶贫开发政策有效衔接指导意见的通知》，试图促进扶贫开发政策和农村最低生活保障制度更好衔接，强调除了进一步发挥开发式扶贫的"造血"功能，还应通过提供更好更完善的农村社会保障体系对完全或部分丧失劳动能力的贫困人口进行兜底保障，摆脱贫困的恶性循环和代际转移，提高脱贫质量和可持续性。

从政策发展历程来看，兜底保障制度是在最低生活保障政策和特困群体供养政策的基础上发展起来，与医疗保障、住房保障和教育保障政策形成配套政策体系。新时期工作的重点在于，以制度有效衔接为重

[①] 主要包括四个机制：申请及受理机制；家庭经济情况调查机制；民主评议机制；审核审批机制。其中，起关键作用的正是民主评议机制。

点,加强部门协作,完善政策措施,健全工作机制,形成制度合力,充分发挥农村最低生活保障制度在打赢脱贫攻坚战中的兜底保障作用。

二 兜底保障的政策体系安排

(一) 兜底保障制度的顶层设计

《中国农村扶贫开发纲要(2011—2020年)》提出,到2020年我国扶贫开发针对扶贫对象的总体目标是:"稳定实现扶贫对象不愁吃、不愁穿,保障其义务教育、基本医疗和住房",简称"两不愁、三保障"。兜底保障的目标是维持贫困人口的最低生活水平,保障贫困群众的基本生活权利,实现社会公平正义,促进农村经济社会协调发展。党的十八大以来,兜底保障政策体系的顶层设计逐渐完善,"四梁八柱"性的政策框架已经搭建完成。

1. 最低生活保障制度

2007年7月11日,国务院印发《国务院关于在全国建立农村最低生活保障制度的通知》(国发〔2007〕19号),指出建立农村最低生活保障制度的目标是:通过在全国范围建立农村最低生活保障制度,将符合条件的农村贫困人口全部纳入保障范围,稳定、持久、有效地解决全国农村贫困人口的温饱问题。通知中对农村最低生活保障标准和对象范围、最低生活保障管理、资金的管理和落实等内容做出了指导性的安排。政策扶持对象是家庭年人均纯收入低于当地最低生活保障标准的农村居民,主要是因病残、年老体弱、丧失劳动能力以及生存条件恶劣等原因造成生活常年困难的农村居民。农村低收入群体是身处我国社会底层的弱势群体,致贫的原因复杂多样,但其共有特点是劳动能力的缺失。此特点致使其难以通过开发式扶贫的"造血"方式摆脱贫困,需要政府以兜底式扶贫的"输血"方式帮其摆脱贫困。

上述通知对农村最低生活保障的申请程序明确为四个步骤。首先,申请农村最低生活保障，一般由户主本人或村民委员会向户籍所在地的乡（镇）人民政府提出申请。其次，乡（镇）人民政府审核后，报县级人民政府民政部门审批。再次，村民委员会、乡（镇）人民政府以及县级人民政府民政部门审核后，及时向社会公布有关信息，接受群众监督。最后，民主公示后发放最低生活保障金。2012年10月，为贯彻落实《国务院关于加强和改进城乡最低生活保障工作的意见》（国发〔2012〕45号），进一步加强城乡最低生活保障资金管理，财政部、民政部制定了《城乡最低生活保障资金管理办法》，该文件在维持原有政策原则的基础上，对资金的使用做出了明确的指导。城乡"低保"资金的筹集渠道包括各级财政预算安排的资金、社会捐赠收入等；资金分配方面，县级以上财政部门应当会同民政部门按照公开、公平、公正的原则，采取因素分配等方法，科学合理地分配城乡"低保"补助资金，强化"以奖代补"机制，以加强最低生活保障管理工作。资金发放方面，县级财政、民政部门应当以"低保"家庭为单位，为其在代理金融机构开设专门账户，代理金融机构不得以任何形式向城乡"低保"对象收取账户管理费用；实行涉农资金"一卡（折）通"的地方，应当将农村"低保"资金纳入"一卡（折）通"，统一发放；资金监督检查方面，各级财政、民政部门应建立健全城乡"低保"资金信息公开制度，对资金的管理办法、分配因素和使用情况等，积极主动向社会公开并接受监督。资金发放到户进一步保证了"低保"措施扶持到户，利于解决扶贫项目到不了户或到户效率差的问题。

《城乡最低生活保障资金管理办法》明确了农村"低保"精准识别、精准帮扶的要求，对各项工作的开展具有指导性意义。同时，为满足千差万别的扶贫到户的需要，《城乡最低生活保障资金管理办法》给予对贫困户情况更了解的地方政府在资金使用上更多的自主权。此外，保证资金支持到户，资金跟着精准扶贫的项目走，这些措施皆利于扶贫资金管理体制的改革和进一步加强资金的整合力度。

党的十八大以来，为了在顶层设计层面规范农村最低生活保障制度和扶贫开发政策的衔接与运行，民政部出台了《关于做好农村最低生活保障制度与扶贫开发政策有效衔接指导意见的通知》，提出新时期"两项制度衔接"的重点在于做好标准、对象、政策衔接和考核衔接。从既往的政策实践来看，农村最低生活保障制度由地方政府统筹，在具体操作中"低保"识别与"贫困"识别是两个分离的系统，甚至在一些地区两项工作的分管领导都不同。政策之间缺乏基本的协调，更不用说做好衔接工作。同时，农村最低生活保障制度在运行过程中，一、二类"低保"识别相对比较准确，但三、四类"低保"的识别中，各类不规范运行的现象屡见不鲜。因而，新时期农村最低生活保障制度规范化运行的重要内容是指导各地建立规范化的识别和动态管理程序，真正做到应保尽保，降低识别误差率。

2. 社会救助制度

社会救助体系涵盖最低生活保障、特困人员供养、受灾人员救助、医疗救助、教育救助、住房救助、就业救助等八大方面，体现了国家对特殊困难群体"保基本、全覆盖、多层次、可持续"的保障理念，限于篇幅，本文主要介绍与兜底保障扶贫密切相关的特困人员供养、医疗救助、教育救助、住房救助四个方面。

（1）特困人员供养

特困供养对象，原指农村"五保"群体，包括无劳动能力、生活无保障人员。农村"五保"供养是我国农村依照《农村五保供养工作条例》规定对丧失劳动能力或生活没有依靠的老、弱、孤、寡、残人员实行保吃、保穿、保住、保医、保葬的一种社会救助制度。《农村五保供养工作条例》规定，农村"五保"供养对象是老年、残疾和未满16周岁的村民，无劳动能力、无生活来源又无法定扶养、抚养和赡养义务人，或者虽有法定赡养、抚养、扶养义务人但也无能为力的。"五保"供养内容包括供给粮油和燃料；供给服装、被褥等用品和零用钱；提供符合基本条件的住房；及时治疗疾病，对生活不能自理者有人照料；妥善办理丧葬事宜。地方财政成为供养资金的主要渠道。地方财政要在预算中安排农村"五保"供养资金。有农村集体经营收入的地方，可以从农村集体经营等收入中安排资金用于补助和改善农村"五保"户的生活。具体办法由省级人民政府自行规定。同时，中央财政对财政困难地区的农村五保户供养，在资金上给予适当补助。① 近年来，为了适应社会救助工作形势的发展，在2014年新修订的《社会救助暂行办法》中，特困人员供养指国家对无劳动能力、无生活来源且无法定赡养、抚养、扶养义务人，或者其法定赡养、抚养、扶养义务人无赡养、抚养、扶养能力的老年人、残疾人以及未满16周岁的未成年人，给予特困人员供养。《社会救助暂行办法》的规定，既体现了统筹城乡社会救助工作的指导思想，又充分考虑到城乡社会救助形势的发展变化。2016年2月10日，国务院印发《国务院关于进一步健全特困人员救助供养制度的意见》（国发〔2016〕14号），对供养内容适当扩充，对符合规定标准的住房困难的分散供养特困人员，通过配租公共租赁住房、发放住房租赁补贴、农村危房改造等方式给予住房救助。对在义务教育阶段就学的特困人员，给予教育救助；对在高中教育（含中等职业教育）、普通高等教育阶段就学的特困人员，根据实际情况给予适当教育救助。此外，该意见还对最低生活保障的保障措施作了进一步说明。如首先加强组织领导，各地要统筹做好特困人员救助供养制度与城乡居民基本养老保险、基本医疗保障、最低生活保障、孤儿基本生活保障、社会福利等制度的有效衔接。加强资金管理和监管，鼓励社会参与和加强政策宣传等。②

（2）教育救助

2014年版《社会救助暂行办法》规定，国家对在义务教育阶段就学的最低生活保障家庭成员、特困供养人员，给予教育救助。对在高中教育（含中等职业教育）、普通高等教育阶段就学的最低生活保障家庭成员、特困供养人员，以及不能入学接受义务教育的残疾儿童，根据实

---

① 《农村五保供养工作条例》（国务院令第456号），2006年1月21日。
② 《国务院关于进一步健全特困人员救助供养制度的意见》（国发〔2016〕14号），2016年2月17日。

际情况给予适当教育救助。教育救助根据不同教育阶段需求，采取减免相关费用、发放助学金、给予生活补助、安排勤工助学等方式实施，保障教育救助对象基本学习、生活需求。教育救助标准，由省、自治区、直辖市人民政府根据经济社会发展水平和教育救助对象的基本学习、生活需求确定。申请教育救助，应当按照国家有关规定向就读学校提出，按规定程序审核、确认后，由学校按照国家有关规定实施。[①] 结合精准扶贫的工作要求，各省进一步明确了各阶段建档立卡贫困户家庭学生的教育救助标准。

（3）医疗救助

针对最低生活保障群体、特困供养人员和其他特殊困难，国家实施医疗救助政策。包括对救助对象参加城镇居民基本医疗保险或者新型农村合作医疗的个人缴费部分，给予补贴；对救助对象经基本医疗保险、大病保险和其他补充医疗保险支付后，个人及其家庭难以承担的符合规定的基本医疗自负费用，给予补助。值得一提的是，根据对建档立卡数据的统计分析，因病致贫、因病返贫的现象十分突出，为了打赢健康扶贫攻坚战，2016年卫计委等15个部委联合印发了《关于实施健康扶贫工程的指导意见》，各省、市县结合地方工作实际出台医疗救助的实施细则，为困难群体基本医疗保障提供了有力支撑。

（4）住房救助

国家对符合规定标准的住房困难的最低生活保障家庭、分散供养的特困人员，给予住房救助。在农村地区，住房救助以往主要通过农村危房改造工程来实现。新时期，异地移民搬迁式扶贫是"五个一批"的重要扶贫手段，对特困群体的救助被纳入其中。

（二）省级层面的兜底保障政策体系

为了贯彻落实好中央关于精准扶贫"五个一批"的治贫战略，中

---

① 《社会救助暂行办法》（国务院令第649号），2014年2月21日。

央层面密集出台了一揽子政策文件,构筑起兜底保障式扶贫的顶层设计。各省结合实际状况,出台了省级层面的兜底保障政策体系。总体而言,省级层面的政策,操作性更强,细化了中央层面的政策方针,侧重具体指导地方各项工作有序开展。接下来,我们将以贵州省和四川省为例,介绍省级层面兜底保障扶贫政策体系的基本内容。

贵州省高度重视兜底保障式扶贫,经过细致调研、缜密谋划,将兜底保障式扶贫政策明确为农村最低生活保障制度、特困人员供养、医疗救助制度、住房圆梦工程、基本养老保险等六项具体内容,并着力构筑政策、保险、救助、慈善多层次的救助体系。特别是,在每一项工作中按照精准扶贫的工作要求,明确了实施细则,为县级工作有序开展提供了良好的政策框架。以最低生活保障制度为例,贵州省在省级层面进一步明确了最低生活保障的申报流程,具体为:申请(本人或委托村居委会)→调查核实(乡镇、街道)→民主评困(乡镇或街道组织、村居干部和村居民代表参加)→一榜公示(村居委会或村民组)→审查(乡镇、街道社会事务办)→审核(乡镇政府、街道办事处)→二榜公示(乡镇政府、街道办事处、村居委会)→审批(县民政局)→三榜公示(县民政局、乡镇政府、街道办事处、村居委会)→批准待遇(县民政局)→保障金发放(县民政局或乡镇、街道委托县乡金融机构按月发放)。① 规范流程的背后,体现的是精准识别、精准帮扶的工作要求。在既往的政策运行中,各地存在一些不规范的做法,"人情保"、"转转保"、"维稳保"等屡见不鲜,既影响政策效能的发挥,也在群众中造成不良影响。

参照国务院颁布的《社会救助暂行条例》,2015 年,四川省颁布了《四川省社会救助实施办法》,统筹了城乡社会救助制度,整合了最低生活保障、特困人员供养、受灾人员救助以及医疗、教育、住房、就

---

① 《贵州省脱贫攻坚政策汇编——社会保障兜底扶贫》,http://www.qxn.gov.cn/View/GovFiles.3/186008.html,2017 年 3 月 8 日。

业、临时救助为主的 8 大救助内容，完善了城镇困难群体帮扶内容和措施，进一步健全完善了全省社会救助体系。为减小物价上涨等因素对低收入群体的基本生活造成不利影响，确保困难群众基本生活需要，四川省民政、发展、财政、统计等部门联合提出了《全省城乡居民最低生活保障标准低限制定方案》并经省政府常务会议审定通过。认真贯彻落实残疾人两项补贴制度，制定下发《四川省民政厅 四川省财政厅 四川省残疾人联合会关于建立困难残疾人生活补贴和重度残疾人护理补贴的通知》，明确了补贴对象、标准和申领程序。将残疾人两项补贴制度纳入省委省政府"民生大事"加以推进，分解目标、落实责任，实施绩效管理。

各省根据上位法的精神，结合实际制定本省的政策，统筹了城乡社会救助制度，整合了最低生活保障、特困人员供养、受灾人员救助以及医疗、教育、住房、就业、临时救助为主的 8 大救助内容，进一步明确和落实国务院的精神[1]。

总体来看，省级层面的兜底保障政策体系是中央层面兜底保障扶贫政策体系在各省的部署与落实，同时为县级兜底保障工作的开展提供了指导性的框架。特别是，为了确保各项工作能够落到实处，省级层面加大了对兜底保障的相关政策投入，并运用大数据比对等方式，监督和指导地方政府开展好兜底保障工作。

三　兜底保障政策的运行与实践反思

县一级是脱贫攻坚的"一线战场"，中央和省级层面的各项政策部署，需要县一级统合资源，合理安排进度，有序推进，最终保证各项政策高质量地传递到服务对象。党的十八大以来，兜底保障式扶贫的顶层设计更加规范，保障力度稳步提升，为地方工作开展营造了良好的制度

---

[1] 《四川省健全完善兜底性保障制度　提升基本民生保障水平》，http://www.mca.gov.cn/article/zwgk/dfxx/201604/20160400000049.shtml，2016 年 4 月 25 日。

环境。但实践过程中也面临从精准识别、精准帮扶到精准退出诸环节的难点问题,以及政策刚性设计与地方实际需求之间的冲突与矛盾。为此,通过县一级研究,把握兜底保障政策的运行状况,分析与思考政策进一步调整与优化的方向具有重要的价值。

(一) 运行成效

从实地调研来看,围绕落实兜底保障政策,各地结合实际推出了多项具有实效的创新方法。例如,为促进两项制度更好衔接,湖北省在"低保"范围外,设置另外一个标准线,合理确定低收入困难群众范围,建立低收入家庭救助体系。政府各有关部门对"低保"对象在医疗、教育、住房、法律援助等方面制定有关优惠政策或帮扶措施,提供及时、必要的救助,建立全方位的救助体系。"低保"依据居民基本生活必需品的实际需求及各级财政实际承受能力等因素确定,适时调整保障标准。四川巴中创新"四大机制"助力农村最低生活保障和社会救助的精准识别。首先,渐进退保责任机制,按"三级承诺、分级帮扶、权责明晰、渐进退保"的思路,让困难户全程参与"低保"评议评审,并建立帮扶计划与承诺档案,增强"低保"户脱贫后自动退保意识。其次,村(居)委会互查互帮评审机制。村(居)委会跨村开展城乡"低保"互查互帮评审活动,逐户走访登记,核算、对比参保对象准确率,对发现的问题限期整改并复查。再次,立体监管、网格协管、解剖严管协同运行监管机制。由人大、监察、审计和财政等部门开展立体监管行动,破解"低保"工作难题;建立"低保"工作网格精细化管理模式,将社区内成片集中的"低保户"每80户划分为一个网格,由"低保"对象推举产生1名"低保"网格信息员,收集传达"低保"民情;强化"低保"信访突出的重点村(社区)清理解剖力度,治理与教育并行。最后,联动拉网筛查纠错机制。民政、工商、审计、社保、统计等部门制定会审制度,建立"AO核查系统",每年对参保对象是否符合"低保"条件及"低保"资金落实到位情况进行核实筛查。

总体而言，县一级兜底保障政策的运行取得了良好的成效，具体体现在识别更为精准、保障更为有力、群众满意度更高等几个方面。

1. 识别更为精准

2007年以来，农村最低生活保障制度识别的方式不断优化，形成了"户主申请、村民小组提名、村民代表评议和票决、村委会审查公示、乡镇政府审核、县扶贫办复核、县人民政府审批"的科学化流程。但实际操作过程中，由于基层"低保"干部、村干部的行为缺乏有效监督，加之农村社区复杂的社会利益网络，识别不精准的现象时有发生，出现了"转转保"、"平均保"、"维稳保"等识别偏差现象，政策资源并没有精准传递到"低保"群体，造成了政策绩效的贬损，同时也影响群众对国家政策的认同。党的十八大以来，围绕精准扶贫体制机制的建立，各地在精准识别方面多有创新，例如结合地方实际细化识别办法，建档立卡，通过扶贫对象识别和建档立卡，建立健全农村扶贫对象信息系统，不仅为扶贫和民政部门的工作提供依据，也为发改、住建、教育、卫生、农业、林业等相关部门提供了一个信息共享平台，使得信息管理与应用更加明晰和科学。在基层监督方面，通过明晰驻村工作队、第一书记、村干部、乡镇干部的责任，建立相辅相成、相互监督体系，防止基层干部滥用职权，保障精准识别。

其中两种机制发挥了关键的作用。其一是2015年以来自上而下部署的精准识别"回头看"，在"回头看"工作中，各地建立了农村最低生活保障制度的"白名单"和"黑名单"，明确精准识别的责任人，坚决剔除了一些不合标准的"低保户"。监督体系的建立与完善，有效遏制了基层工作人员权力滥用。其二是利用"大数据"的手段，通过信息比对，对一些存疑的"低保户"，要求相关工作人员重访核实，提供坚实的基础信息。总之，信息明确和监督体系的完善都使得"低保"对象的识别越来越精准。

2. 保障更为有力

政策的贯彻和落实需要强有力的保障，财力保障是兜底式扶贫政策实施的前提和基础。为进一步加强城乡最低生活保障资金管理，财政部、民政部制定了《城乡最低生活保障资金管理办法》。资金分配方面，各级财政、民政部门应建立健全城乡最低生活保障资金绩效评价制度，对制度实施和资金使用的效果进行评价。绩效评价的主要内容包括资金安排、预算执行、资金管理、保障措施、组织实施和实际效果等。资金发放方面，县级财政、民政部门应当以"低保"家庭为单位为其在代理金融机构开设专门账户，代理金融机构不得以任何形式向城乡"低保"对象收取账户管理费用；实行涉农资金"一卡（折）通"的地方，应当将农村"低保"资金纳入"一卡（折）通"，统一发放。围绕兜底保障政策的全面落实，各县加大了对兜底保障的财力投入，并且在县一级层面明确兜底保障要实现"三级精准"。坚持不折不扣地落实好中央、省市层面的政策部署，并根据县域工作实际，对特殊困难的家庭实现"一对一"的精准帮扶。调研发现，总体上政策运行取得良好成效，低保户、特困供养人员、其他困难群体的基本生活得到了较为有效的保障，尤其是在基本公共服务方面的保障更加有力。

3. 群众满意度更高

群众满意度可以说既简单明确，也复杂多元。说简单明确，是指政府是人民的政府，也就是一级政府辖区下所有居民的集体就是其服务对象，就是所有民意的来源；说复杂多元，是指政府治理所面对的民意，其利益主体是多元化的，个人的诉求和期望也不尽相同。识别精准是测量群众满意度的重要指标，精准扶贫识别工作越来越明细和科学，"错保"、"漏保"的现象得到更改，识别的精准取得良好成效，保证了社区的公平公正观念。兜底扶贫工作开展过程中，随着各项政策的设计更加科学、运行更加规范，老百姓对国家政策的信任和理解也在逐步提升。

（二）实践反思

值得注意的是，兜底式扶贫政策在运行过程中，也呈现一些值得注意的问题，在未来的政策调整中，应予以重点关注和有效解决。

1. 识别方式有待进一步优化

第一，仍有一些特殊群体难以纳入政策扶持。为了促进兜底保障制度的规范化运行，各地结合实际制订了政策瞄准的具体方法，一方面结合地方经济状况拟定"低保线"，另一方面推动社区层面的参与式评价，并借用大数据比对、"回头看"等方式，力促识别更加精准。但毫无疑问，任何理性化的制度设计都面临难以有效涵括丰富社会生活世界的问题。"行政体系理性化"制度安排与"治理实务在地性"之间存在一定的张力，遂导致"精准识别"、"精准帮扶"、"精准退出"困境[①]。例如一些确有实际困难的群体由于现实原因（户籍与居住地分离，社区社会排斥，等等）难以达到识别标准的要求，以致不能进入建档立卡贫困户的行列，无法享受政策的扶持。

第二，政策运行偏差导致政策公信力下降。当前农村"低保"实践在为最贫困农户提供社会保障兜底功能的同时，也增加了村级治理的难度，造成了各种各样的问题。为争成为低保户，不仅有人请客送礼拉关系，而且有人威胁村干部，有人上访，威胁利诱，软硬兼施，无所不用其极。乡村干部普遍觉得分配"低保"指标是一件十分麻烦、吃力不讨好的事情。特别是脱贫攻坚时期，各相关部门纷纷加大了对兜底保障的投入力度，附着在"低保"和"建档立卡贫困户"身份之上的福利政策不断增加，老百姓对"低保"和"贫困户"的识别空前关注，相应地，一些地方识别不够精准的现象，表面上看只是个政策资源与需求匹配精度的问题，但实际上关系着人民群众对党的政策的认同问题。

2. 特殊群体的服务体系建设不足

传统的"低保"和社会救助手段，注重低收入群体的物质性满足，把温饱保障作为保障目标，但实际上只能解决部分的问题。随着经济与社会的发展，贫困变得愈发复杂多样，特殊群体的困境成为社会日益关

[①] 吕方、程枫、梅琳：《县域贫困治理的"精准度"困境及其反思》，《河海大学学报》（哲学社会科学版）2017年第2期。

注的焦点。如独居老人和孤儿、残疾人的托养和照料等问题。2016年2月，国务院颁布《国务院关于进一步健全特困人员救助供养制度的意见》，在《社会救助暂行办法》和《农村五保供养条例》的基础上提出健全特困人员救助供养制度的办法，为推进特殊群体的社会保障事业画出浓重的一笔。此后，各部门陆续出台了针对特殊群体保障工作的制度规范性文件，如《国务院关于加强困境儿童保障工作的意见》、《国务院关于加强农村留守儿童关爱保护工作的意见》、《国务院关于全面建立困难残疾人生活补贴和重度残疾人护理补贴制度的意见》等。但实际的情况是，基层服务体系建设依然十分滞后，难以有效地响应这些人群的服务需求。

3. "两项制度衔接"有待推进

2016年，民政部颁布了《关于做好农村最低生活保障制度与扶贫开发政策有效衔接指导意见的通知》，从顶层设计层面为"两项制度"更好衔接提供了指引，有利于各地相关工作有序推进。从实践层面来看，目前主要的工作体现在推动识别体系衔接、信息衔接和政策衔接方面。具体推进过程中，各地的实际效果并不一致，特别是"低保"和"贫困户"的身份所附着的社会福利不断增长，"福利依赖"的现象有一定的增长趋势。

4. 社会力量参与不足

社会力量参与脱贫攻坚，是中国国家贫困治理体系的重要内容。中国减贫道路演进过程中，逐步形成了专项扶贫、行业扶贫和社会扶贫三位一体的"大扶贫"工作格局。社会力量有效参与不仅能够拓展扶贫开发的资源，形成脱贫攻坚的合力，还能够以专业的服务方法弥补政府和市场手段的短板，为弱势人群提供专业化、精细化的服务。以兜底保障扶贫为例，目前的服务手段主要是物质层面的保障，而专业化服务发展十分有限，尤其是在农村贫困地区，各种服务的基础设施建设相对滞后，服务水平不高是普遍现象。

四 启示与政策建议

兜底保障式扶贫是中国国家贫困治理政策体系的重要组成部分，是"五个一批"扶贫的重要板块。发挥好兜底保障式扶贫的作用，对于保障完全或部分丧失劳动力贫困人口的基本生活和基本权利具有重要的意义。党的十八大以来，兜底保障扶贫的各项顶层设计趋于完善，但实践中，政策落实仍然有众多难点问题有待解决。结合实地调研的发现，我们认为可以从如下几个方面进一步优化政策设计和政策执行，以期提升兜底保障各项政策举措的效能得到充分发挥。

（一）严守政策识别精准关

兜底保障政策有效运行的前提是精准识别政策对象。毋庸置疑，党的十八大以来扶贫开发和农村最低生活保障与社会救助的识别精度都有了较大程度的跃升，多数省份识别精度超过了96%，一些省份达到了98%。但值得注意的是，由于贫困人口基数较大，现实中即使是非常低的识别误差率，就会有数量非常可观的应保人群没有进入政策支持。并且，识别的精准与否不仅关涉政策资源的有效传递和政策目标的实现，同时还会很大程度影响人民群众对于国家政策的认同，以及对执政党执政能力的认同。鉴于此，进一步提升政策识别精度，不仅具有政策意义，也具有重大的政治意义。

基层工作中，精准识别工作开展难度巨大，但只要坚持基本的政策原则，坚持群众路线，从优化识别技术标准和发扬基层民主两个方向着力，下深功夫，精准识别不仅能够取得实效，也能够赢得老百姓的理解和认同。其中几个关键的环节包括着力纠正有失社会公平的"优亲厚友"现象，提升老百姓对兜底保障政策的信任感，等等。值得借鉴的做法是，压实主体责任，特别是明确乡、村两级书记为第一责任人，激励其对兜底保障及其他各项扶贫工作的支持。有效调动基层干部群众的参与热情,促使其贡献智慧和力量,让党的政策能够惠及所有贫困人口。此外,要着力实现兜底保障的动态管理,根据实际情况有进有出,维护政策的权威性和公正性。

(二) 深入推进"两项制度衔接"

"两项制度衔接"是国家贫困治理体系完善发展的重要内容,也是避免职能重叠、提升公共政策效能、促进脱贫攻坚政策体系更好回应贫困人口需求的重点工作领域。从调研的情况来看,"两项制度对接"仍然面临诸多难点,诸如之前单独的识别体系需要更好协调、识别程序应进一步规范、帮扶政策之间的衔接需要进一步强化等。具体来说,其核心问题在于,在脱贫攻坚实践中,要切实用好扶贫开发和兜底保障两种手段,精准把握两项政策的定位,通过两项政策有效衔接,服务于不同特点和不同需求的贫困人口。一些地区采用精细化分类施策的办法值得借鉴,例如湖北利川参照严格的识别程序,按照"以线识别"和"打分识别"的方法,将贫困人口分为"低保户"、"低保扶贫户"和"扶贫户"三个类别。其中,"低保户"主要涵盖完全丧失劳动能力、无人照料的老人、儿童、残疾人等特困人口;"低保扶贫户"指家里有"低保人口",但其他家庭成员可以通过扶持生产等方式助力脱贫,从而改善家庭经济;"扶贫户"则是指能够通过政策扶持,结合个人努力,达到脱贫目标的人群。

值得注意的是,在兜底保障工作开展过程中,需要重视兜底保障对象资产性收益的建设与保护,湖北省宣恩县尝试将无人照料的五保户、"低保户"、"独居老人"等集中居住,其土地经营权可以流转,其房产可以借助经营性方式获得收益,相关收入归兜底保障对象所有。这种做法较为有效地解决了服务对象的照料问题,并尽可能地保障了其合法收益。

(三) 促进社会力量参与兜底保障

社会力量参与兜底保障扶贫,不仅能够拓展社会资源,凝聚广泛合力，也能够提升相关服务的专业化水平，更好回应贫困人口多层次的需求。但从政策运行的实际状况来看，社会力量参与兜底保障式扶贫开发的渠道、平台、机制仍有待进一步完善，相关社会服务机构的培育和能力建设也是迫切需要解决的现实问题。促进社会力量参与精准扶贫特别是兜底保障式扶贫，需要不断地进行体制机制创新，创造良好的政策环境。例如，公益项目的开发、公益品牌的建设与管理，应保持与精准扶贫理念更具契合性的管理和运行方式；为"互联网+公益"等新型公益模式提供基础信息支撑和平台支撑等。再如，在社会服务机构培育方面，瞄准重点特困群体、重点需求，孵化和培育相关服务主体，并创造其有效开展服务的支撑环境。

（四）夯实基层服务能力

兜底保障的政策对象，涵盖为数众多的独居老人、孤儿、困境儿童、残疾人等特殊困难群体。这些特殊群体面对的困境是多方面的。首先，其各项资本薄弱，抗风性能力低，难以通过外界帮扶和自身努力摆脱贫困。其次，这些群体多是身体残障、无人照料的人群。再次，这些群体在物质匮乏之外，缺少必要的社会支持体系和社会服务体系支撑。最后，生活环境的清苦，文化娱乐的缺失，也使得该群体精神生活单调，缺少精神慰藉。近年来，基层服务机构建设取得了一定的成效，硬件设施短板逐步补齐，但相关的管理和服务，特别是人力资源配套，仍显不足，基层服务机构的服务能力弱，仍是制约更好回应特殊困难群体需求的主因。在财力允许的条件下，尽可能夯实基层服务能力是更好地促进特困群体各项权益实现的重点内容。同时应考虑通过各类基层社会服务机构，借用社会企业的模式，来提升服务的品质，保持服务项目的可持续性。例如，可以试点在尊重服务对象意愿的基础上，以"财政奖补"的方式，鼓励将特困群体的各项资产收益以恰当的方式用于为其开展更好的服务。

结　语

党的十八大以来，以习近平总书记2013年11月首次提出精准扶贫为标志，我国扶贫开发进入精准扶贫精准脱贫新阶段。此后，精准扶贫实践全面展开，习近平总书记的精准扶贫思想不断完善。2016年是脱贫攻坚首战之年，精准扶贫更是从理论认识、政策设计、局部实践全面转化为国家行动，轰轰烈烈的脱贫攻坚战在神州大地全面打响。实践表明，精准扶贫的思想创新、理论创新、政策创新、实践创新，丰富发展了中国特色扶贫开发道路，坚定了中国特色社会主义的道路自信、理论自信、制度自信、文化自信，为全球减贫事业提供了"中国方案"。

精准扶贫思想抓住了治国理政和巩固执政基础的关键着力点。扶贫工作是经济新常态下促进经济发展和国家治理的有效途径和关键抓手。贫困地区基础设施和公用设施建设能够带动投资，贫困人口收入增加后向消费的传导更明显，能够更有效地转变为市场需求。大力推进精准扶贫，集中力量解决贫困地区、贫困人口种种困难，实现精准脱贫，可以营造出守望相助、协力奔小康、同心谋共富的社会氛围，可以营造出关心贫困地区、关心贫困人口和代表人民群众、为了人民群众的执政氛围，可以凝聚同心同德解决社会问题的建设性力量。到2020年能否全面建成小康社会是中国共产党和中国政府面临的一次大考。全面建成小康社会，最艰巨最繁重的任务在农村，特别是在贫困地区。扶贫工作是中国共产党和中国政府能否在大考中取得好成绩的关键。抓好了扶贫开发，就抓住了国家中长期发展大局。①

---

① 陆汉文：《我国扶贫开发形势的结构性变化与治理体系创新》，《中共党史研究》2015年第12期，第12—15页。

结　语

精准扶贫道路彰显了中国特色社会主义的政治优势和制度优势。党的十八大以来，特别是 2016 年，从中央到地方，从基础设施建设到社会事业发展，各种力度空前的精准扶贫政策密集出台落地，关键环节和重要领域的改革创新大胆推进，全党、全国、全社会迅速汇成脱贫攻坚的强大洪流。这一年，全国财政专项扶贫资金投入首次超过 1000 亿元，省级党委政府扶贫开发成效考核全面启动，东西部扶贫协作和中央单位定点扶贫迈上新台阶，向贫困村选派驻村工作队 12.8 万个，派出驻村干部 54 万人；贫困地区农村居民人均可支配收入达到 8452 元，比上年实际增长 8.4%，增速高于全国平均水平 2.2 个百分点；农村贫困人口减少 1240 万人，超额完成年度减贫 1000 万人目标任务。[①] 这些措施和成效充分体现了社会主义中国的政治优势和制度优势，深刻揭示了顶层设计的重要性和推进贫困治理能力现代化的重大价值。

精准扶贫实践为全球减贫事业提供了可资借鉴的宝贵经验。"二战"以来，发展中国家和发达国家携手合作，为解决贫困问题进行了大量探索，取得不少成绩，但也有一些深层次的问题一直没有找到有效解决方案。中国精准扶贫的实践探索，无论在宏观战略、政策层面，还是在微观模式、策略层面，都包含大量创新，能够为全球贫困治理提供新思想新观念和可以借鉴的具体做法。立足中国精准扶贫实践，开展经济社会发展及政府治理诸领域研究，是推动中国特色中国风格中国气派哲学社会科学发展、丰富人类思想宝库的重要途径。

毋庸讳言，中国的精准扶贫实践仍然面临不少重大挑战。一是剩余贫困人口数量多、减贫难度大。截至 2016 年底，中国农村还有 4335 万贫困人口，相当于中等人口规模国家的总人数。这些人大多贫困程度更深、自身发展能力更弱，脱贫攻坚成本更高、难度更大。到 2020 年实现脱贫目标，平均每年要减贫 1000 万人以上。二是深度贫困地区底子

---

① 景远：《2016 年我国减贫 1240 万人　脱贫攻坚五大体系建立》，http://finance.sina.com.cn/roll/2017-03-01/doc-ifyavwcv9316662.shtml，2017 年 3 月 1 日。

薄、脱贫任务重。这些地区多是革命老区、民族地区、边疆地区和生态脆弱地区，自然条件差，自然灾害多，基础设施薄弱，社会事业落后，思想观念陈旧，致富带头人缺乏，内生发展动力不足，贫困发生率高，到2020年打赢脱贫攻坚战困难特别突出。三是建立稳定脱贫长效机制依然任重道远。产业扶贫片面强调见效快的项目，简单发鸡苗种畜，或搞龙头企业与贫困户的"拉郎配"，项目结束后很容易返贫；易地扶贫搬迁，重盖房搬迁，轻生计重建和社会融入，一些集中安置点成为潜在的"贫民窟"；"光伏扶贫"等资产收益扶贫新模式简单推行保底分红，资产收益变成了变相的转移支付；结对帮扶大搞捐钱送物的慈善救济，帮扶工作变成了施舍行为；政府干得热火朝天，农户却袖手旁观；等等。其结果是，脱贫攻坚期内，各种扶贫投入很多，贫困户收入水平和生产生活条件改善很快，贫困人口快速减少，但脱贫户内生发展能力却没有同步提升，脱贫效果难以维续。

展望2017年及今后三年，中国的精准扶贫实践必然是以目标为导向，发现问题并力图解决问题，遇到困难并力图克服困难的史诗般壮观历程。在这个过程中，脱贫攻坚责任制的落实状况、评估考核与督查问责制的严格程度、贫困人口的参与度和能动性、全国上下与时俱进改革创新的意志和能力，将与国民经济总体发展状况一起，共同决定精准扶贫精准脱贫的实际成效，进而决定脱贫攻坚战的成败和全面建成小康社会奋斗目标的实现程度。

参考文献

［1］艾云：《上下级政府间"考核检查"与"应对"过程的组织学分析——以A县"计划生育"年终考核为例》，《社会》2011年第3期。

［2］财政部、国务院扶贫办：《关于做好2017年贫困县涉农资金整合试点工作的通知》（财农〔2017〕4号），2017年2月6日发布。

［3］财政部、国务院扶贫办、国家发展改革委、国家民委、农业部、林业局：《中央财政专项扶贫资金管理办法》（财农〔2017〕8号），2017年3月13日发布。

［4］财政部、教育部：《关于免除普通高中建档立卡家庭经济困难学生学杂费的意见》（财教〔2016〕292号），2016年8月31日发布。

［5］《财政部 农业部 国务院扶贫办关于做好财政支农资金支持资产收益扶贫工作的通知》（财农〔2017〕52号），2017年5月31日发布。

［6］蔡志海、田杰：《个体化时代下农村贫困的应对方式》，《开发研究》2017年第3期。

［7］陈家建：《项目化治理的组织形式及其演变机制——基于一个国家项目的历史过程分析》，《社会学研究》2017年第2期。

［8］戴旭宏：《精准扶贫：资产收益扶贫模式路径选择——基于四川实践探索》《农村经济》2016年第11期。

［9］邓维杰：《精准扶贫的难点、对策与路径选择》，《农村经济》2014年第6期。

［10］龚春银：《农牧区扶贫资金的使用应提高"精准度"》，《新疆畜

牧业》2010年第10期。

[11]《关于促进电商精准扶贫的指导意见》(国开办发〔2016〕40号),2016年11月4日发布。

[12]《关于扶持生产和就业推进精准扶贫的实施意见》(黔党办发〔2015〕40号),2015年10月16日。

[13]《关于实施健康扶贫工程的指导意见》(国卫财务发〔2016〕26号),2016年6月20日发布。

[14]《关于实施农民工等人员返乡创业培训五年行动计划(2016—2020)的通知》(人社部发〔2016〕90号),2016年6月13日。

[15]《关于印发〈建立精准扶贫工作机制实施方案〉的通知》,国务院扶贫开发领导小组办公室,http://www.cpad.gov.cn/art/2014/5/26/art_50_23765.html,2014年5月26日。

[16]《关于印发"十三五"时期易地扶贫搬迁工作方案的通知》(发改地区〔2015〕2769号),2015年12月30日。

[17]《关于印发〈四川省易地扶贫搬迁自查标准〉的通知》(川发改赈〔2016〕470号),2016年9月23日。

[18]《关于印发〈四川省支持易地扶贫搬迁的有关政策〉的通知》(川发改赈〔2016〕200号),2016年5月10日。

[19]《国家发展改革委关于印发全国"十三五"易地扶贫搬迁规划的通知》(发改地区〔2016〕2022号),2016年9月20日发布。

[20] 国家发展改革委:《易地扶贫搬迁"十一五"规划》,2007年9月25日。

[21] 国家发展改革委:《易地扶贫搬迁"十二五"规划》,2012年7月。

[22] 国家发展改革委:《全国"十三五"易地扶贫搬迁规划》,2016年。

[23] 国家统计局:《精准脱贫成效卓著 小康短板加速补齐——党的十八大以来经济社会发展成就系列之六》,http://www.stats.gov.cn/tjsj/sjjd/201707/t20170705_1509997.html,2017年7月5日。

[24] 国家统计局：《2016年农民工监测调查报告》，http：//www.stats.gov.cn/tjsj/zxfb/201704/t20170428_1489334.html，2017年4月28日。

[25]《关于全面治理拖欠农民工工资问题的意见》（国办发〔2016〕1号），2016年1月19日。

[26]《关于支持贫困县开展统筹整合使用财政涉农资金试点的意见》（国办发〔2016〕22号），2016年4月12日发布。

[27]《国务院办公厅关于健全生态保护补偿机制的意见》（国办发〔2016〕31号），2016年5月13日发布。

[28]《国务院办公厅转发民政部等部门关于做好农村最低生活保障制度与扶贫开发政策有效衔接指导意见的通知》（国办发〔2016〕70号），2016年9月27日发布。

[29]《国务院办公厅关于贫困地区水电矿场资源开发资产收益扶贫改革试点方案的通知》（国办发〔2016〕73号），2016年10月18日发布。

[30] 国务院扶贫办编《中国社会扶贫创新行动优秀案例集》，中共中央党校出版社，2013。

[31] 国务院扶贫办：《国务院扶贫办关于印发〈扶贫开发建档立卡工作方案〉的通知》（国开办发〔2014〕24号），2014年4月2日印发。

[32] 国务院扶贫办：《国务院扶贫办关于解决扶贫工作中形式主义等问题的通知》（国开办发〔2016〕32号），2016年10月27日印发。

[33] 国务院扶贫办：《国务院扶贫办关于进一步克服形式主义减轻基层负担的通知》（国开办发〔2017〕52号），2017年7月23日印发。

[34] 国务院扶贫办、教育部、人力资源和社会保障部：《关于加强雨露计划支持农村贫困家庭成长劳动力接受职业教育的意见》（国

开办〔2015〕19号），2015年6月2日。

［35］《关于进一步做好新形势下就业创业工作的意见》（国发〔2015〕23号），2015年4月27日。

［36］《国务院关于进一步健全特困人员救助供养制度的意见》（国发〔2016〕14号），2016年2月17日发布。

［37］国务院：《关于印发"十三五"脱贫攻坚规划的通知》（国发〔2016〕64号），2016年11月23日。

［38］《国务院关于印发"十三五"卫生与健康规划的通知》（国发〔2016〕77号），2017年1月10日发布。

［39］《国务院关于印发国家教育事业发展"十三五"规划的通知》（国发〔2017〕4号），2017年1月19日发布。

［40］何畅、张昭：《"十三五"时期易地扶贫搬迁投融资模式研究》，《开发性金融研究》2017年第1期。

［41］湖北省扶贫办：《关于印发〈湖北省农村扶贫开发建档立卡工作方案〉的通知》（鄂政扶发〔2014〕13号），2014年4月12日发布。

［42］湖北省扶贫办：《关于印发〈湖北省干部驻村帮扶贫困村和贫困户工作考核办法〉的通知》（鄂政扶发〔2014〕24号），2014年11月12日发布。

［43］湖北省扶贫办：《省扶贫攻坚领导小组关于扶贫对象退出验收的指导意见》（鄂扶组发〔2016〕7号），2016年4月。

［44］《湖北省"十三五"产业精准扶贫规划（2016—2020年）》，2017年1月19日。

［45］《湖南省教育扶贫规划（2015—2020年）》（湘政办发〔2015〕96号），2015年11月8日。

［46］黄承伟：《习近平扶贫思想体系及其丰富内涵》，《中南民族大学学报》2016年第6期。

［47］黄承伟：《深化精准扶贫的路径选择——学习贯彻习近平总书记

近期关于脱贫攻坚的重要论述》,《南京农业大学学报》2017 年第 4 期。

[48] 黄承伟:《全面决胜脱贫攻坚的根本遵循》,《学习时报》2017 年 5 月 1 日。

[49] 江毅、姚润丰:《提高扶贫"精准度"》,《瞭望》2006 年第 14 期。

[50] 教育部、国家发展改革委、民政部、财政部、人力资源和社会保障部、国务院扶贫办:《教育脱贫攻坚"十三五"规划》(教发〔2016〕18 号),2016 年 12 月 16 日。

[51] 李海金、罗忆源:《连片特困地区扶贫开发的战略创新——以武陵山区为例》,《中州学刊》2015 年第 12 期。

[52] 李继安:《加大扶贫"到人到户"力度 推进贫困人口脱贫进程——重庆市开县扶贫实证考察》,《重庆行政(公共论坛)》2014 年第 5 期。

[53] 李棉管:《技术难题、政治过程与文化结果——"瞄准偏差"的三种研究视角及其对中国"精准扶贫"的启示》,《社会学研究》2017 年第 1 期。

[54] 李培林、魏后凯主编《中国扶贫开发报告(2016)》,社会科学文献出版社,2016。

[55] 李小云、唐丽霞、张雪梅:《我国财政扶贫资金投入机制分析》,《农业经济问题》2007 年第 10 期。

[56] 李小云、于乐荣、唐丽霞:《新时期中国农村的贫困问题及其治理》,《贵州民族大学学报》(哲学社会科学版)2016 年第 2 期。

[57] 李小云、张雪梅、唐丽霞:《我国中央财政扶贫资金的瞄准分析》,《中国农业大学学报》(社会科学版)2005 年第 3 期。

[58] 李兴洲:《公平正义:教育扶贫的价值追求》,《教育研究》2017 年第 3 期。

[59] 刘永富:《以精准发力提高脱贫攻坚成效》,《人民日报》2016 年

1月11日，第7版。

[60] 刘永富：《我国"十三五"脱贫攻坚的形势与任务》，《时事报告（党委中心组学习）》2016年第1期。

[61] 刘永富：《全力打好脱贫攻坚战年度战役》，《行政管理改革》2016年第4期。

[62] 陆汉文、黄承伟主编《中国精准扶贫发展报告（2016）——精准扶贫战略与政策体系》，社会科学文献出版社，2016。

[63] 陆汉文、覃志敏：《我国扶贫移民政策的演变与发展趋势》，《贵州社会科学》2015年第5期。

[64] 陆汉文：《我国扶贫开发形势的结构性变化与治理体系创新》，《中共党史研究》2015年第12期。

[65] 吕方、程枫、梅琳：《县域贫困治理的"精准度"困境及其反思》，《河海大学学报》2017年第2期。

[66] 吕方、梅琳：《"复杂政策"与国家治理——基于国家连片开发扶贫项目的讨论》，《社会学研究》2017年第3期。

[67] 马良灿、哈洪颖：《项目扶贫的基层遭遇：结构化困境与治理图景》，《中国农村观察》2017年第1期。

[68] 孟照海：《教育扶贫政策的理论依据及实现条件——国际经验与本土思考》，《教育研究》2016年第11期。

[69] 《宁夏回族自治区教育事业发展"十三五"规划》（宁政发〔2017〕28号），2017年3月18日。

[70] 《宁夏教育精准扶贫行动方案（2016—2020）》，《宁夏日报》2017年4月8日，第1—2版。

[71] 《农村五保供养工作条例》，2006年1月21日。

[72] 《贫困地区发展特色产业促进精准脱贫指导意见》（农计发〔2016〕59号），2016年5月26日发布。

[73] 《关于加大贫困地区项目资金倾斜支持力度促进特色产业精准扶贫的意见》（农计发〔2016〕94号），2016年9月1日发布。

[74] 渠敬东:《项目制:一种新的国家治理机制》,《中国社会科学》2012年第5期。

[75] 渠敬东、周飞舟、应星:《从总体支配到技术治理——基于中国30年改革经验的社会学分析》,《中国社会科学》2009年第6期。

[76] 《全民健康保障工程建设规划(2016—2020年)》。

[77] 人力资源和社会保障部、财政部、国务院扶贫办:《关于切实做好就业扶贫工作的指导意见》(人社部发〔2016〕119号),2016年12月2日发布。

[78] 人力资源和社会保障部:《人力资源和社会保障事业发展"十三五"规划纲要》(人社部发〔2016〕63号),2016年7月6日。

[79] 《社会救助暂行办法》(国务院令第649号),2014年2月21日。

[80] 《四川省发展和改革委员会关于分解下达易地扶贫搬迁工程2016年中央预算内投资计划的通知》(川发改投资〔2016〕140号),2016年4月14日。

[81] 《四川省发展和改革委员会 四川省扶贫和移民工作局关于做好2017年度易地扶贫搬迁工作的通知》(川发改赈函〔2016〕1341号),2016年11月21日。

[82] 四川省发展和改革委员会、四川省扶贫和移民工作局、四川省财政厅、四川省国土资源厅、中国人民银行成都分行:《四川省"十三五"易地扶贫搬迁规划》,2016年11月。

[83] 《四川省扶贫和移民工作局 四川省发展和改革委员会关于调整"十三五"易地扶贫搬迁规模及2016年搬迁计划的通知》(川扶贫移民发〔2016〕128号),2016年5月5日。

[84] 《四川省扶贫和移民工作局 四川省发展和改革委员会 四川省财政厅 四川省国土资源厅 中国人民银行成都分行关于建立易地扶贫搬迁对象动态管理机制的通知》(川扶贫移民发〔2016〕314号),2016年12月6日。

[85] 《四川省"十三五"脱贫攻坚规划》,2016年12月。

[86] 谭贤楚:《"输血"与"造血"的协同——中国农村扶贫模式的演进趋势》,《甘肃社会科学》2011 年第 3 期。

[87] 唐丽霞:《精准扶贫机制的实现——基于各地的政策实践》,《贵州社会科学》2017 年第 1 期。

[88] 唐园结:《"精准扶贫"的广东先行探索》,《农民日报》2014 年 6 月 25 日,第 1 版。

[89] 童彬:《四川通江探索建立支农项目资产收益扶贫新模式》,《中国财经报》2015 年 10 月 27 日,第 4 版。

[90] 汪三贵:《扶贫投资效率的提高需要制度创新》,《农业经济问题》1997 年第 10 期。

[91] 汪三贵、刘未:《"六个精准"是精准扶贫的本质要求——习近平精准扶贫系列论述探析》,《毛泽东邓小平理论研究》2016 年第 1 期。

[92] 汪三贵、曾小溪、殷浩栋:《中国扶贫开发绩效第三方评估简论——基于中国人民大学反贫困问题研究中心的实践》,《湖南农业大学学报》(社会科学版) 2016 年第 3 期。

[93] 王宏新、付甜、张文杰:《中国易地扶贫搬迁政策的严谨特征——基于政策文本量化分析》,《国家行政学院学报》2017 年第 3 期。

[94] 王晓毅:《精准扶贫与驻村帮扶》,《国家行政学院学报》2016 年第 3 期。

[95] 王雨磊:《数字下乡:农村精准扶贫中的技术治理》,《社会学研究》2016 年第 6 期。

[96] 《习近平在云南考察工作时强调:坚决打好扶贫开发攻坚战 加快民族地区经济社会发展》,《人民日报》2015 年 1 月 22 日,第 1 版。

[97] 邢成举、李小云:《精英俘获与财政扶贫项目目标偏离的研究》,《中国行政管理》2013 年第 9 期。

[98] 杨浩、汪三贵:《"大众俘获"视角下贫困地区脱贫帮扶精准度研

究》,《农村经济》2016年第7期。

[99] 余佶:《资产收益扶持制度:精准扶贫新探索》,《红旗文稿》2016年第2期。

[100] 曾盛聪:《资产收益扶持制度在精准扶贫中的作用及其实现》,《探索》2016年第6期。

[101] 曾小溪、汪三贵:《易地扶贫搬迁情况分析与思考》,《河海大学学报》(哲学社会科学版)2017年第2期。

[102] 曾晓东、易文君:《我国中小学教师工资的地区差异问题研究》,《华中师范大学学报》(人文社会科学版)2015年第5期。

[103] 张磊:《中国扶贫开发政策演变(1949—2005)》,中国财经经济出版社,2005。

[104] 张琦:《贫困退出机制的现实操作:冀黔甘三省实践与启示》,《重庆社会科学》2016年第12期。

[105] 赵蕾:《全国首个易地扶贫搬迁项目收益债券在川发行》,《中国国土资源报》2016年9月27日,第1版。

[106] 折晓叶、陈婴婴:《项目制的分级运作机制和治理逻辑——对"项目进村"案例的社会学分析》,《中国社会科学》2011年第4期。

[107] 郑瑞强、王英、张春美:《扶贫移民适应期生计风险、扶持资源承接与政策优化》,《华中农业大学学报》(社会科学版)2015年第4期。

[108] 中共湖北省委、湖北省人民政府:《关于创新机制扎实推进湖北农村扶贫开发工作的实施意见》(鄂发〔2014〕12号),2014年5月15日发布。

[109] 中共湖北省委、湖北省人民政府:《中共湖北省委、湖北省人民政府关于全力推进精准扶贫精准脱贫的决定》(鄂发〔2015〕19号),2015年9月28日发布。

[110] 中共中央办公厅、国务院办公厅:《关于创新机制扎实推进农村

扶贫开发工作的意见》（中办发〔2013〕25号），2014年1月25日发布。

[111]《中共中央办公厅、国务院办公厅关于印发〈省级党委和政府扶贫开发工作成效考核办法〉的通知》（厅字〔2016〕6号），2016年2月9日印发。

[112] 中共中央办公厅、国务院办公厅：《印发〈关于建立贫困退出机制的意见〉的通知》（厅字〔2016〕16号），2016年4月28日发布。

[113]《中共中央国务院关于打赢脱贫攻坚战的决定》（中发〔2015〕34号），2015年11月29日。

[114] 中共中央组织部、中央农村工作领导小组办公室、国务院扶贫开发领导小组办公室：《关于做好选派机关优秀干部到村任第一书记工作的通知》（组通字〔2015〕24号），2015年4月29日发布。

[115]《中国农村扶贫开发纲要（2011—2020）》，人民出版社，2011。

[116] 中国人民银行、国家发展改革委、财政部、中国银监会、中国证监会、中国保监会、国务院扶贫办：《关于金融助推脱贫攻坚的实施意见》（银发〔2016〕84号），2016年3月16日发布。

[117]《中华人民共和国国民经济和社会发展第十三个五年规划纲要》，新华网，http：//news.xinhuanet.com/politics/2016lh/2016-03/17/c_1118366322.htm，2016年3月17日。

[118] 重庆市扶贫开发领导小组办公室：《关于进一步完善扶贫资金和项目监管制度的通知》（渝扶组办发〔2013〕5号）。

[119] 重庆市扶贫开发领导小组办公室：《关于对7个今年脱贫摘帽区县暗访情况的通报》（渝扶组办文〔2016〕8号）。

[120] 重庆市扶贫开发领导小组办公室：《关于16个扶贫开发工作重点区县脱贫攻坚工作督查情况的报告》（渝扶组办文〔2016〕9号）。

[121] 周恩宇、卯丹：《易地扶贫搬迁的实践及其后果——一项社会文

化转型视角的分析》，《中国农业大学学报》（社会科学版）2017年第2期。

[122] 周飞舟：《财政资金的专项化及其问题：兼论"项目治国"》，《社会》2012年第1期。

[123] 周飞舟：《以利为利：财政关系与地方政府行为》，上海三联书店，2012。

[124] 周雪光：《基层政府间的"共谋现象"——一个政府行为的制度逻辑》，《社会学研究》2008年第6期。

[125] 周雪光：《项目制：一个"控制权"理论视角》，《开放时代》2015年第2期。

[126] 周雪光：《中国国家治理的制度逻辑——一个组织学研究》，三联书店，2017。

[127] 《自治区人民政府关于创新财政支农方式加快发展农业特色优势产业的意见》（宁政发〔2016〕27号），2016年2月3日。

[128] 《自治区农牧厅、自治区扶贫办培育特色产业精准扶贫实施意见》〔宁农（产）发〔2016〕2号〕，2016年4月14日。

[129] 左停、杨雨鑫、钟玲：《精准扶贫：技术靶向、理论解析和现实挑战》，《贵州社会科学》2015年第8期。

后　记

《中国精准扶贫发展报告》（年度报告）由华中师范大学和国务院扶贫办全国扶贫宣传教育中心共同组织编撰，旨在记录、刻画到2020年全面建成小康社会目标背景下精准扶贫精准脱贫的伟大历程，2017年度的主题是"精准扶贫的顶层设计与具体实践"。

2017年度报告主题与框架由陆汉文和黄承伟研究提出，具体研究工作由蔡志海组织。各章节初稿撰写工作由全国扶贫宣传教育中心、华中师范大学社会学院、中部地区减贫与发展研究院、中国农村研究院、广西大学、郑州轻工业学院、南宁市社会科学院等机构的专家承担，具体分工如下：

前　言　黄承伟、陆汉文

第一章　黄承伟、蔡志海、覃志敏、田杰

第二章　李雪燕

第三章　刘飞、魏雅婷

第四章　郝建梅、田杰

第五章　李海金、黄加成

第六章　岳耍鹏、徐晓攀

第七章　李雪燕、唐妍

第八章　陆汉文、朱盛星

第九章　蔡志海、刘希贤、韩文婷

第十章　覃志敏、岑家峰

第十一章　郭之天

第十二章　郝建梅、罗永东

第十三章　何家伟

第十四章　吕方、冯瑞英

第十五章　吕方、杨铭宇

结　语　陆汉文、黄承伟

初稿完成后，蔡志海、何家伟、吕方负责第一轮统稿，刘晓山等审阅了书稿，陆汉文、黄承伟负责最终统稿定稿。

本报告是2017年华中师范大学中央高校基本科研业务费专项资金资助项目"中国精准扶贫发展报告"（项目编号：CCNU17BG002）最终成果，得到全国扶贫宣传教育中心部分资助，并被列为2017年扶贫日论坛背景报告、全国扶贫培训参阅教材。华中师范大学社会学院常务副院长江立华、社科处处长何静为具体研究工作提供了大量支持。

社会科学文献出版社为本报告的及时出版提供了有力支持，并将其纳入《中国减贫研究书系·智库报告》。刘荣副编审和韩晓婵、赵怀英等编辑在文字润色、行文规范、出版统筹等方面付出了大量心血，保障了报告及时优质出版。

借本报告出版之机，谨向为此项研究和出版工作提供了指导、支持和帮助的机构和个人致以衷心感谢！

报告中仍然存在的问题和错讹之处，恳请扶贫研究与政策实践领域专家及广大读者批评指正。

陆汉文　黄承伟
2017年9月5日

图书在版编目(CIP)数据

中国精准扶贫发展报告.2017:精准扶贫的顶层设计与具体实践/陆汉文,黄承伟主编.--北京:社会科学文献出版社,2017.11
(中国减贫研究书系.智库报告)
ISBN 978-7-5201-1552-0

Ⅰ.①中… Ⅱ.①陆… ②黄… Ⅲ.①扶贫-研究报告-中国-2017 Ⅳ.①F126

中国版本图书馆 CIP 数据核字(2017)第 250263 号

中国减贫研究书系·智库报告

中国精准扶贫发展报告(2017)
——精准扶贫的顶层设计与具体实践

主　　编／陆汉文　黄承伟
副 主 编／刘晓山　蔡志海　何家伟　吕　方

出 版 人／谢寿光
项目统筹／刘　荣
责任编辑／刘　荣　韩晓婵　赵怀英

出　　版／社会科学文献出版社·独立编辑工作室(010)59367011
　　　　　地址:北京市北三环中路甲29号院华龙大厦　邮编:100029
　　　　　网址:www.ssap.com.cn
发　　行／市场营销中心(010)59367081　59367018
印　　装／三河市尚艺印装有限公司

规　　格／开　本:787mm×1092mm　1/16
　　　　　印　张:22.5　字　数:316千字
版　　次／2017年11月第1版　2017年11月第1次印刷
书　　号／ISBN 978-7-5201-1552-0
定　　价／89.00元

本书如有印装质量问题,请与读者服务中心(010-59367028)联系

▲ 版权所有 翻印必究